Mühlmeyer

Textverarbeitung im Büro mit Word 2010

Handlungsorientierte Übungsaufgaben

Merkur
Verlag Rinteln

Wirtschaftswissenschaftliche Bücherei für Schule und Praxis

Begründet von Handelsschul-Direktor Dipl.-Hdl. Friedrich Hutkap †

Verfasserin:
Kerstin Mühlmeyer, Oberstudienrätin

* * *

1. Auflage 2012

© 2012 by MERKUR VERLAG RINTELN

Gesamtherstellung:

MERKUR VERLAG RINTELN Hutkap GmbH & Co. KG, 31735 Rinteln

E-Mail: info@merkur-verlag.de
            lehrer-service@merkur-verlag.de
Internet: www.merkur-verlag.de

ISBN 978-3-8120-0772-6

Vorwort

Das Lehr- und Lernbuch beinhaltet die Einsatzgebiete der Texterfassung, der Textformatierung, der geschäftlichen Korrespondenz und der anspruchsvolleren Funktionen der Textgestaltung. Es behandelt die wesentlichen Word-Bereiche, die in der Bürowirtschaft und -kommunikation regelmäßig zum Einsatz kommen, wodurch die Schülerinnen und Schüler berufliche und private Handlungskompetenz erlangen können.

Zur Erlernung der handwerklichen Fertigkeiten werden zunächst die Arbeitsabläufe detailliert beschrieben. Durch spezielle Übungen wird das erlernte Wissen der Arbeitsabläufe angewandt und vertieft. Zur Erfolgskontrolle der erarbeiteten Inhalte können am Ende eines jeden Kapitels komplexe, handlungsorientierte Aufgaben gelöst werden. Durch das eigenständige Üben lassen sich die Arbeitsabläufe nach und nach automatisieren. Die Aufgaben orientieren sich an dem Modellunternehmen DIAL GmbH.

In einer separaten CD-ROM werden Anregungen und Hilfen für die Lösung der Übungen und Aufgaben zur Verfügung gestellt. Sie sollen zu eigenen Entscheidungen ermuntern und die Lernenden in ihrer Kreativität fördern.

Die Inhalte des Buches entsprechen den Anforderungen des handlungsorientierten Unterrichts.

Grundlage für das Buch ist MS Word 2010.

Das Lehr- und Lernbuch basiert auf den neuesten Regeln der DIN 5008 und orientiert sich an den Lehrplänen für die Ausbildungsberufe Bürokaufmann/Bürokauffrau und Kaufmann/Kauffrau für Bürokommunikation des Landes Nordrhein-Westfalen.

Ich wünsche Ihnen gute Unterrichtserfolge.

Kerstin Mühlmeyer

Was ist Word?

Das Lernbuch basiert auf dem Textverarbeitungsprogramm MS Word oder auch Microsoft Word genannt und ist vollständig mit Word erfasst und gestaltet worden. So erlangen die Lernenden einen Einblick in die umfassenden Leistungsmöglichkeiten dieses Textverarbeitungsprogramms.

Das Textverarbeitungsprogramm Word bietet die Möglichkeit, Texte durch Formatierungen aller Art anschaulich zu gestalten und zu layouten. Es bietet aber auch Funktionen für die Textüberarbeitung oder Textvereinfachung. Damit können Schriftstücke in Wirtschaft und Verwaltung rationell erstellt und bearbeitet werden.

Die „Schreib- und Gestaltungsregeln für die Textverarbeitung" sind in DIN 5008 genormt. Sie bilden die Grundlage für die Textverarbeitung und finden in der kaufmännischen Verwaltung Berücksichtigung. Auch durch diese Regeln lässt sich der Schriftverkehr vereinfachen und rationalisieren.

Für den Einstieg in die Textverarbeitung mithilfe dieses Buches wird das 10-Finger-Tastschreibsystem vorausgesetzt. Ebenso sollten grundlegende Kenntnisse in Word, wie z. B. Öffnen, Schließen, Speichern oder Drucken von Dokumenten vorhanden sein.

Inhaltsübersicht

Kapitel 1

1	**Standard-Einstellungen**	**6**
1.1	Seitenformat	6
1.2	Papierformat	7
1.3	Hoch- und Querformat	7
1.4	Standardschrift	7
1.5	Zeichenabstand	8

Kapitel 2

2	**Texterfassung**	**9**
2.1	Rechtschreib- und Grammatikprüfung	9
2.2.	AutoKorrektur	10
2.3	Thesaurus	13
2.4	Silbentrennung	13
2.5	Geschützte Zeichen	15

Kapitel 3

3	**Zeichenformatierung**	**18**
3.1	Schriftschnitt	18
3.2	Weitere Unterstreichungen	19
3.3	Designs auswählen	20
3.4.	Effekte	21
3.5	Schriftart/Schriftgrad	22
3.6	Schriftfarbe	23
3.7	Zeichenabstand	24
3.8	Texteffekte	25
3.9	Formate übertragen	26
3.10	Symbole und Sonderzeichen	28

Kapitel 4

4	**Absatzformatierung**	**30**
4.1	Ausrichtung	30
4.2	Einzug	32
4.2.1	Erstzeileneinzug	33
4.2.2	Hängender Einzug	34
4.2.3	Negativer Einzug	34
4.3	Tabstopp (Tabulator)	35
4.3.1	Der Standardtabulator	35
4.3.2	Der manuelle Tabstopp	36
4.3.3	Füllzeichen	40
4.4	Abstände	41
4.4.1	Zeilenabstand	41
4.4.2	Absatzabstand	42
4.5	Zeilen- und Seitenumbruch	43
4.6	Aufzählungszeichen und Nummerierung	44
4.6.1	Einschalten von Aufzählungszeichen und Nummerierung	44
4.6.2	Verändern von Aufzählungszeichen und Nummerierung	45
4.6.3	Entfernen von Aufzählungszeichen und Nummerierung	47
4.7	Gliederung	49
4.8	Rahmen und Schattierung	50
4.9	Initiale	56
4.10	Textteile ausschneiden, kopieren, verschieben und einfügen	57
4.11	Suchen – Ersetzen – Gehe zu	59

Kapitel 5

5	**Seitenformatierung**	**65**
5.1	Seitenränder	65
5.2	Ausrichtung	66
5.3	Papierformat/Seitenformat	67
5.4	Seitenzahlen	68
5.5	Kopf- und Fußzeile	70
5.6	Manueller Umbruch	71
5.7	Spalten	72
5.8	Fußnote/Endnote	74

Kapitel 6

6	**Grafische Objekte**	**77**
6.1	Textfeld	77
6.2	Formen	80
6.3	ClipArt	81
6.4	WordArt	84
6.5	Wasserzeichen	85
6.6	Diagramme	86
6.7	Leporello	88

Kapitel 7

7	**Tabellen**	**91**
7.1	Tabelle erstellen	91
7.2	Tabelle mit Formatvorlagen erstellen	92
7.3	Tabelle zeichnen	92
7.4	Arbeiten in einer Tabelle	93
7.5	Tabelle formatieren	94
7.6	Erarbeitung einer Tabelle	96
7.6.1	Ändern der Spaltenbreite	97
7.6.2	Ändern der Zeilenhöhe	98
7.6.3	Verschieben oder Kopieren von Spalten und Zeilen	99
7.6.4	Nachträglich Spalten und Zeilen einfügen und löschen	99
7.6.5	Zellen verbinden oder teilen	100
7.6.6	Textrichtung ändern	101
7.6.7	Schattierung und Rahmen	101
7.6.8	Zellenbegrenzungen	102
7.6.9	Tabelle zentrieren	103
7.6.10	Tabelleninhalt sortieren	103
7.6.11	Rechnen in Word	104
7.6.12	Text in Tabelle umwandeln	105

Kapitel 8

8	**Vorlagen**	**107**
8.1	Dokumentvorlage	107
8.2	Protokolle	108
8.3	Haltepunkte	110
8.4	Formularfelder	111
8.4.1	Textformularfeld	112
8.4.2	Kontrollkästchen-Formularfeld	114
8.4.3	Kombinationsfeld/Dropdown-Formularfeld	115
8.5	Formulare	116

Kapitel 9

9	**Briefgestaltung**	**120**
9.1	Schreibregeln DIN 5008 in Verbindung mit integrierter DIN 676	120
9.2	Schreibweise Straßennamen	121
9.3	Anschriftfelder	123
9.4	Privatbrief	127
9.5	Bestandteile Geschäftsbrief	133
9.6	Briefabschlüsse	136
9.7	Geschäftsbrief mit Bezugszeichenzeile	138
9.8	Absender- und Geschäftsangaben	141
9.9	Geschäftsbrief mit Kommunikationsangaben	142
9.10	Geschäftsbrief mit Teilbetreff	143
9.11	Geschäftsbrief mit Informationsblock	145
9.12	Geschäftsbrief mit Fortsetzungsblatt	149
9.13	Geschäftsbrief mit Haltepunkten	151

Kapitel 10

10	**Textformulierungen**	**154**
10.1	Briefaufbau	154
10.2	Tipps für einen guten Briefstil	155
10.3	Tipps für den Briefanfang und den Briefschluss	159
10.4	Die Anfrage	160
10.5	Das Angebot	162
10.6	Die Bestellung	164
10.7	Die Bestellungsannahme (Auftragsbestätigung)	165
10.8	Die Rechnung	167

Kapitel 11

11	**Schnellbausteine**	**169**

Kapitel 12

12	**Seriendruck**	**175**
12.1	Serienbrief erstellen	177
12.2	Seriendruck-Symbolleiste	183
12.3	Regeln einfügen	184
12.4	Empfänger sortieren und filtern	186

Kapitel 1   Standard-Einstellungen

MS Word hat bestimmte standardmäßige Einstellungen, wie z. B. die Schriftart Calibri, die Schriftgröße 11 p[1], das Hochformat und bestimmte Seitenränder. Sollen alle weiteren Dokumente mit einer anderen Schriftart, Schriftgröße und anderen Seitenrändern versehen werden, muss dies in den Standard-Einstellungen verändert und gespeichert werden.

1.1 Seitenformat

Zum individuellen Gestalten einer A4-Seite nutzen Sie im Menüband die Registerkarte **Seitenlayout.**

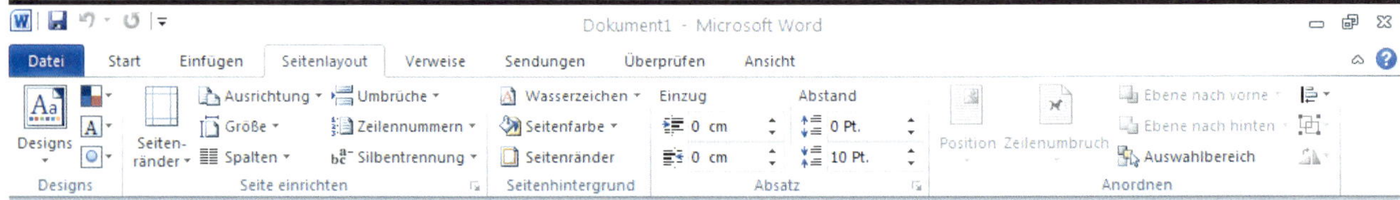

Arbeitsablauf

- **Seitenlayout/Gruppe Seite einrichten/Seitenränder**

oder

- **Seitenlayout/Gruppe Seite einrichten/Seitenränder/Benutzerdefinierte Seitenränder**

Geben Sie die gewünschte Angabe ein.

OK — Die Werte gelten nur im aktuellen Dokument.

Als Standard festlegen — Die Werte gelten im aktuellen Dokument und in der Vorlage „NORMAL", d. h. sie werden von allen künftigen Dokumenten übernommen.

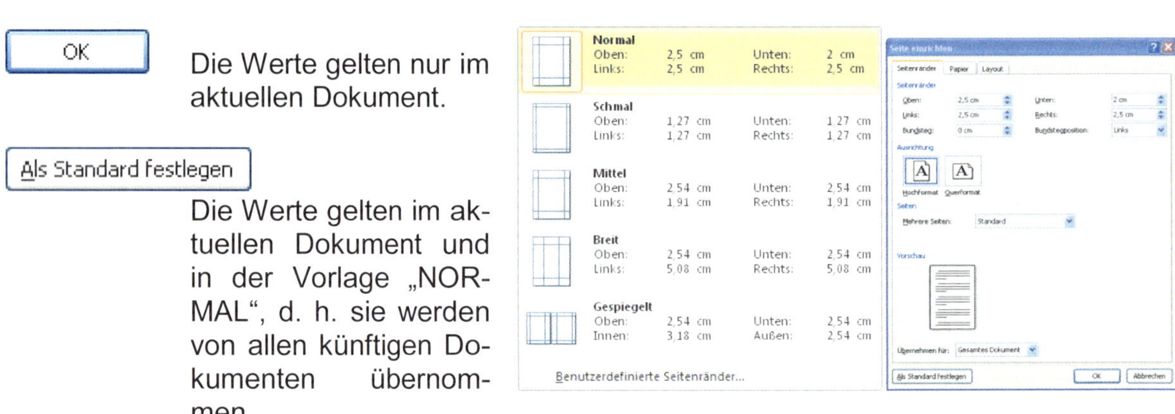

Wenn Sie auf die Schaltfläche 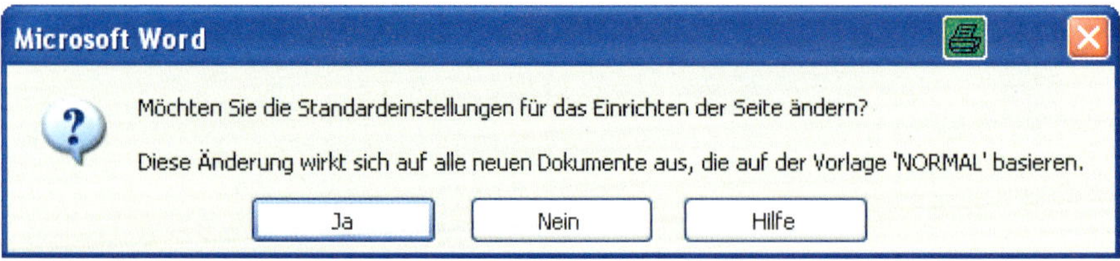 klicken, öffnet sich folgendes Fenster:

Bestätigen Sie mit „Ja".

---

[1] Entgegen der oft fälschlich benutzten Abkürzung „pt" (pt = Pint, engl. und amerikanisches Hohlmaß) für typografischer Punkt, wird in diesem Buch die korrekte Abkürzung „p" gewählt.

1.2 Papierformat

Das Papierformat lässt sich auf der Registerkarte **Seitenlayout** einstellen. Klicken Sie auf den Auswahlpfeil von Seite einrichten.

Arbeitsablauf

- **Seitenlayout/Seite einrichten/Registerkarte Papier**

oder

- **Seitenlayout/Größe/weitere Papierformate**

Wählen Sie ein Papierformat aus dem Katalog.

Die Werte gelten nur im aktuellen Dokument.

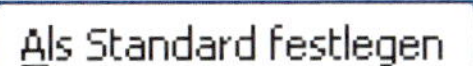

Die Werte gelten im aktuellen Dokument und werden von allen künftigen Dokumenten übernommen.

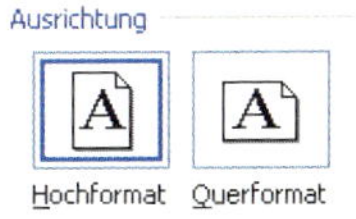

Bestätigen Sie mit „Ja".

1.3 Hoch- und Querformat

Öffnen Sie die Datei und klicken auf der Registerkarte **Seitenlayout** auf die Schaltfläche

Arbeitsablauf

- **Seitenlayout/Gruppe Seite einrichten/Seitenränder/ Benutzerdefinierte Seitenränder**

Hier können Sie zwischen Hoch- und Querformat wechseln. Bestätigen Sie mit „Ja".

1.4 Standardschrift

Auf der Registerkarte **Start** können Schriftart, Schriftschnitt, Schriftgrad, Schriftfarbe, Unterstreichung und/oder Effekte als Standard-Einstellung übernommen oder geändert werden. Klicken Sie auf den Auswahlpfeil von

Arbeitsablauf

- **Start/Schriftart**

Es öffnet sich das Dialogfeld „Schriftart".
Hier können Sie die Einstellungen vornehmen.

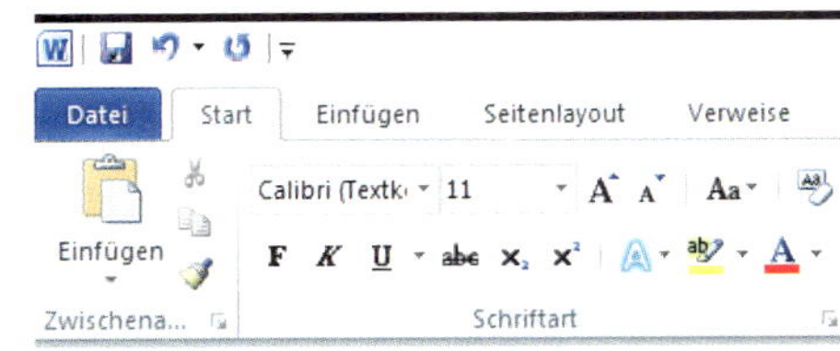

oder

- **Strg** + **D**

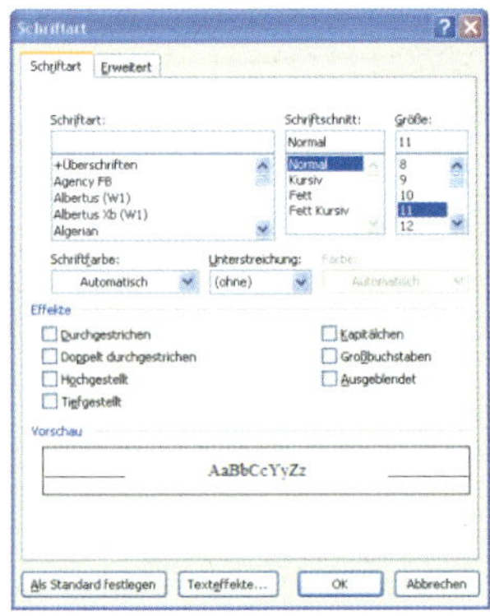

OK

Die Werte gelten nur im aktuellen Dokument.

Als Standard festlegen

Die Werte gelten im aktuellen
Dokument und in der Formatvorlage STANDARD, womit
sie von allen künftigen Dokumenten übernommen wer-
den.

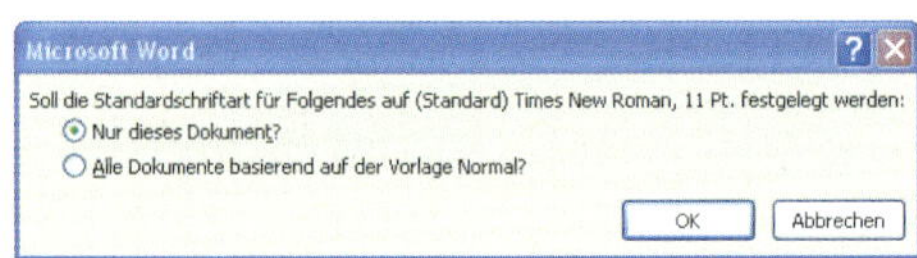

Bestätigen Sie mit „OK".

1.5 Zeichenabstand

Die Skalierung und den Abstand kann man auf der Registerkarte **Start** unter dem Auswahlpfeil
Schriftart einstellen.

Arbeitsablauf

- **Schriftart/Registerkarte Erweitert**

OK

Die Werte gelten nur im aktuellen
Dokument.

Als Standard festlegen

Die Werte gelten im aktuellen
Dokument und werden von allen
künftigen Dokumenten übernommen.

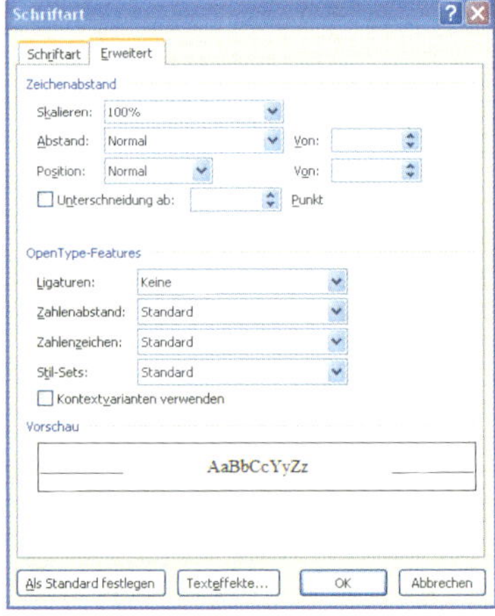

Bestätigen Sie mit „OK".

Aufgabe

Handlungssituation:

Die DIAL GmbH ist ein mittelständisches Unternehmen für Bürobedarf mit Sitz in Bottrop und
möchte seine Kunden über das Unternehmen informieren.
Gill Bates und Moni Tor sind die beiden Auszubildenden zum Kaufmann für Bürokommunikation
bzw. zur Bürokauffrau und besuchen das Bottroper Berufskolleg. Der Ausbilder Torsten Tollkühn
beauftragt die beiden Auszubildenden die DIAL GmbH vorzustellen.

Arbeitsanweisungen:

1. Wählen Sie als Standard-Einstellung das Querformat!
2. Stellen Sie folgende Seitenränder ein: Oben: 3,5 cm
                                          Unten: 3,0 cm
                                          Rechts: 2,5 cm
                                          Links: 2,5 cm
3. Wählen Sie die Schriftart Comic Sans und die Schriftgröße 14 p als Standardschrift!
4. Welche Informationen sind für die Vorstellung des Unternehmens erforderlich?

Kapitel 2 Texterfassung

2.1 Rechtschreib- und Grammatikprüfung

Mit der **Rechtschreibprüfung** bietet MS Word die Möglichkeit, den bereits erfassten Text auf Rechtschreibfehler zu überprüfen. Dazu nutzt das Programm ein Wörterbuch. Mit diesem wird der zu prüfende Text Wort für Wort verglichen. Fehlerhafte oder unbekannte Wörter werden im Text durch eine rote Wellenlinie angezeigt. Unbekannte Wörter können zusätzlich in das Word-Rechtschreibwörterbuch aufgenommen werden. Die Rechtschreibprüfung wird über das Register **Überprüfen** im Menüband aufgerufen.

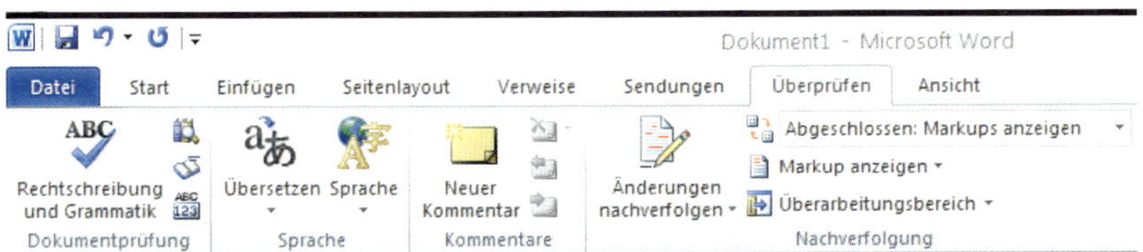

Arbeitsablauf

- **Überprüfen/Rechtschreibung und Grammatik**

oder über die

- **Funktionstaste F7**

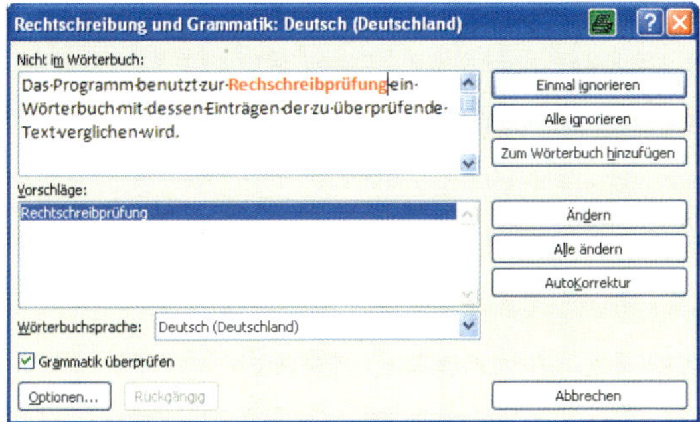

Im Feld „Nicht im Wörterbuch:" zeigt MS Word die fehlerhaften oder unbekannten Wörter an. Im Feld „Vorschläge:" kann aus einer Liste ein Ersatzwort ausgewählt werden. Das richtige Wort kann aber auch im Feld „Nicht im Wörterbuch:" richtig eingegeben und mit „Ändern" verbessert werden.

Die automatische Rechtschreibprüfung kann auch <u>ausgeschaltet</u> werden. Dazu klicken Sie in dem geöffneten Fenster auf „Optionen".

Das Kontrollkästchen **„Rechtschreibung während der Eingabe überprüfen"** muss deaktiviert werden.

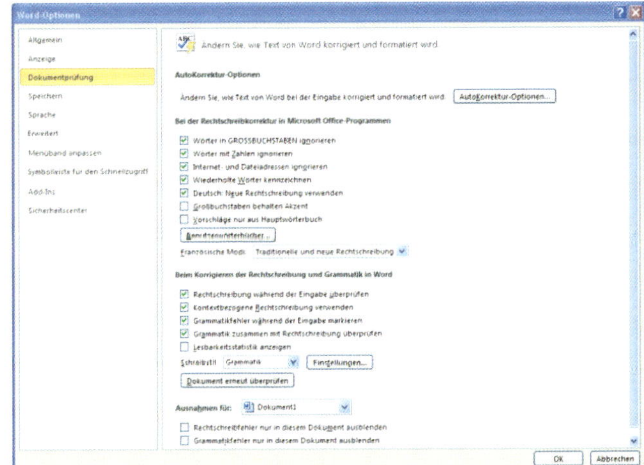

Ebenso kann man auch die Markierung der Grammatikfehler ausschalten sowie die Überprüfung der Grammatik zusammen mit der Rechtschreibung deaktivieren.

Die Änderung wird durch <u>OK</u> bestätigt.

2 Mühlmeyer ISBN 978-3-8120-0772-6

Arbeitsanweisung:

Übernehmen Sie den nachfolgenden Text als Fließtext und verbessern Sie die Fehler.

Alles begint mit einem Fließtext, der mit MS Word erfast wird: Dieser Text wird dann geglidert und mit Überschriften versehen. Einige Textteile werden hervorgehoben und ClipArts verschönern den Text. Die Rechtschreipprüfung dient dem Leser als Hilfe, um fehlehafte und unbekante Wörter anzuzeigen. Diese Wörter werden durch eine rot gewelte Linie angezeigt. Jedes einzelne Word wird von MS Word verglichen.

Arbeitsanweisung:

Übernehmen Sie die Sätze und verbessern Sie die Fehler.

Nach der Eingabe des Textes erwartet man, das der Text den Regeln der Rechtschriebung endspricht. dabei hilft die Rechtschreibprüfung.

2.2 AutoKorrektur

MS Word bietet neben der Rechtschreibprüfung das automatische Korrigieren während des Schreibens an. Wenn Sie sich häufig bei den gleichen Wörtern verschreiben, hilft Ihnen die **Auto-Korrektur** weiter. MS Word kann sich über diese Funktion Ihre Schreibfehler merken und dann automatisch berichtigen.

Klicken Sie auf

- **Datei/Optionen/Dokumentprüfung/ AutoKorrektur-Optionen**

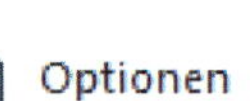 Optionen

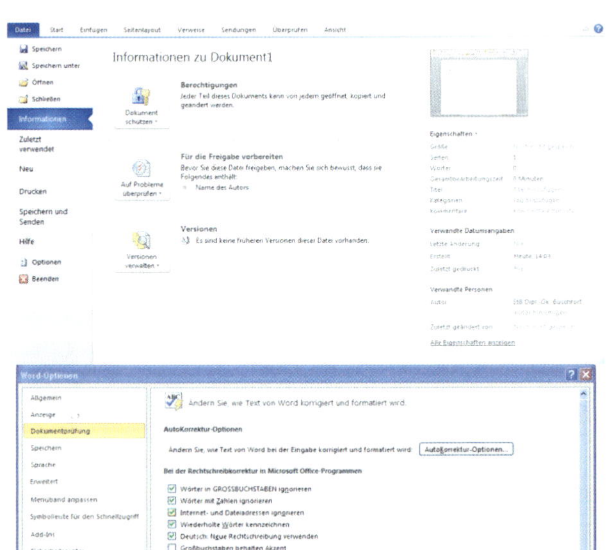

Hier haben Sie die Möglichkeit, alle Optionen zu aktivieren oder nicht.

Wenn Sie z. B. ständig „heir" statt „hier" schreiben, tragen Sie den Fehler in die AutoKorrektur-Liste unter Ersetzen: ein und unter Durch: die korrekte Schreibweise.

Klicken Sie auf Hinzufügen und OK .

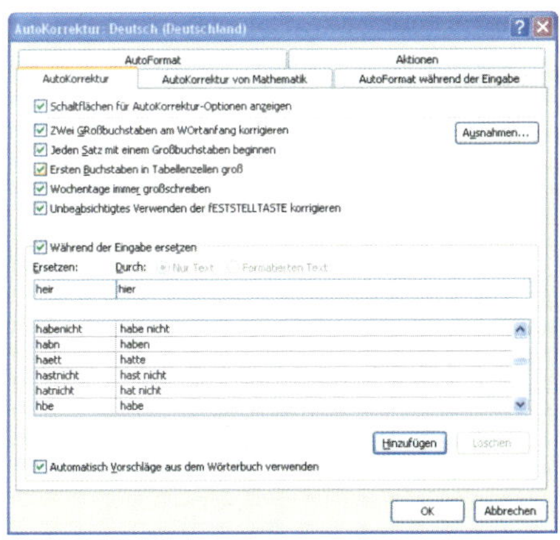

MS Word korrigiert in Zukunft diesen Schreibfehler automatisch.

Anstelle eines fehlerhaften Wortes können Sie auch Abkürzungen eingeben.

Ersetzen: Mü

Durch: Menüband

In Ihrem Dokument geben Sie dann diese Abkürzung ein und bestätigen mit der Leertaste oder Return.

Im Fenster befinden sich weitere Optionen, die über Kästchen aktiviert werden können.

Klicken Sie das Kontrollkästchen **„ZWei GROßbuchstaben am WOrtanfang"** an, damit dieser Fehler automatisch korrigiert wird.

Wenn die Option **„Jeden Satz mit elnem Großbuchstabcn beginnen"** eingestellt ist, wandelt MS Word den ersten Buchstaben des Satzes automatisch in Großbuchstaben um.

Aktivieren Sie **„Ersten Buchstaben in Tabellenzellen groß"**, wenn Sie möchten, dass in einer Tabelle der Anfangsbuchstabe großgeschrieben wird.

Legen Sie unter **„Wochentage immer großschreiben"** fest, dass Wochentage immer großgeschrieben werden.

Wenn Sie **„Unbeabsichtigtes Verwenden der fESTSTELLTASTE korrigieren"** eingestellt haben, wird auch dieser Fehler berichtigt.

Übung 1

Arbeitsanweisungen:

1. Geben Sie folgende Abkürzungen für die AutoKorrektur ein:
   - Minimalkostenkombination - MKK
   - Produktionsfaktoren - PF
   - Kombination - Kom
   - Kosten - Ko
   - Preise - P
2. Übernehmen Sie den folgenden Text mit den Abkürzungen als Fließtext. Die oben eingegebenen Begriffe werden automatisch ersetzt.

Die MKK

Um das ökonomische Prinzip anwenden zu können, muss man diejenige Kom der substitutionalen PF finden, die die geringsten Ko verursacht. Diese Kom der PF bezeichnet man als MKK. Sowohl die PF als auch die P stellen für das Unternehmen Ko dar. Deshalb führt die Entscheidung für die Kombination der Faktoren mit den geringsten Ko gleichzeitig auch dazu, dass die PF eingesetzt werden, die weniger knapp und daher günstiger sind. Nicht eingesetzt werden vom Unternehmen die extrem knappen und daher sehr teuren PF.

Wenn sich nun die P der PF ändern, verändert sich auch die MKK. Das Unternehmen muss teurer gewordene PF durch billigere ersetzen. So kann jedes Unternehmen kostengünstig produzieren. Diese Maßnahme zur Kostensenkung bezeichnet man als Rationalisierung.

Arbeitsanweisungen:

1. Geben Sie in der AutoKorrektur die folgenden Begriffe ein:
   - Me - Menüband
   - Rk - Registerkarten
   - MSHi - Microsoft Office Word-Hilfe
   - BG - Befehlsgruppen
   - SchF - Schaltfläche

   - StL - Statusleiste
   - BLL - Bildlaufleiste

2. Übernehmen Sie den folgenden Text als Fließtext. Die oben eingegebenen Begriffe in der AutoKorrektur werden automatisch ersetzt.

Das Word-Fenster
Unterhalb der Titelleiste zeigt MS Word das Me, auf der standardmäßig mehrere Rk zur Verfügung stehen. Ganz rechts neben den Rk befindet sich das Fragezeichen. Es steht für die MSHi.
In den Rk stehen jeweils mehrere BG zur Verfügung.

Am rechten Rand des Word-Fensters ist oben eine SchF zum Ein- und Ausblenden der Lineale untergebracht. Direkt unterhalb ist die BLL, mit der Sie sich den Inhalt der gesamten Datei ansehen können. Die unterste Zeile des Word-Fensters ist die StL. Links sind Informationen über Seitenzahl und Rechtschreibprüfung. Rechts in der StL stehen fünf Schaltflächen für die verschiedenen Ansichten.

Arbeitsanweisung:
Geben Sie die fett formatierten Begriffe in die AutoKorrektur ein. Übernehmen Sie den folgenden Text als Fließtext. Die falsch geschriebenen Begriffe werden dann automatisch verbessert.

Eine **Garrantie** ist eine Zusicherung eines bestimmten Handelns in einem bestimmten Fall.
In der Umgangssprache wird unter Garantie vornehmlich die Zusicherung der Funktionsfähigkeit von Gütern – insbesondere technischer Konsumgüter – für eine bestimmte Periode bezeichnet. Bei Funktionsmängeln während dieser Periode verpflichtet sich der Hersteller oder Verkäufer, der **dei** Garantie abgegeben hat, die Funktionsfähigkeit kostenlos wieder herzustellen. Die Bedingungen der Garantie sind in einem Garantieschein festgehalten. Der Sprachgebrauch macht häufig keinen Unterschied zwischen der gesetzlichen Gewährleistungspflicht **udn** einer zusätzlichen freiwillig angebotenen vertraglichen Garantie, während es sich juristisch um unterschiedliche Rechte bzw. Verpflichtungen handelt.
Im Handel ist die Garrantie **iene** zusätzlich zur gesetzlichen Gewährleistungspflicht gemachte freiwillige und frei gestaltbare Dienstleistung eines Händlers oder Herstellers gegenüber dem Kunden. Wird eine solche Beschaffenheits- oder Haltbarkeitsgarantie abgegeben, so ist § 443 Abs. 2 BGB anwendbar. Die Garantiezusage bezieht sich häufig auf die Funktionsfähigkeit bestimmter Teile (oder des gesamten Geräts) über einen bestimmten Zeitraum. Bei einer Garanti spielt der Zustand der Ware zum Zeitpunkt der Übergabe an den Kunden keine Rolle, da ja die Funktionsfähigkeit für den Zeitraum „garantiert" wird. Die **Garanti** ist jedoch üblicherweise ausgeschlossen, wenn die Ursache des Defekts beim Kunden liegt oder der Kunde versucht hat, selbst eine Reparatur durchzuführen. Für Form und Inhalt der Garantieerklärung gelten beim Verbrauchsgüterkauf besondere Bestimmungen.
…
Quelle: Wikipedia

2.3 Thesaurus

Der **Thesaurus** ist ein Nachschlagewerk, das Ihnen für ein Wort ähnliche Begriffe mit gleicher Bedeutung vorschlägt. Ob Sie also ein Synonym für ein Wort suchen, weil Sie dieses im Text schon so oft gebraucht haben, oder ob ein bestimmtes Wort nicht präzise genug aussagt, was Sie ausdrücken möchten – Thesaurus hilft Ihnen bei der Wortfindung.

Um mit dem Thesaurus zu arbeiten, markieren Sie zunächst das Wort, für welches Sie eine Alternative suchen. Wählen Sie auf der Registerkarte

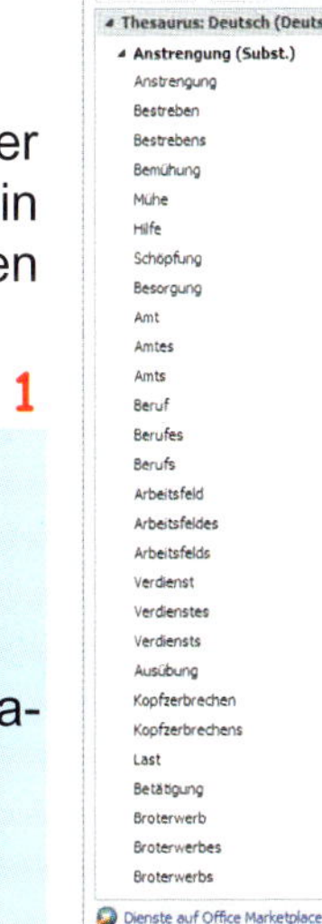

- **Überprüfen/Gruppe Dokumentprüfung/Thesaurus**

oder

- Shift + F7

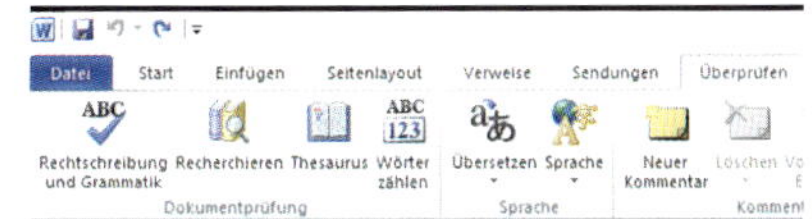

Es öffnet sich der Arbeitsbereich „Recherchieren" mit einer Liste alternativer Wortvorschläge. Hat das Wort mehrere Bedeutungen, wird gruppiert. Um ein Wort zu übernehmen, führen Sie den Mauszeiger auf den Eintrag und wählen mit dem Auswahlpfeil „Einfügen". Das ursprüngliche Wort ist ersetzt.

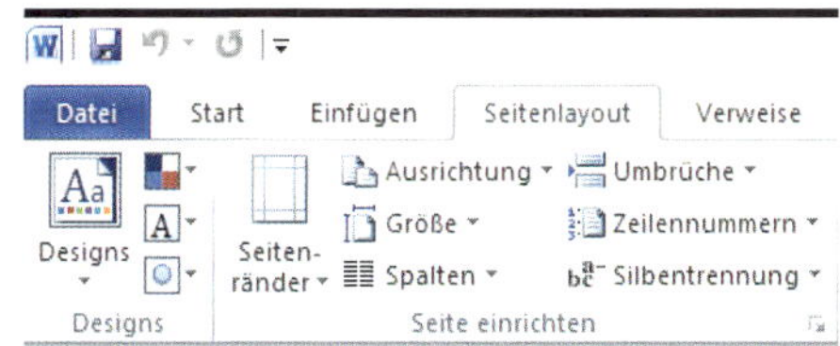

Arbeitsanweisung:

Wählen Sie über Thesaurus für die folgenden Begriffe die gewünschten Alternativwörter!

Büro	Arbeitsraum
Kaufmann	Geschäftsmann
Bewerbung	Anliegen

2.4 Silbentrennung

Die **automatische Silbentrennung** kann während oder nach der Eingabe des Textes erfolgen.

Klicken Sie auf der Registerkarte

- **Seitenlayout/Gruppe Seite einrichten/Silbentrennung/Automatisch**

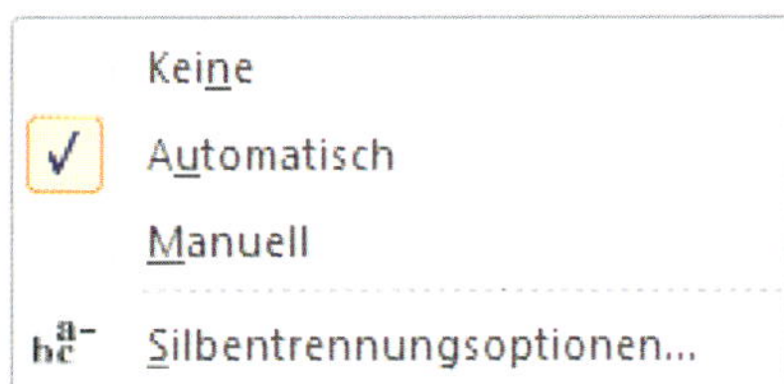

Bei Aktivierung durch ein Häkchen prüft MS Word automatisch, ob eine Trennung möglich ist oder nicht. Der Computer führt die Silbentrennung selbstständig durch.

 Vorsicht: Nicht immer entsprechen die Trennungen den Rechtschreibregeln!

Wenn Sie mit dem Ergebnis der automatischen Silbentrennung nicht zufrieden sind, können Sie auch selbst entscheiden, ob und wo Sie ein Wort trennen möchten oder nicht. Dazu bietet MS Word die **manuelle Silbentrennung** an.

Klicken Sie auf der Registerkarte

Arbeitsablauf

- **Seitenlayout/Silbentrennung/Manuell**

oder

- **Silbentrennung/Silbentrennungsoptionen/Manuell**

MS Word zeigt jeden Trennvorschlag an. Sie entscheiden selber, ob Sie den Trennvorschlag akzeptieren oder ändern möchten.

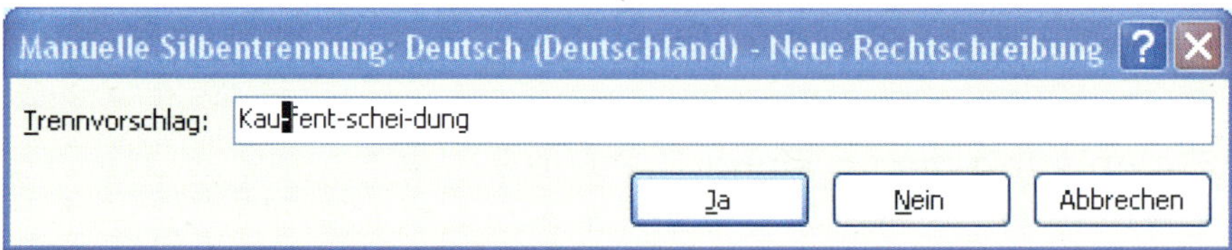

Sie können auch von der **bedingten Silbentrennung** Gebrauch machen.

Arbeitsablauf

Dazu wird der Cursor im Text an die betreffende Trennstelle gesetzt und es wird folgende Tastenkombination eingegeben:

$$\boxed{\text{Strg}} + \boxed{}$$

Er wird nur dann gedruckt, wenn das Wort nicht in die Zeile passt. Steht der bedingte Trennstrich in der Zeilenmitte wird er zwar angezeigt, aber nicht mit ausgedruckt.

 Geben Sie keine Bindestriche als Silbentrennung ein. Wenn das getrennte Wort wegen einer Änderung in die Mitte der Zeile rutscht, verbleiben die Bindestriche im Text.

Bedingter Trennstrich

Insbesondere hat uns die Ver-arbeitung Ihrer Möbel überzeugt.	Stets hat uns die Verarbeitung Ihrer Möbel überzeugt.

Bindestrich

Insbesondere hat uns die Ver-arbeitung Ihrer Möbel überzeugt.	Stets hat uns die Ver-arbeitung Ihrer Möbel überzeugt.

Unter den **Silbentrennungsoptionen** im Dialogfeld Silbentrennung

- geben Sie an, ob Wörter in Großbuchstaben, z. B. FOCUS, UNESCO, NATO getrennt werden sollen,
- setzen Sie die Silbentrennzone fest, in der am rechten Rand getrennt werden soll,
- geben Sie an, wie viele aufeinanderfolgende Zeilen getrennt werden sollen.

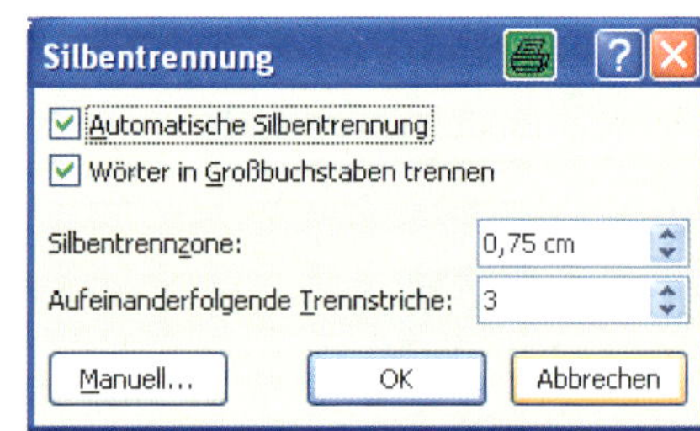

Klicken Sie auf OK .

Übung 1

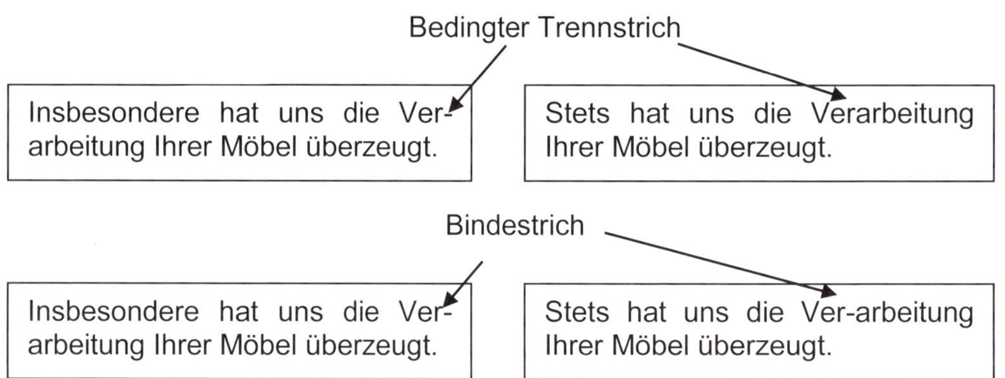

Arbeitsanweisungen:

1. Stellen Sie die Seitenränder wie folgt ein: Links: 2,5 cm   Rechts: 5,0 cm.
2. Geben Sie den folgenden Text linksbündig in der Schriftart Arial, Schriftgröße 11 p als Fließtext ein.
3. Führen Sie nachträglich die automatische Silbentrennung durch.

Europa beginnt schon in der Schule. Partnerschaften mit Schulen in anderen Ländern sind weit verbreitet. Die Austauschgruppen werden von Berufsschulen, Kammern oder Betrieben zusammengestellt. Es gibt viele Möglichkeiten. Auch während der Berufsausbildung ist ein Austausch möglich. Sprachkenntnisse und Auslandserfahrungen sind in einigen Berufen ein großes Plus.

Übung 2

Arbeitsanweisungen:

1. Geben Sie den folgenden Text in der Schriftart Arial, Schriftgröße 11 p, linksbündig als Fließtext ein.
2. Führen Sie die manuelle Silbentrennung durch.
3. Stellen Sie die Seitenränder wie folgt ein:
     Links: 2,5 cm   Rechts: 5,0 cm

Müssen Sie sich auch mehrere Passwörter merken? Ist es Ihnen auch schon einmal passiert, dass Sie ein Passwort vergessen haben? Die Arbeit mit Passwortern ist gar nicht so leicht und oft auch zeitraubend und nervig. Aber es gibt diesbezüglich eine Neuentwicklung: Microsoft bietet eine neuartige Lösung an, die alle Passwörter ersetzt. Die Grundlage dabei ist der Fingerabdruck des Anwenders. Der Optical Desktop ist mit einem Fingerprint Reader ausgestattet. Wenn Sie in Zukunft ein Passwort eingeben müssen, brauchen Sie nur den Fingerprint Reader zu berühren und schon haben Sie Ihre Aufgabe erledigt und das Problem gelöst. Bevor Sie jedoch so komfortabel arbeiten können, müssen Sie mit der speziellen Software Ihren Fingerabdruck sichern und das betreffende Passwort das letzte Mal eingeben.

2.5 Geschützte Zeichen

Einige Wortgruppen oder Zahlen sollen am Zeilenende nicht auseinandergerissen werden. Dazu dient das **geschützte Leerzeichen**. Bei weiteren Einfügungen oder Löschungen bleiben die Textteile zusammen bestehen.

Arbeitsablauf

Das geschützte Leerzeichen entsteht durch die gleichzeitige Tastenkombination von

Strg + Shift + Leer

Am Bildschirm wird folgendes Symbol angezeigt:

°

Den **geschützten Trennstrich** gibt es, damit ein Wort, das mit Bindestrichen geschrieben wird, nicht getrennt wird. Der Bindestrich wird davor geschützt, ein Trennstrich zu werden. Der geschützte Trennstrich entsteht durch die gleichzeitige Tastenkombination von

Strg + Shift + ⊟

Am Bildschirm wird folgendes Symbol angezeigt:

–

Arbeitsanweisungen:

1. Schreiben Sie den Text linksbündig in der Schriftart Times New Roman, Schriftgröße 12 p und berücksichtigen Sie die geschützten Zeichen.
2. Wählen Sie einen rechten Seitenrand von 4 cm und einen linken Seitenrand von 3,7 cm.

Allen Teilnehmern war von Anfang an klar, dass man die Klausuren nicht x-beliebig wiederholen kann. In den vergangenen fünf Wochen ist der US-Dollar gestiegen. Die auffallenden Farbstoffe werden ausschließlich in 5-kg-Dosen geliefert. Die Schülerin spielte mit besonderem Geschick die A-Dur-Tonleiter. Bei ihrem Heimspiel errang die Fußballmannschaft einen 3 : 1-Sieg. Bei dem schweren Motorradunfall betrug die Geschwindigkeit 120 km/h. Die Entfernung von Zuhause bis zum Urlaubsziel in Wien betrug 1 200 km. In der heutigen Tipprunde hatte Tom fünf Siegtreffer und gewann 135,50 €.

Die geschützten Zeichen zählen, ebenso wie das Leerzeichen, zu den **nicht druckbaren Zeichen**. Diese dienen zur besseren Orientierung am Bildschirm. Sie werden bei der Texterfassung am Bildschirm angezeigt und sichtbar, aber sie werden beim Drucken nicht ausgegeben. Trotzdem ist es sinnvoll, die nicht druckbaren Zeichen bei der Texteingabe zu berücksichtigen.

Ein weiteres nicht druckbares Zeichen ist die **Absatzmarke**. Sie kennzeichnet einen Absatz oder eine Leerzeile.

Die Absatzmarke entsteht durch Aktivierung der Returntaste.
Am Bildschirm wird folgendes Symbol angezeigt: ¶

Zu den nicht druckbaren Zeichen zählt ebenfalls der **bedingte Trennstrich**. Dieser kann bei einem Wort an der gewünschten Stelle eingegeben werden. Den Trennstrich erhält man durch die gleichzeitige Tastenkombination von

$$\boxed{\text{Strg}} + \boxed{}$$

Am Bildschirm wird folgendes Symbol angezeigt:

$$\boxed{\quad \neg \quad}$$

Befindet sich dieser Trennstrich am Zeilenende, wird er als Silbentrennstrich ausgedruckt. Verschiebt er sich in die Zeilenmitte, wird das Symbol zwar angezeigt, aber nicht gedruckt.

Die nicht druckbaren Zeichen können durch Aktivierung des Symbols ¶ auf der Registerkarte **Start** in der Gruppe **Absatz** ein- und ausgeblendet werden.

Arbeitsanweisungen:

1. Übernehmen Sie den folgenden Text in der Schriftart Arial, Schriftgröße 11 p, linksbündig als Fließtext!
2. Die Seitenränder betragen rechts und links jeweils 2,5 cm.
3. Verbessern Sie mit der Rechtschreibprüfung die Fehler!
4. Schalten Sie die automatische Silbentrennung ein!
5. Berücksichtigen Sie ggf. die geschützten Zeichen!
6. Wählen Sie ggf. den Thesaurus.

Nicht jeder Geldschein ist echt

In Deutschland ist wieder mehr Flaschgeld im Umlauf: Die Bundesbank registrierte 2009 rund 52.500 falsche Euro-Geldscheine - ein Plus von 28 % im Vergleich zu 2008. Damit kamen auf 10.000 Bundesbürger sechs gefälschte Scheine. Mit diesen Zahlen liegt Deutschland nach Angaben der Bundesbnak aber weit unter dem Durchschnitt im Euroraum. Durch die falschen Banknoten entstand 2009 ein Schaden von 3,1 Millionen € - 400.000 € weniger als 2008 und so wenig wie noch nie seit der Einführung der Euro-Banknoten Anfang 2002. Der Rückgang sei darauf zurückzuführen, dass Fälscher inzwischen vermehrt Scheine mit geringerem Wert, also vor allem 20- und 50-Euro-Scheine, in Umlauf brächten, erklärte die Bundesbank. Zudem könnten Geschäftsbanken und der Handle falsche Banknoten immer besser und schneller erkennen. Auch Kleingeld wurde 2009 weniger gefälscht: Die Bundesbank registrierte etwa 78.500 falsche Münzen. Im Jahr zuvor waren es noch etwa 80.000. Gefälscht wurden den Angaben zufolge 50-Cent-, Ein- und Zwei-Euro-Stücke.
Im gesamten Euroraum zog die Europäische Zentralbank (EZB) in der zweiten Jahreshälfte des vergangenen Jahres 447.000 gefälschte Geldscheine aus dem Verker. Das sei ein Anstieg von 8 % im Vergleich zum ersten Halbjahr 2009, teilte die EZB mit. Der Anteil der Fälschungen ist jedoch relativ gering: Durchschnittlich sind in den 16 Euro-Ländern knapp 13 Milliarden echte Banknoten im Umlauf.

Aufgabe 2

Arbeitsanweisungen:
1. Übernehmen Sie den folgenden Text als Fließtext in der Schriftart Arial, Schriftgröße 12 p in Blocksatz!
2. Verbessern Sie mit der Rechtschreibprüfung die Fehler!
3. Schalten Sie die automatische Silbentrennung ein!
4. Berücksichtigen Sie ggf. die geschützten Zeichen!
5. Fügen Sie die folgenden Abkürzungen in die AutoKorrektur ein!

Bb	Bundesbank
Ba	Banknoten
Sch	Scheine

Nicht jeder Geldschein ist echt

In Deutschland ist wieder mehr Flaschgeld im Umlauf: Die Bundesbank registrierte 2009 rund 52.500 falsche Euro-Geldscheine - ein Plus von 28 % im Vergleich zu 2008. Damit kamen auf 10.000 Bundesbürger sechs gefälschte Scheine. Mit diesen Zahlen liegt Deutschland nach Angaben der Bundesbnak aber weit unter dem Durchschnitt im Euroraum. Durch die falschen Banknoten entstand 2009 ein Schaden von 3,1 Millionen € - 400.000 € weniger als 2008 und so wenig wie noch nie scit der Einführung der Euro-Banknoten Anfang 2002. Der Rückgang sei darauf zurückzuführen, dass Fälscher inzwischen vermehrt Scheine mit geringerem Wert, also vor allem 20- und 50-Euro-Scheine, in Umlauf brächten, erklärte die Bundesbank. Zudem könnten Geschäftsbanken und der Handle falsche Banknoten immer besser und schneller erkennen. Auch Kleingeld wurde 2009 weniger gefälscht: Die Bundesbank registrierte etwa 78.500 falsche Münzen. Im Jahr zuvor waren es noch etwa 80.000. Gefälscht wurden den Angaben zufolge 50-Cent-, Ein- und Zwei-Euro-Stücke.
Im gesamten Euroraum zog die Europäische Zentralbank (EZB) in der zweiten Jahreshälfte des vergangenen Jahres 447.000 gefälschte Geldscheine aus dem Verker. Das sei ein Anstieg von 8 % im Vergleich zum ersten Halbjahr 2009, teilte die EZB mit. Der Anteil der Fälschungen ist jedoch relativ gering: Durchschnittlich sind in den 16 Euro-Ländern knapp 13 Milliarden echte Banknoten im Umlauf.

3 Mühlmeyer ISBN 978-3-8120-0772-6

Kapitel 3 Zeichenformatierung

Wenn das Aussehen eines Textes verändert wird, dann spricht man von **Formatierung**. Bei der Arbeit mit MS Word muss der Teil, der umgestaltet werden soll, vorher **markiert** werden. Verschiedene Formate können kombiniert werden.

3.1 Schriftschnitt

Unter dem Schriftschnitt versteht man die Formatierungen fett, kursiv und unterstreichen.

Eines der schnellsten Verfahren Textteile zu formatieren erfolgt

über die Schaltflächen **F _K_ U** ▾ in der Gruppe Schriftart. Klicken Sie auf

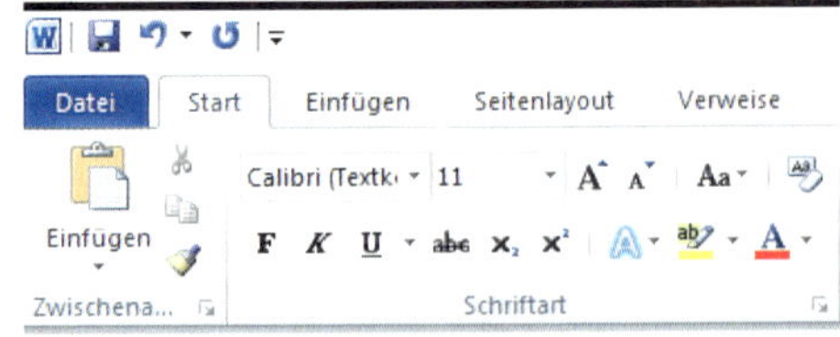

- **Start/Gruppe Schriftart** auf **F** oder **_K_** oder **U**

Wenn Sie nicht wissen, was die Schaltfläche bewirkt, zeigen Sie mit dem Mauszeiger darauf. Es erscheint eine Quickinfo mit einer Beschreibung der Funktion. Sie enthält auch die unten angegebene Tastenkombination, die Sie verwenden können.

Eine weitere Möglichkeit, einen Textteil „**fett**", „**kursiv**" oder zu „**unterstreichen**" besteht, wenn man mit der Maus auf den markierten Text zeigt. Es öffnet sich dann sofort eine Minisymbolleiste und die wichtigsten Zeichenformatierungs-Befehle werden angezeigt.

Es ist auch möglich, in dem Register **Start** der Schaltfläche

- **Schriftart**

rechts das kleine Pfeilchen anzuklicken. Es öffnet sich das Dialogfeld Schriftart.
In der Gruppe **Schriftschnitt** können Sie die gewünschte

Zeichenformatierung auswählen und mit  bestätigen.

oder über die Verwendung von

- **Tastenkombination** Strg + Shift + F für fett
  Strg + Shift + K für kursiv
  Strg + Shift + U für unterstreichen

  Aufheben der Shortcuts: Strg + Leertaste

Die Formatierungen sind beliebig miteinander kombinierbar.

Zum Löschen aller Schriftart-Formatierungen verwenden Sie die Schaltfläche  .

Satzzeichen werden am Ende einer Hervorhebung nur dann in die Hervorhebung mit einbezogen, wenn Sie inhaltlich zur Hervorhebung dazugehören. Die Formatierung beginnt beim ersten und endet beim letzten Zeichen.

Arbeitsanweisung:

Erfassen Sie den nachstehenden Text und formatieren Sie die hervorgehobenen Textteile fett:

Ich wurde heute zum **Vorstellungsgespräch** eingeladen.
Sie müssen dabei einen **guten Eindruck** hinterlassen.
Das **Bewerbungsschreiben** muss ganz fehlerfrei sein.
Zeigen Sie unbedingt Ihre **Kenntnisse und Fähigkeiten**.

Arbeitsanweisung:

Erfassen Sie den nachstehenden Text und formatieren Sie die hervorgehobenen Textteile kursiv:

Es gibt viele Menschen mit *negativer* Einstellung.
Ein Besuch auf der *Leipziger Messe* lohnt sich.
Es ist einfach einen *Internet-Anschluss* einzurichten.
Auf unser *Stellenangebot* gab es viele Bewerbungen.

Arbeitsanweisung:

Erfassen Sie den nachstehenden Text und formatieren Sie die unterstrichenen Textteile:

In der Personalabteilung kommen viele <u>Bewerbungen</u> an.
Sie müssen die Situation am <u>Arbeitsmarkt</u> genau beachten.
Eine <u>lebenslange</u> Sicherheit am Arbeitsplatz gibt es nicht mehr.
Die Vorstellungsgespräche mit den Bewerbern sind für <u>heute beendet</u>.

3.2 Weitere Unterstreichungen

MS Word bietet nicht nur die einfache Unterstreichung an, sondern auch andere Unterstreichungs-arten, wie z. B. die doppelte und die punktierte Unterstreichung.

Unter

- **Start/Schriftart/Unterstreichung**
oder im

- **Dropdownmenü von** U ▾

sind weitere Beispiele für
Unterstreichungsarten zu finden.

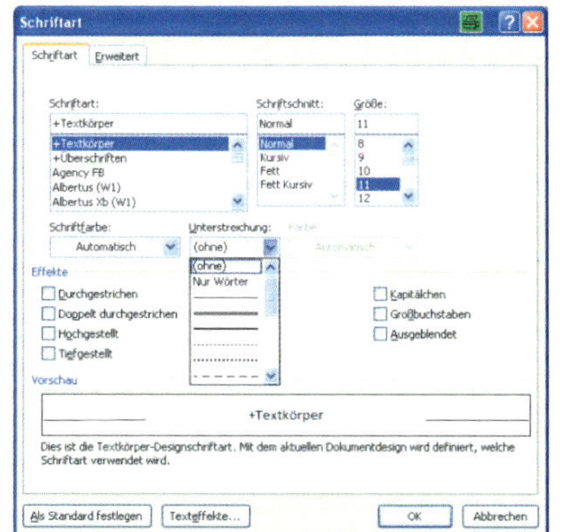

Arbeitsanweisung:
Erfassen Sie den nachstehenden Text und formatieren Sie die unterstrichenen Textteile:

Informieren Sie sich über das <u>Anforderungsprofil</u>.
Der Bewerber muss in das <u>Arbeitsteam</u> passen.
Die <u>Schlüsselqualifikation</u> ist besonders wichtig.
Ein Test soll ermitteln, ob der Bewerber <u>geeignet ist</u>.

3.3 Designs auswählen

Designs können ein ganzes Dokument schnell und einfach formatieren, damit es professionell und modern aussieht. Dazu müssen die einzelnen Textpassagen mit Grundformatierung ausgestattet sein.

Formatieren Sie deshalb unter der Registerkarte **Start** die betreffende Formatvorlage. Danach können Sie die Designs auswählen.

Öffnen Sie in der Multifunktionsleiste die Registerkarte

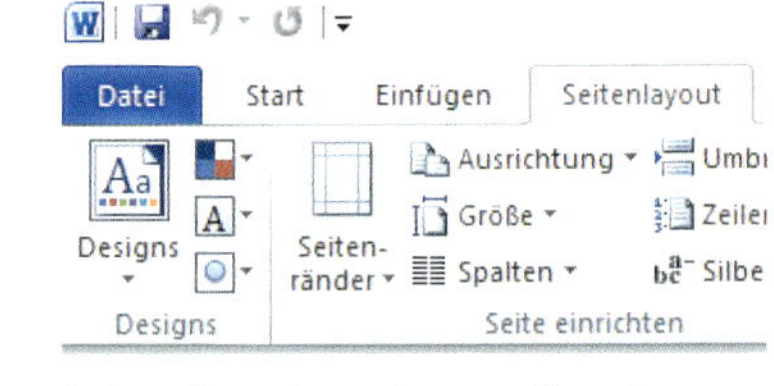

- **Seitenlayout/Designs**

Wenn Sie auf den Pfeil klicken, öffnet sich ein Katalog aller standardmäßig von MS Word zur Verfügung gestellten Designs.

Über eine Livevorschau können Sie sich die einzelnen Designs ansehen.

<u>So ändern Sie ein Design:</u>
Klicken Sie auf die Registerkarte

- **Seitenlayout/Designfarben**

Die aktuelle Farbe wird angezeigt. Wenn Sie auf den Pfeil klicken, wird ein Katalog der Farbkombinationen angezeigt. Hier wählen Sie die gewünschte Kombination aus.

Um die Schriftart zu ändern klicken Sie auf die Registerkarte

- **Seitenlayout/Designschriftarten**

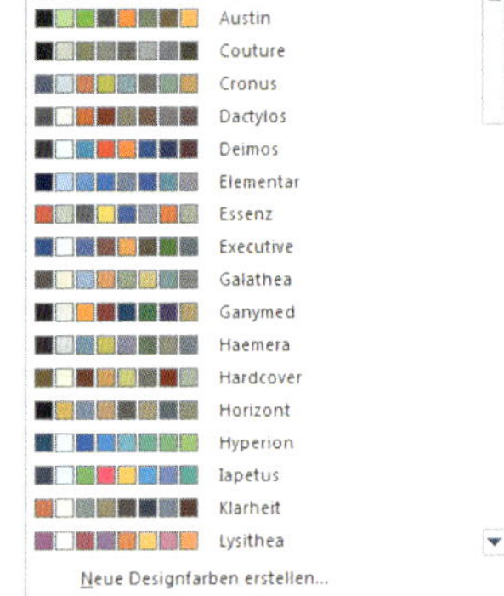

Ebenfalls kann man aus dem Katalog einen gewünschten Effekt auswählen. Klicken Sie auf

- **Seitenlayout/Designeffekte**

Wenn Sie mit dem geänderten Design zufrieden sind, speichern Sie es auf der Registerkarte

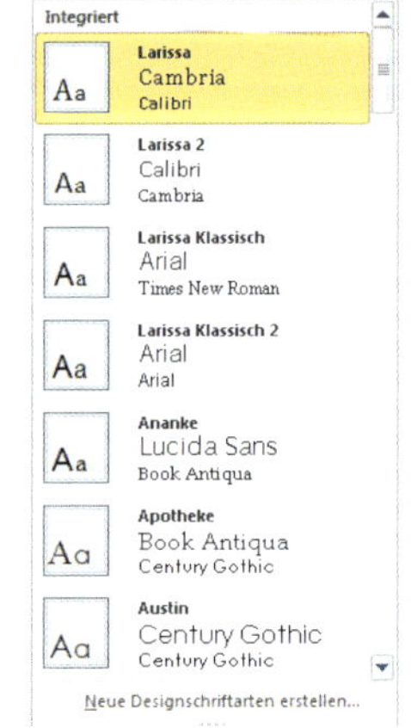

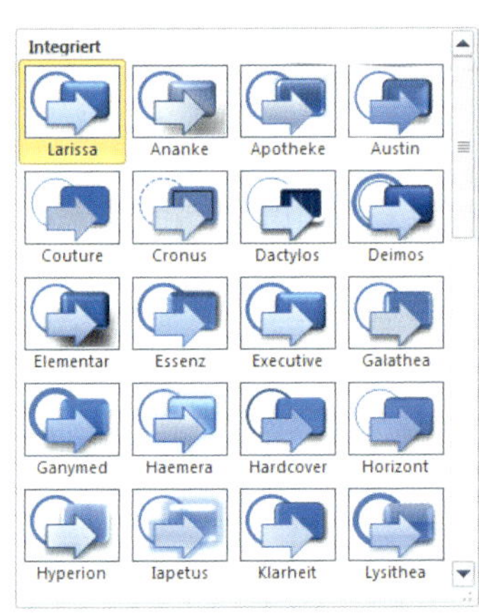

- **Seitenlayout/Designs/Aktuelles Design speichern**

Aktuelles Design speichern...

Tragen Sie einen Dateinamen ein und klicken Sie auf **Speichern**.

Um das Originaldesign des Dokuments wiederherzustellen, klicken Sie „Auf das Design aus der Vorlage zurücksetzen".

Auf das Design aus der Vorlage zurücksetzen

Nach Designs suchen...

Aktuelles Design speichern...

Übung 1

Arbeitsanweisungen:
1. Schreiben Sie die folgenden Wörter untereinander.
2. Formatieren Sie diese mit den betreffenden Formatvorlagen.
3. Weisen Sie unterschiedliche Designs zu.
4. Ändern Sie die Designfarben und die Designschrift.

Titel
Untertitel
Überschrift
Standard

3.4 Effekte

MS Word bietet verschiedene Effekte wie Großbuchstaben und Kapitälchen an. Sie eignen sich zur Hervorhebung einzelner Wörter oder Überschriften. Klicken Sie auf **Start**

Arbeitsablauf

- **Schriftart/Effekte/Großbuchstaben oder Kapitälchen**
oder über die
- **Tastenkombination**   Strg + ↑ + Q für Kapitälchen
            Strg + ↑ + G für Großbuchstaben
   Aufheben der Shortcuts: Strg + Leertaste

Übung 1

Arbeitsanweisung:
Erfassen Sie den nachstehenden Text und formatieren Sie die hervorgehobenen Textteile:

Gutes ALLGEMEINWISSEN ist immer gefragt.
Sie müssen über gute UMGANGSFORMEN verfügen.

Beherzigen Sie die TIPPS zur ALLGEMEINBILDUNG.
Gute STELLEN sind gerade heute sehr beliebt.

MS Word bietet weitere Möglichkeiten Texte hervorzuheben, wie z. B. durchgestrichen mit einfachem oder doppeltem Strich. Diese finden Sie ebenfalls unter

Arbeitsablauf

- **Start/Schriftart/Effekte**

oder über

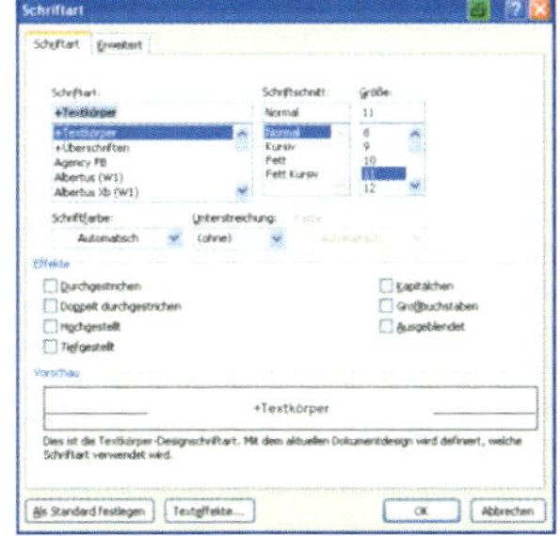

 x_2 x^2
- **Icons**

Arbeitsanweisung:

Erfassen Sie den nachstehenden Text und formatieren Sie die hervorgehobenen Textteile:

Melden Sie sich ~~auch~~ heute zu dem Lehrgang an?
Es gibt neue Wege ein ~~Gespräch~~ zu führen.

Für den ~~großen~~ Auftrag danken wir Ihnen sehr.
Das ~~Essener~~ Steakhaus wird morgen eröffnet.

Bei ^hochgestellten und ₜtiefgestellten Zeichen ändert sich die Größe der Schrift.
Die chemische Formel für Wasser lautet: H_2O.
Wie viel € kosten 10 m^3 Stoff?

⚠ Wenn Sie bei den Effekten das Kontrollkästchen „Ausgeblendet" anklicken, bestimmen Sie, ob der Textausschnitt auf dem Bildschirm ein- oder ausgeblendet werden soll, und ob er ausgedruckt werden soll oder nicht.

<u>So wird „ausgeblendeter" Text ausgedruckt:</u>

1. Klicken Sie auf **„Datei"**, Schaltfläche **Drucken** und dann auf ☒ Optionen .
2. Machen Sie unter **„Anzeige"** + **„Druckoptionen"** in das Kontrollkästchen **„Ausgeblendeten Text drucken"** einen Haken.

3.5 Schriftart/Schriftgrad

Die Bezeichnung **Schriftart** bezieht sich auf die Form bzw. das Aussehen der Zeichen. Der **Schriftgrad** definiert die Höhe und Breite der Zeichen. Er wird in Punkt (p) bemessen.

Die Standardschrift **„Times New Roman"** ist <u>proportional</u>, d. h. jedes Zeichen hat einen unterschiedlichen Platzbedarf. Die Schreibmaschinenschrift, z. B. **„Courier New"** ist <u>nicht proportional</u>. Alle Zeichen sind gleich breit.

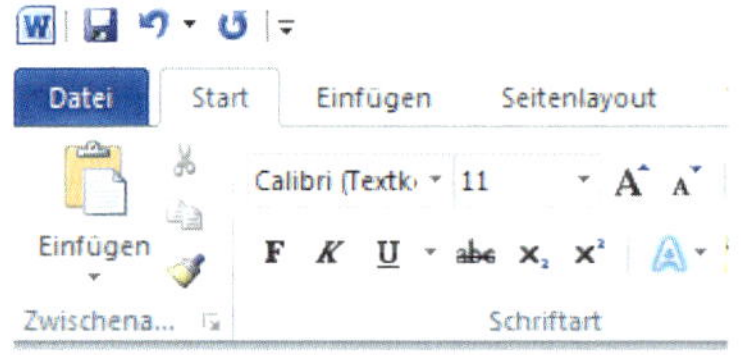

Einstellen kann man die <u>Schriftart</u> und den <u>Schriftgrad</u> durch Anklicken im Register

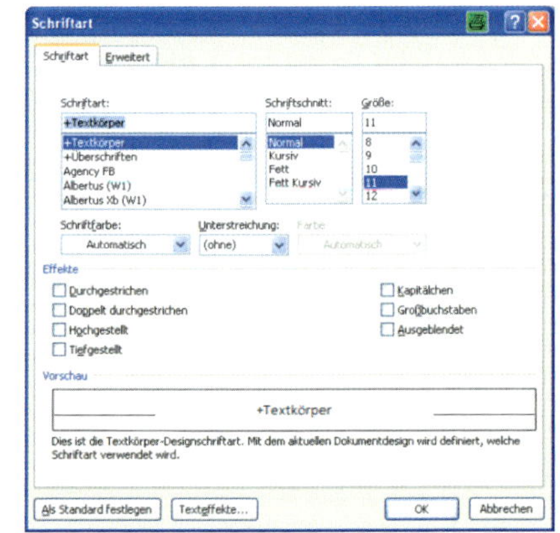

- **Start/Gruppe Schriftart**
oder im

- **Dropdownmenü von** Calibri (Textk ▾ und 11 ▾
oder über die

- **Tastenkombination** │Strg│ + │↑│ + │A│ für größere Schrift
│Strg│ + │↑│ + │P│ für kleinere Schrift
oder über die

- **Icons** „Schriftart vergrößern" A˄ „Schriftart verkleinern" A˅

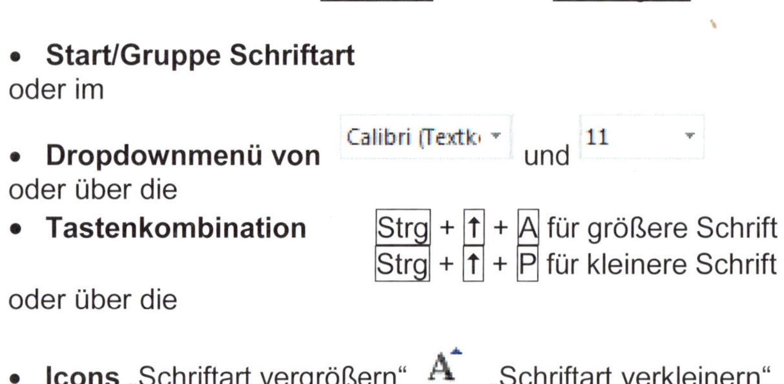

Arbeitsanweisung:
Verändern Sie Schriftart und Schriftgrad.

Die DIAL GmbH besteht seit 10 Jahren.

Die DIAL GmbH besteht seit 10 Jahren.

Die DIAL GmbH besteht seit 10 Jahren.

Die DIAL GmbH besteht seit 10 Jahren.

Courier New	12
Arial Black	14
Monotype Cc	20
Times New Rc	10

Arbeitsanweisung:
Erfassen Sie die Beispiele und ändern Sie die Schriftart und den Schriftgrad.

Beispiele	Schriftart	Schriftgrad
Bildschirm	Bookman Old Style	16
Tastatur	Arial	14
Scanner	Verdana	10
Modem	Lucida Calligraphy	18
Maus	Monotype Corsiva	20

3.6 Schriftfarbe

Textteile, die besonders hervorgehoben werden sollen, können farbig dargestellt oder farbig markiert werden, z. B. Kommentare und Anmerkungen zur Kennzeichnung als Gedächtnisstütze. Den Ausdruck von **farbigen Zeichen** wählen Sie in dem Register

- **Start/Gruppe Schriftart/Schriftfarbe**
oder im

- **Dropdownmenü von** 

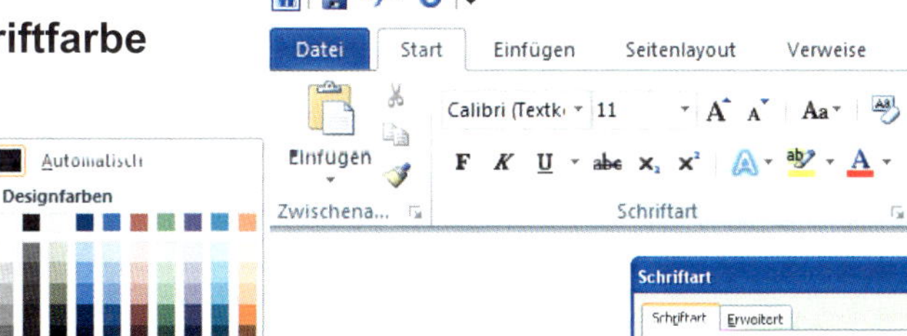

Das <u>farbige Markieren</u> als Hintergrund **(Texthervorhebungsfarbe)** stellen Sie über das

- **Dropdownmenü von** 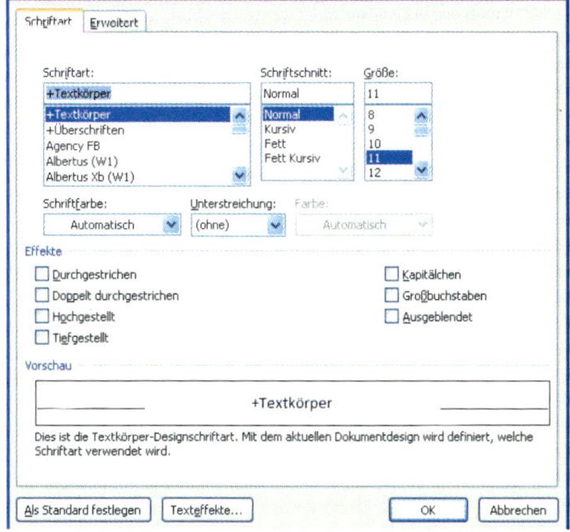

ein. Es stehen mehrere Farben zur Auswahl.

Arbeitsanweisung:

Erfassen Sie den nachstehenden Text in der Schriftart „Courier New" Schriftgröße 11 p und formatieren die hervorgehobenen Textteile farbig.

Tipps für Käufer   (Schriftgröße 14 p)

Das Warenangebot ist in Deutschland so groß, dass der individuellen Gestaltung des Konsums kaum Grenzen gesetzt sind. Doch die wachsende Warenfülle hat unsere Märkte auch unübersichtlich gemacht. Oft fällt es dem Käufer sehr schwer, sich zurechtzufinden und die richtige Wahl zu treffen. Manchmal lässt sich der Verbraucher bei seiner Kaufentscheidung von nebensächlichen Aspekten leiten. Häufig gibt es zwischen verschiedenen Marken kaum Unterschiede. Sie existieren nur in Werbeversprechungen und oft eben auch im Preis. Das ist nun die Kehrseite der Gütervielfalt. Für Sie als Verbraucher bedeutet das: Sie müssen versuchen, sich hinreichend zu informieren. Vermeiden Sie voreiliges Zugreifen. Am einfachsten ist es natürlich, sich direkt am Ort des Angebotes zu informieren. Wenn es sich z. B. um den Kauf von Lebensmitteln handelt, ist dies sicherlich eine gute Orientierungsmöglichkeit. Bei der Anschaffung von hochwertigen Geräten empfiehlt es sich, zusätzliche Informationen einzuholen. Warentests sind sicherlich eine gute Möglichkeit, sich vor dem Kauf über die Qualität und den Preis einer Ware zu informieren.

3.7 Zeichenabstand

Der Zeichenabstand ist vor allem bei der Bearbeitung von Überschriften und Texten ab einem gewissen Schriftgrad zu nutzen.

Klicken Sie im Register

- **Start/Schriftart/Registerkarte Erweitert**

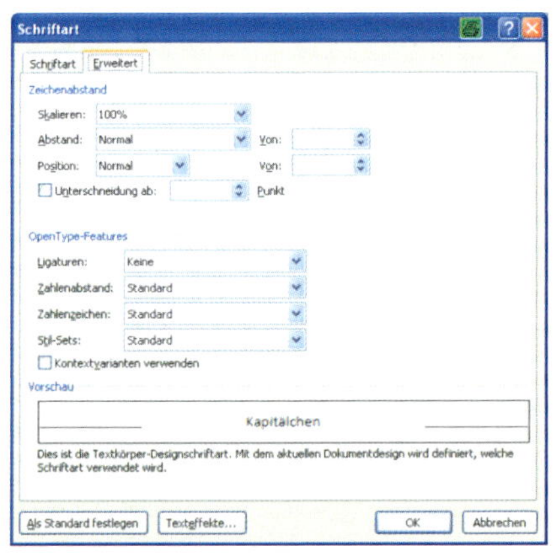

Hier können folgende Einstellungen vorgenommen werden:

Skalieren bedeutet, die Breite der Schriftzeichen zu verändern. Dabei bleibt die Höhe gleich. Standardmäßig sind 100 % eingestellt. In diesem Beispiel ist das Wort „Skalieren" mit 200 % skaliert.

Mit **A b s t a n d** bezeichnet man den Zwischenraum zwischen den einzelnen Schriftzeichen. Im Listenfeld **„von"** lässt sich der Abstand verändern. MS Word bietet <u>drei</u> Laufweiten: Normal, Erweitert, Schmal. In diesem Beispiel ist das Wort „Abstand" erweitert um 3 p.

Die **Position** der Zeichen kann so verändert werden, dass der Text von der normalen Schreiblinie nach **oben** oder nach unten rückt. Dadurch ändert sich automatisch der Zeilenabstand. Den Wert der Verschiebung kann man selber bestimmen. Die Schriftgröße ändert sich dadurch nicht. Anders ist es bei den Effekten hoch- und tiefgestellt. In diesem Beispiel ist das Wort „Position" höhergestellt um 3 p.

Die **Unterschneidung ab** kann bei größeren Schriftgraden aktiviert werden. Machen Sie vor der Unterschneidung einen Haken, und geben Sie die gewünschte Punktzahl ein. In diesem Beispiel ist das Wort „Unterschneidung ab" mit 20 Punkt aktiviert.

Arbeitsanweisungen:

1. Schreiben Sie das Wort „Text" fünfmal. Wählen Sie: Times New Roman, Schriftgrad 40 p.
2. Formatieren Sie anschließend die angegebenen Zeichenabstände.

Text   Text   Text   Text   Text

↑	↑	↑	↑	↑
Abstand schmal 5 p	Unterschneidung 40 Punkt	Skalierung 50 %	Position Tieferstellen 3 p	Position Höherstellen 3 p

Arbeitsanweisung:

Erfassen Sie den nachstehenden Text in der Schriftart „Courier New" 12 p und ändern Sie bei den unterstrichenen Wörtern den Zeichenabstand.

Arbeitswelt

Die <u>Forschung</u> hat viele Aufgaben. Sie schafft neue Arbeitsplätze, neue Produkte für neue Märkte, sie sichert Rohstoffe, sie macht die Umwelt freundlicher und <u>Arbeitsplätze</u> sicherer, sie senkt Kosten und hilft Energie zu sparen. In den letzten Jahren wurden große Fortschritte bei den Arbeitsbedingungen erzielt. Jeder einzelne soll die <u>Möglichkeit</u> zur Entfaltung seiner Fähigkeiten und damit zur Selbstverwirklichung bekommen. Ein weiterer <u>Schwerpunkt</u> ist die Entwicklung von technischen Hilfen, mit denen Arbeitsplätze neu gestaltet werden können. Eine schwere körperliche Arbeit kann durch technische Hilfsmittel erleichtert werden. Außerdem können diese Hilfsmittel zur Beseitigung von vielen <u>Arbeitsunfällen</u> beitragen.

Skalieren: 150 %

Abstand: erweitert 2 p

Höherstellen: 4 p

Tieferstellen: 3 p

Abstand: schmal 1,2 p

3.8 Texteffekte

Diese Formatierung ist dazu da, um einen Grafikeffekt auf den ausgewählten Text anzuwenden. Der Text kann z. B. mit einem Schatten, einem Leuchteffekt oder einer Spiegelung versehen werden. Diesen Effekt erzielen Sie über die Registerkarte **Start** und das

Arbeitsablauf

- Icon 

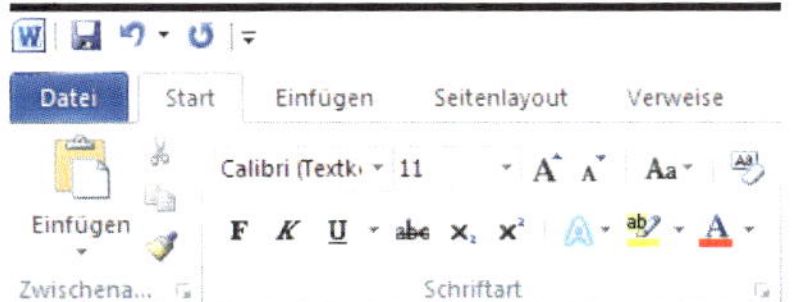

Arbeitsanweisung:

Schreiben Sie mehrfach Ihren Namen und weisen Sie ihm unterschiedliche Texteffekte zu!

4 Mühlmeyer ISBN 978-3-8120-0772-6

3.9 Formate übertragen

Sobald Sie Ihren Text oder Ihr Wort wunschgemäß formatiert haben, bietet MS Word die Möglichkeit, dieselbe Formatierung auf einen anderen Text, einen Satz oder ein Wort zu übertragen. Zu diesem Zweck gibt es unter der Registerkarte

Arbeitsablauf

- **Start/Gruppe Zwischenablage/Symbol** 

Gehen Sie wie folgt vor:
Klicken Sie mit der Maus in den Text, dessen Format Sie übertragen möchten. Wählen Sie das

Symbol . Der Mauszeiger nimmt die Form eines Pinsels an. Markieren Sie damit den Textteil, der das neue Format aufnehmen soll. Das gewünschte Format wird im markierten Bereich automatisch übertragen.

Soll dasselbe Format mehrfach übertragen werden, können Sie Zeit sparen, indem Sie auf die Funktion „Format übertragen" doppelt klicken. Diese Funktion bleibt so lange aktiv, bis sie durch erneuten Klick wieder ausgeschaltet wird.

Übung 1

Arbeitsanweisungen:
1. Schreiben Sie zweimal nebeneinander das gleiche Wort.
2. Das erste Wort ändern Sie gemäß Zeichenformatierungen ab.
3. Beim zweiten Wort kopieren Sie das entsprechende Format mit **„Format übertragen"**.

Textverarbeitung	*Textverarbeitung*	Arial 11 p, fett, kursiv, rot
Englisch	Englisch	Arial 14 p, unterstrichen
Deutsch	~~Deutsch~~	Arial 10 p, durchgestrichen, gelb
Politik	POLITIK	Arial 12 p, Großbuchstaben
Volkswirtschaftslehre	Volkswirtschaftslehre	Arial 14 p, Schatten

Übung 2

Arbeitsanweisung:
Erfassen Sie die nachstehenden Beispiele in der angegebenen Schriftart und dem Schriftgrad. Beachten Sie bitte die DIN-Regeln: „Satzzeichen am Ende einer Hervorhebung werden nur dann in die Hervorhebung mit einbezogen, wenn sie inhaltlich zum hervorzuhebenden Teil gehören."[1]

Gesamtzusammenfassung der Zeichenformatierungen

Beispiel	Zeichenformatierung	Schriftart/Schriftgrad
Das Wort **Beispiel** ist in Fettschrift.	fett	Courier New 11 p
Mit der *Kursivschrift* sparsam umgehen.	kursiv	Times New Roman 13 p

---

[1] Vgl. DIN Deutsches Institut für Normung e. V.; Schreib- und Gestaltungsregeln für die Textverarbeitung; Sonderdruck von DIN 5008:2011; 5. Auflage; Seite 19.

Nutzen Sie zum Unterstreichen die Wellenlinie.	Wellenlinie	Comic Sans MS 12 p
Sie können auch doppelt unterstreichen.	doppelt unterstrichen	Bookman Old Style 11 p
Dies ist ebenso erlaubt.	gestrichelt unterstrichen	Verdana 14 p
Überschrift in GROẞBUCHSTABEN.	Großbuchstaben	Times New Roman 12 p
KAPITÄLCHEN sind kleine Großbuchstaben.	Kapitälchen	Times New Roman 11 p
Es kann auch durchgestrichen werden.	durchgestrichen	Arial 12 p
Oder mit doppeltem Strich durchgestrichen werden.	doppelt durchgestrichen	Arial 13 p
Die Größe der Wohnung reicht aus.	hochgestellt	Times New Roman 12 p
Dieser Satz ist tiefgestellt.	tiefgestellt	Arial 14 p
Die Farbpalette zeigt: rot, grün, blau, gelb, violett	Schriftfarbe	Arial 10 p
Farbige Markierung: rot, grün, blau, gelb, violett	Schriftfarbe	Arial 10 p
Das Ändern der Zeichenbreite heißt Skalieren.	Skalieren 180 %	Times New Roman 10 p
Verändern Sie den Zwischenraum zwischen den einzelnen Zeichen.	Abstand: Schmal 1 p	Century 12 p

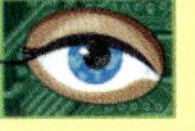 **Handlungssituation:**

Die Auszubildende Moni Tor bereitet ein Referat über ihr Berufsbild „Bürokauffrau" vor. Dabei setzt sie ihre Kenntnisse der Zeichenformatierung ein.

 **Arbeitsanweisungen:**

1. Erfassen Sie den nachstehenden Text in der Schriftart „Courier New" Schriftgröße 12 p.
2. Gestalten Sie den Text nach unten stehender Vorlage.

Bürokauffrau/Bürokaufmann

Bürokaufleute sind Fachkräfte für Organisation und Verwaltung, für das betriebliche Rechnungswesen, die Buchhaltung sowie Lohn- und Gehaltsabrechnung im Betrieb. Sie befassen sich außerdem mit Statistiken, der organisatorischen Abwicklung der Werbung, der Haus- und Grundstücksverwaltung sowie mit allgemeinen Verwaltungsaufgaben. Natürlich gehören auch Schriftwechsel, Kassenwesen, Steuer- und Versicherungsfragen zu ihren Obliegenheiten. Sie sind sowohl in der Wirtschaft als auch in der öffentlichen Verwaltung tätig. Als Voraussetzung gilt eine qualifizierte, 10-jährige abgeschlossene Schulbildung. Die Ausbildungszeit beträgt drei Jahre und endet mit einer Abschlussprüfung vor der Industrie- und Handelskammer. Dabei soll der Prüfling unter Beweis stellen, dass er grundlegende Kenntnisse und Fertigkeiten in der Bürokommunikation erworben hat. Möglichkeiten der Weiterbildung zum Bilanzbuchhalter, Kostenrechner, Organisator oder Personalsachbearbeiter sind gegeben.

Bürokauffrau/Bürokaufmann

Bürokaufleute sind Fachkräfte für Organisation und Verwaltung, für das betriebliche Rechnungswesen, die Buchhaltung sowie Lohn- und Gehaltsabrechnung im Betrieb. Sie befassen sich außerdem mit Statistiken, der organisatorischen Abwicklung der Werbung, der Haus- und Grundstücksverwaltung sowie allgemeinen Verwaltungsaufgaben. Natürlich gehören auch Schriftwechsel, Kassenwesen, Steuer- und Versicherungsfragen zu ihren Obliegenheiten. Sie sind sowohl in der *Wirtschaft* als auch in der *öffentlichen Verwaltung* tätig. Als Voraussetzung gilt eine qualifizierte, 10-jährige abgeschlossene SCHULBILDUNG. Die Ausbildungszeit beträgt **drei Jahre** und endet mit einer Abschlussprüfung vor der INDUSTRIE- UND HANDELSKAMMER. Dabei soll der Prüfling unter Beweis stellen, dass er grundlegende **Kenntnisse und Fertigkeiten** von **Bürokommunikationstechniken** erworben hat. Möglichkeiten der WEITERBILDUNG zum *Bilanzbuchhalter, Kostenrechner, Organisator oder Personalsachbearbeiter* sind gegeben.

3.10 Symbole und Sonderzeichen

In MS Word hat man die Möglichkeit Symbole oder Sonderzeichen, wie z. B. Copyright oder Absatzmarken in den Text einzufügen. Wählen Sie die Registerkarte

- **Einfügen/Symbol**

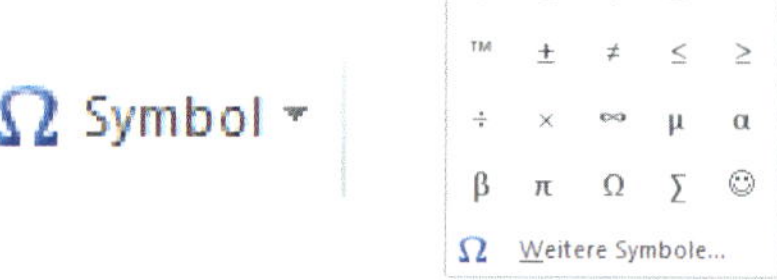

Wenn das Zeichen im Katalog enthalten ist, klicken Sie darauf, um es in den Text einzufügen. Andernfalls wählen Sie **Weitere Symbole**. Jede installierte Schriftart besitzt diverse Symbole.

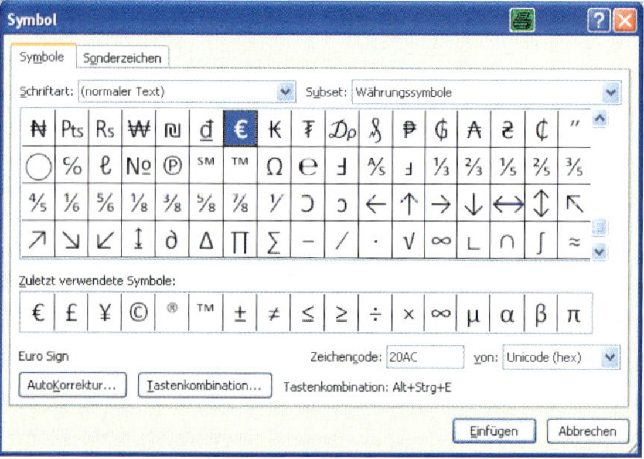
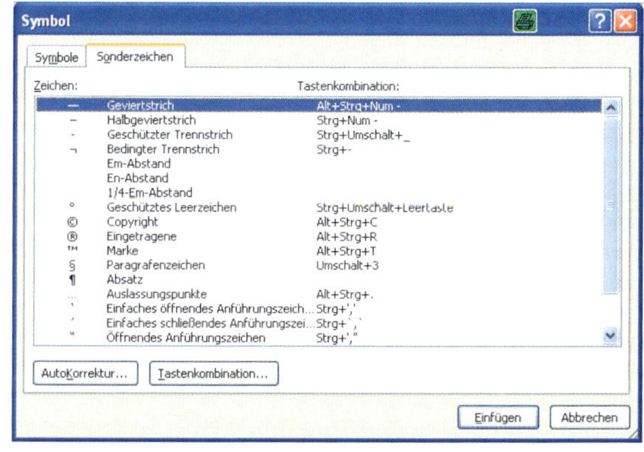

Mit einem Doppelklick auf das **Symbol** oder Einfachklick auf die Schaltflächen „Einfügen" und „Schließen" übernehmen Sie das Symbol in den Text. Es wird an der Cursorposition in der Schriftgröße eingesetzt, in der der aktuelle Text eingegeben ist. Sie können die Größe des Symbols ebenso wie alle anderen Zeichen über die Schriftgröße verändern.

Um **Sonderzeichen**, wie den langen Gedankenstrich (—), das Absatzzeichen (¶), das Symbol für Copyright (©) usw. einzufügen, wählen Sie die **Registerkarte „Sonderzeichen"**.
Es stehen dort auch Tastenkombinationen zur Verfügung.

Falls Sie ein Symbol häufig benötigen, kann es über die Schaltfläche „Tastenkombination…" mit einem Shortcut belegt und gespeichert werden. Auch über die Schaltfläche „AutoKorrektur…" lassen sich Kurzbefehle zur Arbeitserleichterung eingeben.

Übung 1

Arbeitsanweisungen:
1. Übernehmen Sie die Symbole mithilfe der angegebenen Codes.
2. Ändern Sie die Größe der Symbole auf 16 p.

Stellen Sie die Zehnertastatur mit der Num-Feststelltaste auf **Ziffern**!

Alt + 0137 = ‰   Alt + 0163 = £   Alt + 0169 = ©
Alt + 0216 = Ø   Alt + 0182 = ¶   Alt + 0153 = ™
Alt + 0241 = ñ   Alt + 0174 = ®   Alt + 0189 = ½

Übung 2

Arbeitsanweisung:
Rufen Sie die einzelnen Symbole auf und vergrößern diese auf 36 p.

Aufgabe

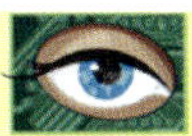

Handlungssituation:
Der richtige Umgang mit Kunden wird immer wichtiger. Daher weist der Ausbilder Torsten Tollkühn alle Mitarbeiterinnen und Mitarbeiter auf eine betriebsinterne Schulung hin, in der der höfliche Umgang mit den Kunden in Verkaufsräumen und/oder am Telefon eingeübt werden soll.

Arbeitsanweisungen:
1. Schreiben Sie für Herrn Tollkühn die interne Mitteilung an alle Mitarbeiterinnen und Mitarbeiter, in der Sie diese Schulungen anbieten.
2. Fertigen Sie einen abtrennbaren Abschnitt an, auf dem sich die Mitarbeiterinnen und Mitarbeiter durch Ankreuzen anmelden können.

Kapitel 4   Absatzformatierung

4.1 Ausrichtung

Texte werden im Allgemeinen linksbündig erfasst. Rechts entsteht ein ungleichmäßiger Flatterrand, den man durch die Silbentrennung etwas ausgleichen kann.

Arbeitsablauf

Sie ändern die Ausrichtung, indem Sie auf der Registerkarte

- **Start/Gruppe Absatz** auf  oder ▤ oder ▥ oder ▤ klicken

oder

- auf den Auswahlpfeil der Schaltfläche **Absatz** klicken, um in das Dialogfeld **Absatz** zu gelangen. Hier können Sie die Ausrichtung, die Einzüge und den Abstand einstellen.

oder über die Verwendung von

- **Tastenkombinationen**   Strg + L = Linksbündig
  Strg + E = Zentriert
  Strg + R = Rechtsbündig
  Strg + B = Blocksatz

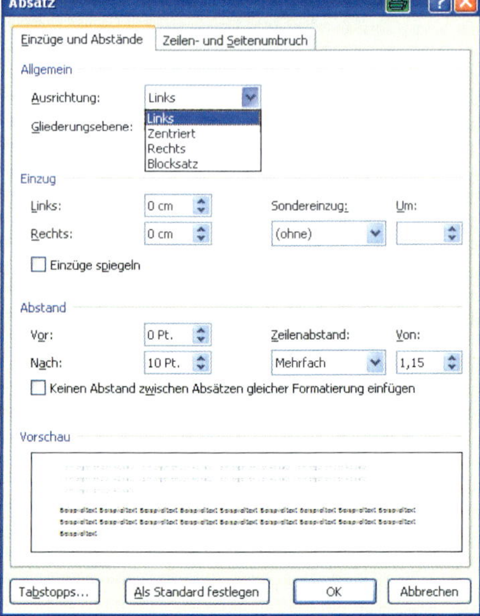

Textteile können folgende Ausrichtungen erhalten:

linksbündig, d. h. die Zeilen beginnen links an der Fluchtlinie und die Zeilenenden sind unregelmäßig (Flatterrand).

→ Im Arithmeum in Bonn sind unzählige Exponate von alten Rechenmaschinen ausgestellt.

Die zentrierte Ausrichtung ist besonderen Texten oder Textteilen vorbehalten, z. B. Überschriften. Die Textzeilen werden an der Blattmitte ausgerichtet. Formschönes Zentrieren erhöht die Aufmerksamkeit des Lesers.

→ Im Arithmeum in Bonn sind unzählige Exponate von alten Rechenmaschinen ausgestellt.

Bei rechtsbündiger Ausrichtung ist nur der rechte Rand gerade. Diese Ausrichtung wird gewählt, wenn links eine Grafik oder ein Bild eingefügt werden soll.

→ Im Arithmeum in Bonn sind unzählige Exponate von alten Rechenmaschinen ausgestellt.

Beim Blocksatz sind die Zeilen links- und rechtsbündig. Hierzu werden die Wortzwischenräume vergrößert, um den Rand auszugleichen. Bücher und Zeitschriften werden im Blocksatz geschrieben.

→ Im Arithmeum in Bonn sind unzählige Exponate von alten Rechenmaschinen ausgestellt.

Arbeitsanweisungen:

1. Erfassen Sie den Text als Fließtext in der Schriftart „Courier New" 12 p.
2. Schalten Sie die Silbentrennung ein.
3. Ordnen Sie den einzelnen Absätzen das jeweilige Absatzformat zu.

Der Computer – das unbekannte Wesen

Sie sollten während der Ausbildung Wissen und Fertigkeiten erwerben, die es Ihnen ermöglichen, mit Computern und Programmen zu arbeiten. Die Welt der Computer wirkt zunächst undurchdringlich.

Wer wissen möchte, wie ein Computer funktioniert, verfängt sich in einem Dickicht von Drähten, unverständlichen Kommandos und fremden Begriffen. Erste Kontakte zwischen Ihnen und dem unbekannten Wesen könnten so aussehen:

Sie wollen sich, da Sie die Bedeutung der Computer erkannt haben, einen PC kaufen. Sie haben sich den Grundsatz „learning by doing" zu Eigen gemacht.

Ihr Bekannter, ein Computer-Freak, hat Ihnen Zeitschriften mit aktuellen Leistungsdaten und Testergebnissen besorgt. Außerordentlich motiviert stehen Sie einigen Selbstverständlichkeiten gegenüber.

Aber dann nach genauem Lesen sind die Beschreibungen des Computers für Sie als Einsteiger nichtssagend. Wahrscheinlich sind Sie frustriert, weil Sie radikal mit der Computerfachsprache konfrontiert wurden.

Wollten Sie sich ein neues Auto kaufen, wüssten Sie worauf es ankommt:

auf Schnelligkeit, Verbrauch, Motoreigenschaften, Komfort usw.

Ähnliche Kriterien sind auch für den Kauf eines Computers ausschlaggebend. Die Anzeige in der Zeitschrift beschreibt u. a. auch nur die Schnelligkeit, den Komfort, das Herz des unbekannten Wesens.

4.2 Einzug

Um Texte zu strukturieren, können einzelne Absätze im Text eingerückt werden, indem ihm verschiedene Einzüge zugewiesen werden. **Ohne Einzug** ist Standard.

Mit den beiden Symbolen  „verkleinern" und „vergrößern" der Registerkarte

- **Start**

kann man einen Absatz mit einem Mausklick jeweils um 1,25 cm nach rechts einrücken bzw. zurückschieben, sodass die Zeilenlänge abweichend von den Maßen der Seitenränder gestaltet wird.

Die häufigste Anwendung zur Veränderung des linken Einzugs ist die **Einrückung.** Sie wird nach DIN 5008 mit einem linken Einzug von 2,5 cm formatiert. **Vor** und **nach** der **Einrückung** ist eine Leerzeile einzufügen.

Es ist auch möglich, im Register **Start** den Auswahlpfeil **der Gruppe Absatz** anzuklicken, um im

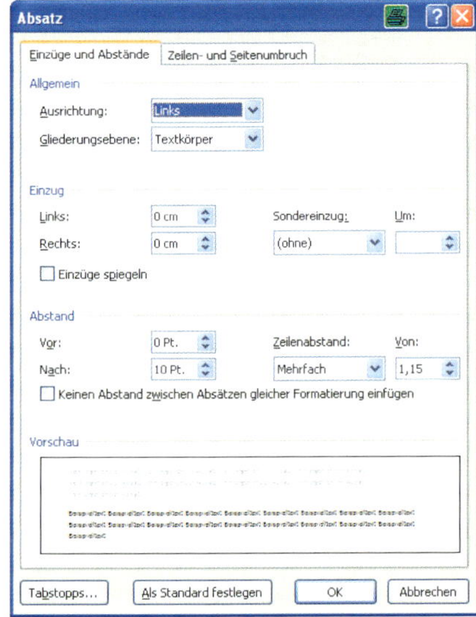

- **Dialogfeld Einzug**

genauere Einstellungen vorzunehmen.

oder über die Verwendung von

- **Tastenkombinationen** Strg + M = Einzug vergrößern
  Strg + Shift + M = Einzug verkleinern

 Mit dem Lineal definieren Sie Einzüge schneller, indem Sie den Marker für linken, rechten, hängenden oder Erstzeileneinzug verschieben.

- das obere Dreieck definiert die Position des Zeichens
- das untere Dreieck definiert die Textposition
- das untere Rechteck verschiebt beides

Arbeitsanweisungen:
1. Erfassen Sie die folgende Aufstellung in der Schriftart „Courier New" 11 p.
2. Ziehen Sie den Text um 1,25 cm mit dem Symbol **„Einzug vergrößern"** ein.

```
Reiseunterlagen
        Bahnfahrkarten
        Flugtickets
        Hotelreservierungen
        Krankenversicherung

Vorbereitung Abwesenheit
        Postlagerungsauftrag
        Nachbarn informieren
        Zeitung abbestellen
```

Arbeitsanweisung:

Erfassen Sie den Text in der Schriftart „Courier New" 11 p und stellen Sie die **linken Einzüge** auf 2,5 cm und die **rechten Einzüge** auf 2 cm.

<pre>
                    Schöne neue Fotowelt

Digitalkameras werden immer günstiger und können dennoch immer mehr. Die
Zeit für den Umstieg scheint günstig. Es ist ein ernüchternder Augen-
blick:

          Gerade noch lockte der Strand, nun rollt schon wieder
          das Gepäckband am heimatlichen Flughafen – der Urlaub
          ist zu Ende.

Doch für einige Heimkehrer gibt es ein Trostpflaster:

          Während alle auf ihre Koffer warten, betrachten sie
          den Sonnenuntergang vom letzten Abend in der Fremde,
          farbecht und gestochen scharf. Möglich wird dies
          durch moderne Digitalkameras, die inzwischen auch
          neueste analoge Fotoapparate alt aussehen lassen.

Das Rennen um die höchste Bildauflösung hat spürbar an Schwung verloren.
Für prächtige Fotos braucht selbst ein Hobbyfotograf nur vier bis sechs
Millionen Bildpunkte (Pixel). Dieses Spektrum aber umfassen die meisten
Digitalkameras der jüngsten Generation spielend.
</pre>

4.2.1 Erstzeileneinzug

Beim Erstzeileneinzug wird nur die erste Zeile des Absatzes eingerückt.

Setzen Sie den Cursor vor die erste Zeile, die eingezogen werden soll. Klicken Sie anschließend auf der Registerkarte **Start**

* **Absatz**

Klicken Sie unter **Einzug** in das Feld **Sondereinzug** auf **Erste Zeile** und legen Sie im Feld **Um:** den Abstand für den Einzug der ersten Zeile fest.

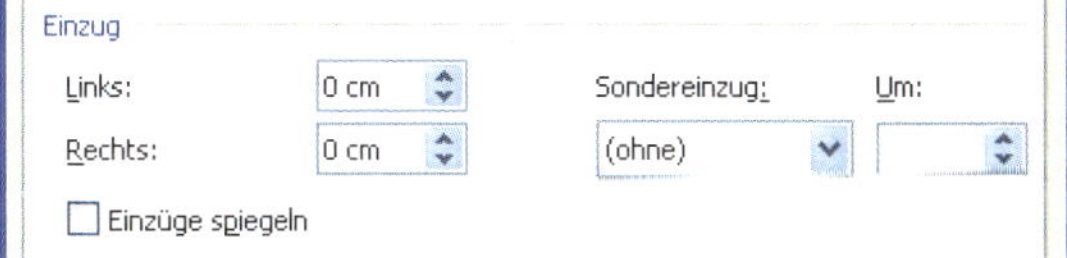

Arbeitsanweisung:

Erfassen Sie den folgenden Text mit Erstzeileneinzug.

<pre>
     Der Erstzeileneinzug bewirkt, dass nur die erste Zeile eines
Absatzes eingezogen wird, die restlichen Zeilen erscheinen am lin-
ken Rand. Standard des Einzugs der ersten Zeile sind 1,25 cm. Der
Wert kann verändert werden.
</pre>

5 Mühlmeyer ISBN 978-3-8120-0772-6

4.2.2 Hängender Einzug

Beim hängenden Einzug werden alle Zeilen des Absatzes mit Ausnahme der ersten Zeile eingerückt.

Klicken Sie auf der Registerkarte **Start**

- **Absatz**

unter **Einzüge** auf **Sondereinzug,** und wählen Sie **Hängend**. Im Feld **Um**: geben Sie die Größe des Einzugs an.

Arbeitsanweisung:
Erfassen Sie den folgenden Text mit einem hängenden Einzug.

```
Beim hängenden Einzug steht die erste Zeile am linken Rand und der
    restliche Absatz wird eingerückt. Auch hier sind 1,25 cm Stan-
    dard und der Wert kann beliebig geändert werden.
```

4.2.3 Negativer Einzug

Ein negativer Einzug bedeutet, dass Sie im Seitenrand schreiben.

Klicken Sie auf der Registerkarte **Start**

- **Absatz**

und geben Sie bei **Links**: einen negativen Wert ein.

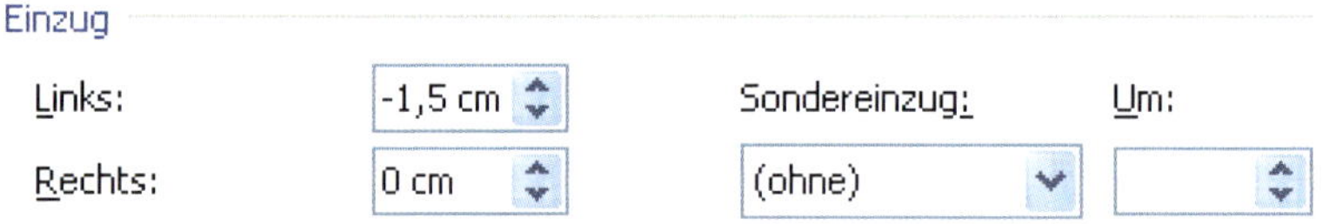

Im Zeilenlineal wird er so dargestellt:

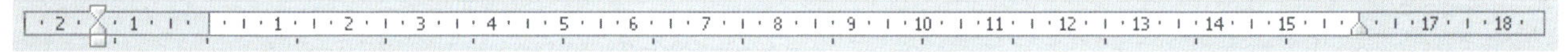

Arbeitsanweisung:
Erfassen Sie den folgenden Text mit negativem Einzug.

```
Beim negativen Einzug wird der Text in die eingestellten Ränder
gezogen. Die Werte sind dabei negativ, d. h. Sie müssen die Zahl
unter Einzug links mit einem Minuszeichen versehen.
```

 **Handlungssituation:**

Der Ausbilder Torsten Tollkühn gibt den Auszubildenden einen kurzen Überblick über das Ausbildungsberufsbild „Kaufmann für Bürokommunikation/Kauffrau für Bürokommunikation". Moni Tor und Gill Bates schreiben diesen Text und heben dabei einige Begriffe durch bereits gelernte Formatierungen hervor. Beachten Sie die Silbentrennung.

```
Kaufmann für Bürokommunikation


Bis Anfang der 90er Jahre hieß der „Kaufmann für Bürokommunikati-
on" noch „Bürogehilfe". Aufgrund der starken Prägung der Büroar-
beit durch Elektronik und moderne Kommunikationstechniken wurde
das Berufsbild an die technische Entwicklung angepasst und erhielt
neue Ausbildungsinhalte. Im Vordergrund stehen zwar weiterhin Sek-
retariats- und Assistenzarbeiten im Büro. Diese sind aber durch
die Tätigkeitsbereiche Kommunikation und Kooperation im Betrieb,
Textformulierung und -gestaltung, automatische Textverarbeitung
sowie Personal- und Rechnungswesen und allgemeine Verwaltung auf-
gewertet. Klassische Büroarbeiten sind nach wie vor zu erfüllen.
Kaufleute für Bürokommunikation arbeiten in allen Bürobereichen
von Industrie, Handel und Verwaltung. Sie erledigen Routinearbei-
ten wie Kartei- und Registraturbearbeitung, Auftragsabwicklung,
Datenerfassung und andere Schreibarbeiten sowie Postein- und Post-
ausgänge. Die Ausbildung, die durch Berufsschulunterricht ergänzt
wird, dauert drei Jahre. Sie ist als gleichwertige kaufmännische
Qualifikation neben der Ausbildung des Bürokaufmanns anerkannt.
Als Ausbildungsvoraussetzung wird eine 10-jährige abgeschlossene
Schulbildung verlangt.
```

4.3 Tabstopp (Tabulator)

4.3.1 Der Standardtabulator

Tabstopps sind in MS Word standardmäßig in Intervallen von 1,25 cm definiert. Wird die Tabulatortaste gedrückt, springt der Cursor zum nächsten Tabstopp weiter. Ein Tabulatorzeichen (→) füllt

den Abstand auf dem Bildschirm aus, wenn Sie den Button ¶ auf der Registerkarte **Start** aktiviert haben. Es gehört zu den nichtdruckbaren Zeichen. Mit den Tabulatoren lassen sich in MS Word z. B. einfache Tabellen oder Übersichten gestalten. Wird der Standard-Tabstopp eingesetzt, ist die einheitliche Fluchtlinie beim Untereinanderschreiben gewährleistet. Tabulatoren werden im Zeilenlineal durch Striche gekennzeichnet.

⚠ Versuchen Sie auf keinen Fall, den Abstand mit **Leerzeichen** auszufüllen! Bei Proportionalschriften kommt es dann zu einer unregelmäßigen Fluchtlinie.

Klicken Sie auf der Registerkarte **Start**

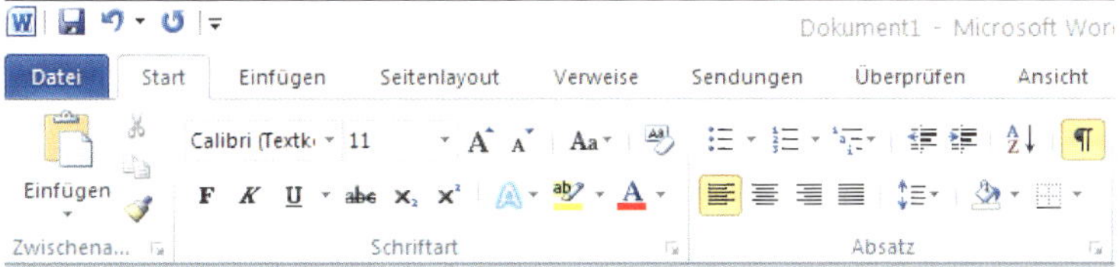

* **Absatz/** Tabstopps… ,

um den Standardtabstopp einzugeben oder individuelle Einstellungen des Tabstopps vorzunehmen.

Übung 1

Arbeitsanweisung:

Fertigen Sie die Aufstellung an. Verwenden Sie dabei den Standard-Tabstopp. Vergewissern Sie sich vorher, ob er bei 1,25 cm eingestellt ist.

```
Urlaubsliste für das laufende Jahr
Herr Müller        17.02. – 28.02.
Herr Weiner        05.03. – 15.03.
Herr Brinkmann     12.05. – 28.05.
Herr Ochs          04.10. – 17.10.
```

Übung 2

Arbeitsanweisungen:

1. Erstellen Sie die folgende Aufstellung.
2. Ändern Sie den **Standardtabstopp auf 4 cm.**
3. Beginnen Sie die Aufstellung mit einem Tabstopp und setzen <u>zwischen</u> dem DIN-Format und dem jeweiligen Beispiel ebenfalls einen Tabstopp.

```
Papierformate
DIN-Format      Beispiele
A0              Landkarten
A1              Fahrpläne
A2              Zeitungen
A3              Zeichenblöcke
A4              Briefbögen
A5              Stenoblock
A6              Postkarten
A7              Notizzettel
```

4.3.2 Der manuelle Tabstopp

Sie haben aber auch die Möglichkeit, Tabstopps ganz exakt festzulegen und in der Ausrichtung zu verändern. Die gewählten Positionen der Tabstopps werden im horizontalen Zeilenlineal angezeigt. Wenn Sie manuelle Tabstopps setzen, werden die Standardtabstopps durch die manuellen Tabstopps unterbrochen.

Setzen der Tabstopps

Zum Setzen der Tabstopps klicken Sie auf der Registerkarte **Start**

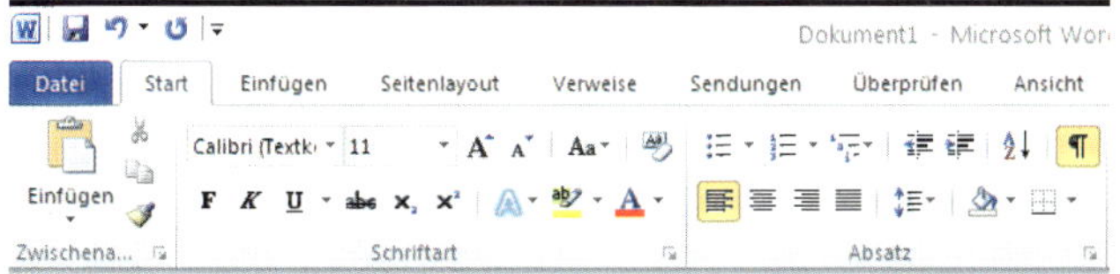

- **Absatz/** Tabstopps... ,

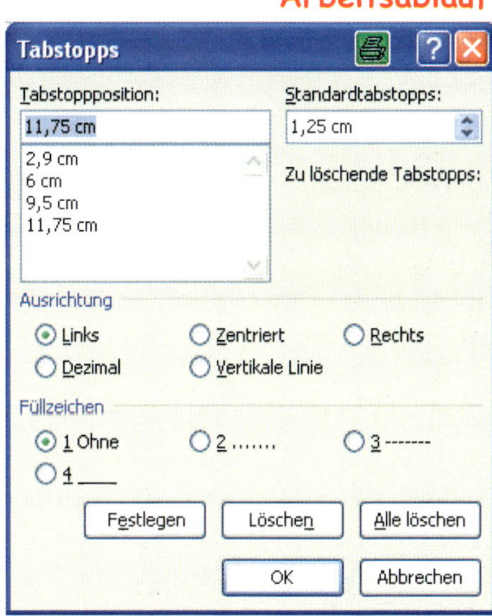

um die Position des Tabstopps und die Ausrichtung einzugeben.

Gehen Sie dabei wie folgt vor:

1. Geben Sie im Feld „Tabstoppposition:" den genau defi-
   nierten Wert ein.
2. Wählen Sie die gewünschte Ausrichtung aus.
3. Klicken Sie auf „Festlegen", damit die neue Einstellung
   übernommen wird.
4. Wiederholen Sie diesen Vorgang, wenn mehrere Positionen zu setzen sind. In dem Listenfeld „Tabstoppposition:" werden alle gesetzten Werte angezeigt.
5. Das Fenster müssen Sie mit OK schließen.

Dabei ist es möglich, zwischen unterschiedlichen Ausrichtungen zu wählen:

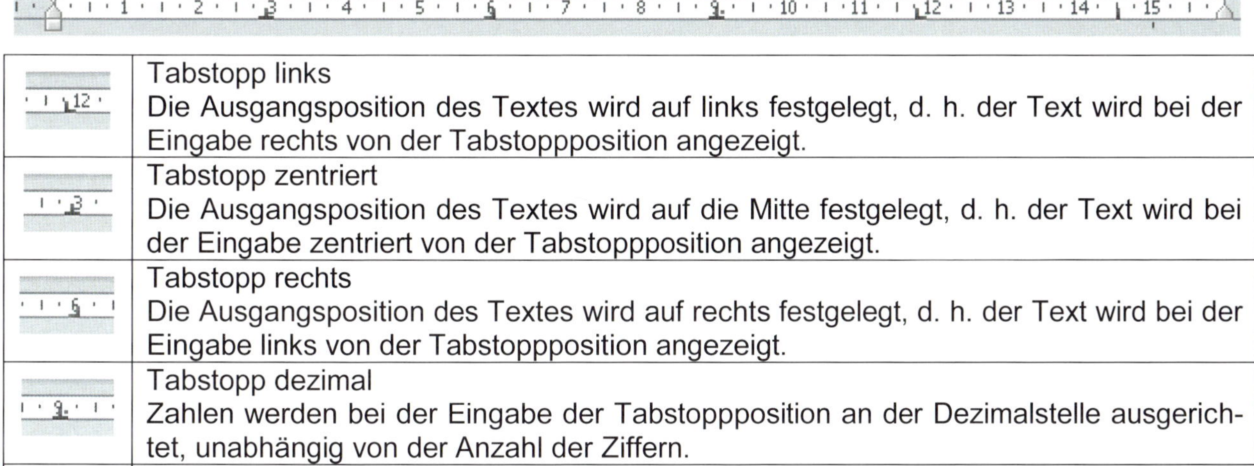

Tabstopp links	Die Ausgangsposition des Textes wird auf links festgelegt, d. h. der Text wird bei der Eingabe rechts von der Tabstoppposition angezeigt.
Tabstopp zentriert	Die Ausgangsposition des Textes wird auf die Mitte festgelegt, d. h. der Text wird bei der Eingabe zentriert von der Tabstoppposition angezeigt.
Tabstopp rechts	Die Ausgangsposition des Textes wird auf rechts festgelegt, d. h. der Text wird bei der Eingabe links von der Tabstoppposition angezeigt.
Tabstopp dezimal	Zahlen werden bei der Eingabe der Tabstoppposition an der Dezimalstelle ausgerichtet, unabhängig von der Anzahl der Ziffern.
Vertikale Linie	Der Leiste-Tabstopp legt keine Textposition fest, sondern bestimmt die Position einer Linie, die eingefügt werden soll.

Arbeitsanweisung:

Übernehmen Sie die folgenden Tabstopp-Ausrichtungen und fertigen Sie die Übersicht an.

Links 2,9   Zentriert 6,0   Rechts 9,5   Dezimal 11,75

Artikel	Art.-Nr.	Farbe	Preis
Hose	486 257	schwarz	59,95 €
Hemd	8 124	beige	39,95 €
Pullover	77 396	blau	49,95 €
T-Shirt	886	weiß	19,95 €

Übung 2

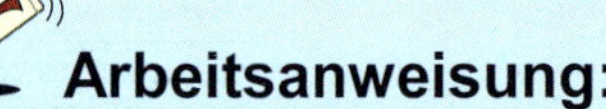

Arbeitsanweisung:

Übernehmen Sie die folgenden Tabstopp-Ausrichtungen und fertigen Sie die Übersicht an.

Links 4 cm   Vertikale Linie 7 cm   Rechts 9 cm

Obst	kg
Bananen	12
Kirschen	3
Pflaumen	6
Pfirsiche	5,5

Verschieben der Tabstopps

Sie können vorhandene Tabstopps mit gedrückter Maustaste auch auf dem Lineal nach links oder rechts an eine andere Position ziehen.

Verändern der Tabstopps

Klicken Sie auf einen bestehenden Tabstopp doppelt, öffnet sich das Fenster „Tabstopps" und Sie können alle bekannten Veränderungen vornehmen.

Löschen der Tabstopps

Sie entfernen einen Tabstopp, indem Sie ihn mit gedrückter linker Maustaste nach oben oder unten aus dem Lineal herausziehen. Wenn Sie die Maustaste loslassen, wird der Tabstopp nicht mehr angezeigt. Eine andere Möglichkeit besteht, indem Sie im Fenster „Tabstopps" einen oder mehrere nicht mehr benötigte Tabstopps markieren und auf die Schaltfläche **„Löschen"** oder **„Alle löschen"** klicken.

Bestätigen Sie mit ☐ OK ☐.

Setzen der Tabstopps über das Zeilenlineal

Machen Sie einen Einfachklick auf eine Position im Zeilenlineal. Es erscheint ein Tabstopp links, den Sie beliebig verschieben, löschen oder bearbeiten können.

Übung 3

Arbeitsanweisungen:

1. Erfassen Sie folgende Aufstellung in der Schriftart „Courier New" 12 p.
2. Löschen Sie alle bestehenden Tabstopps.
3. Setzen Sie die Tabstopps über das Menü.
       Links 3,17 cm - 5,71 cm - 7,94 cm - 11,91 cm

```
Ergebnisliste des 20-km-Laufes
Name          Vorname     Jahrgang Verein         Zeit
Baader        Robin       1979     LT Essen       01:30:15
Günther       Fabio       1968     LT Herne       01:45:08
Gröber        Nick        1969     SV Gladbeck    01:41:58
Lohmann       Guido       1983     TV Herten      01:48:34
Schneider     Volker      1977     SV Osterfeld   01:37:09
Zorn          Joshua      1978     SV Bottrop     01:50:03
```

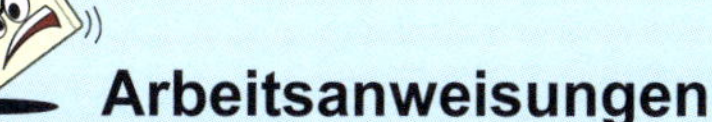

Arbeitsanweisungen:

1. Erstellen Sie folgende Aufstellung in der Schriftart „Courier New" 12 p.
2. Setzen Sie die Tabstopps.

Vertikale Linie	6 cm
Links	7 cm
Vertikale Linie	10 cm
Rechts	14,75 cm

Bundesländer der Bundesrepublik Deutschland

Bundesland	Hauptstadt	Größe in 1000 km^2
Baden-Württemberg	Stuttgart	35,8
Bayern	München	70,5
Berlin	Berlin	0,9
Brandenburg	Potsdam	29,5
Bremen	Bremen	0,4
Hamburg	Hamburg	0,8
Hessen	Wiesbaden	21,1
Mecklenburg-Vorpommern	Schwerin	23,2
Niedersachsen	Hannover	47,6
Nordrhein-Westfalen	Düsseldorf	34,1
Rheinland-Pfalz	Mainz	19,8
Saarland	Saarbrücken	2,6
Sachsen	Dresden	18,4
Sachsen-Anhalt	Magdeburg	20,4
Schleswig-Holstein	Kiel	15,7
Thüringen	Erfurt	16,2

Arbeitsanweisungen:

1. Fertigen Sie folgende Aufstellung in der Schriftart „Courier New" 12 p an.
2. Setzen Sie die Tabstopps bei

Rechts   8,89 cm   Dezimal   12,06 cm

Postgebühren

Sendungsart	Höchstgewicht	Preis/€
Standardbrief	bis 20 g	0,58
Kompaktbrief	über 20 g bis 50 g	0,90
Großbrief	über 50 g bis 500 g	1,45
Maxibrief	über 500 g bis 1000 g	2,40
Postkarte		0,45
Einschreiben		+ 2,05
Einschreiben Einwurf		+ 1,60
Eigenhändig		+ 1,80
Rückschein		+ 1,80

Arbeitsanweisungen:
1. Erstellen Sie folgende Aufstellung in der Schriftart „Courier New" 11 p.
2. Setzen Sie folgende Tabstopps.
   Vertikal 6,03 cm und 9,84 cm   Links 6,67 cm und 10,48 cm

Arten der Kommunikation	herkömmlich	technisch
zeitgleich	Gespräch	Telefon
	Konferenz	Handy
	Sitzung	Funkgerät
	Tagung	Chat
	Kongress	usw.
zeitversetzt	Postkarte	Telegramm
	Brief	E-Mail
		SMS
		Telefax
		usw.

4.3.3 Füllzeichen

Den Tabstopps können unterschiedliche Füllzeichen zugewiesen werden. Füllzeichen sind Punkte oder Striche, die den Leerraum zwischen Wörtern füllen, die durch Tabstopps voneinander getrennt sind. Füllzeichen werden oft in Inhaltsverzeichnissen mit Angabe von Seitenzahlen verwendet. Sie dienen dem Leser zur Orientierungshilfe.

Arbeitsablauf

Klicken Sie auf der Registerkarte

- **Start/Absatz/** Tabstopps...

Geben Sie die gewünschte Tabstoppposition und die Ausrichtung ein. Machen Sie bei **Füllzeichen** die gewünschte Angabe. Klicken Sie auf „Festlegen", damit die Füllzeichen übernommen werden. Bestätigen Sie mit OK .

Gesetzte Füllzeichen werden über die Option „Ohne" gelöscht.

Arbeitsanweisungen:
1. Schreiben Sie die folgende Aufstellung in der Schriftart „Courier New" 12 p.
2. Setzen Sie die Tabstopps auf folgende Positionen:
   2,5 cm **linker** Tabstopp
   7,25 cm **rechter** Tabstopp mit **Füllzeichen (2) Punktiert**
   11,75 cm **Dezimal**-Tabstopp mit **Füllzeichen (2) Punktiert**

```
Artikel      Einheit                    €
Disketten.......10 ..............12,50
CD-ROM..........20 ..............35,10
Toner...........1 ..............67,80
Papier.........500 ..............7,50
Folien.........200 ............244,80
```

Arbeitsanweisungen:

1. Fertigen Sie folgende Übersicht in der Schriftart „Courier New" 12 p an.
2. Setzen Sie einen **rechten** Tabstopp bei **12,5 cm** mit **Füllzeichen 3**.

```
Computer in unserem Alltag                    Seite
Computer zwischen Meinung und Wirklichkeit------5
Die Verbreitung der Computer--------------------6
Vorteile für arbeitende Menschen----------------8
Computerunterstützte Arbeitsplätze------------12
Computer und Beschäftigung--------------------16
Mensch, Umwelt – Computer---------------------20
```

>  **Zum Erstellen komplexer Tabellen verwenden Sie die Tabellenfunktion!**

4.4   Abstände

4.4.1 Zeilenabstand

Der Zeilenabstand verändert den Abstand zwischen den einzelnen Textzeilen. Standardmäßig ist in MS Word ein einfacher Zeilenabstand vorgegeben. Er lässt sich auf 1,5 Zeilen, Doppelt, Mindestens, Genau oder Mehrfach umstellen.

Sie ändern den Zeilenabstand über die Registerkarte

Arbeitsablauf

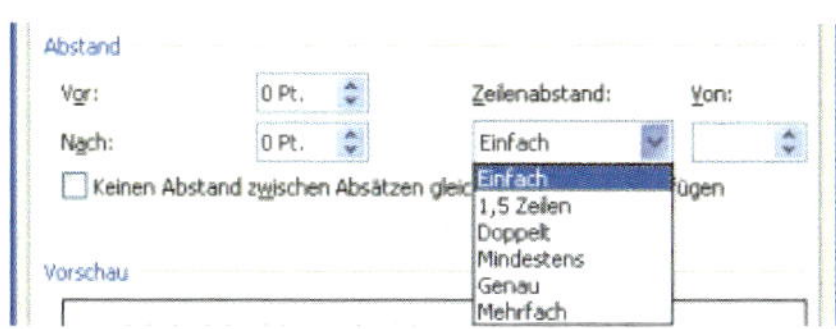

- **Start/Gruppe**
  Absatz/Abstand/Zeilenabstand

Öffnen Sie den Pfeil und wählen Sie aus dem Feld „Zeilenabstand" den gewünschten Abstand aus. Bestätigen Sie mit

    OK   .

oder über die Verwendung von

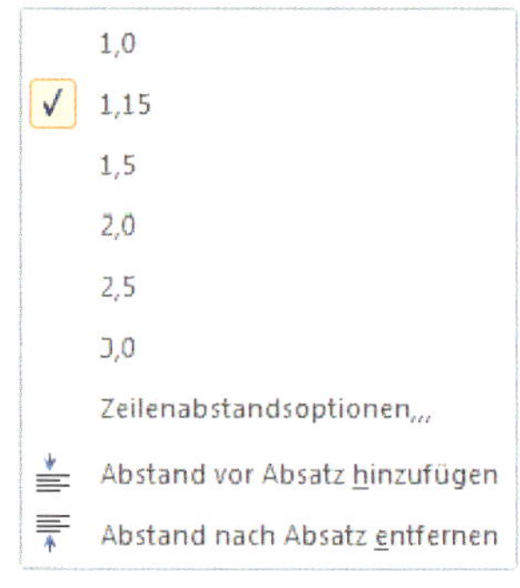

- **Tastenkombinationen**   Strg + 1 für Einfach
  Strg + 5 für 1,5 Zeilen
  Strg + 2 für Doppelt

oder im Dropdownmenü von

- **Start/Symbol**

Es öffnet sich ein Fenster, in welchem Sie die gewünschte Einstellung vornehmen können.

Wenn Sie **Genau** oder **Mindestens** angeben, berechnet MS Word den Zeilenabstand so, dass er an dem größten Schriftgrad jeder Zeile angepasst wird. Wenn eine Zeile ein großes Zeichen, eine Grafik oder eine Formel enthält, erhöht MS Word den Abstand für diese Zeile automatisch. **Genau** und **Mindestens** wird in Punkten und **Mehrfach** in Zeilen berechnet.

6 Mühlmeyer ISBN 978-3-8120-0772-6

Arbeitsanweisungen:

1. Schreiben Sie den Text linksbündig in der Schriftart „Tahoma" 12 p.
2. Nehmen Sie die Zeilenabstände und die Silbentrennung vor.

Der Begriff Computer

Selbst wenn Sie nicht wissen, wie ein Computer funktioniert, so kennen Sie dennoch die Bedeutung des Computers in unserem Leben. *1,5 Zeilen*

Der Computer, der zu Deutsch schlicht Rechner heißt, leistet mehr als die Übersetzung umschreibt. Schneller als der Mensch speichert er Daten, führt Rechenoperationen durch, verarbeitet Texte und liefert perfekte Arbeitsergebnisse. *Einfach*

Im Gegensatz zum Menschen fehlt dem Computer allerdings die Eigeninitiative. Er arbeitet nur auf Anweisung. *Doppelt*

Die Aufgabe eines Computers ist es, nach Arbeitsanweisungen des Menschen Daten zu verarbeiten. *Einfach*

Die Verarbeitung der Daten erfolgt elektronisch, daher der häufig gebrauchte Begriff EDV (elektronische Datenverarbeitung). *1,5 Zeilen*

4.4.2 Absatzabstand

Absatzabstände bestimmen die Breite des Raums **über** oder **unter** einem Absatz. Sie können die Abstände zwischen den Textelementen genau anpassen. So kann z. B. die Beziehung zwischen dem Text und der Überschrift besser dargestellt werden.

Wenn Sie einen Absatz verschieben oder löschen, wird der Leerraum davor und danach mit verschoben oder gelöscht, sofern die Absatzmarke mit markiert wurde. Der Absatz hinterlässt grundsätzlich keine Leerzeile. Falls Sie die Abstandeinstellungen in den Formatvorlagen speichern, fügt MS Word die entsprechenden Abstände vor und nach den Absätzen automatisch hinzu. Sie brauchen die Leerzeilen nicht manuell einzugeben.

Wählen Sie die Absätze aus, deren Abstände zueinander geändert werden sollen. Klicken Sie auf die Registerkarte **Start**

- **Absatz**

Hier können Sie genau festlegen, wie viel Abstand vor und nach einem Absatz hinzugefügt werden soll. Geben Sie im Feld „Abstand" die entsprechenden Werte „Vor:" (oberhalb des Absatzes) oder „Nach:" (unterhalb des Absatzes) ein.

Alternativ klicken Sie auf das

- **Symbol**

und wählen Sie „Abstand vor Absatz hinzufügen" oder „Abstand nach Absatz hinzufügen".

	Zeilenabstandsoptionen,,,
	Abstand vor Absatz hinzufügen
	Abstand nach Absatz entfernen

Wenn Sie den Abstand selbst definieren wollen, klicken Sie auf Zeilenabstandsoptionen,,,. So gelangen Sie ebenfalls in das oben beschriebene Fenster.

Übung

Arbeitsanweisungen:

1. Schreiben Sie den Text in der Schriftart „Courier New" 12 p.
2. Nehmen Sie die unterschiedlichen Absatzabstände vor.
3. Vergessen Sie die Silbentrennung nicht.

Vorteile für arbeitende Menschen   Nach: 12 p

Computer werden von den Anwendungen her bei den Fach- und Sachaufgaben geplant. Dieser Ausgangspunkt rückt die Forderungen der Arbeitenden in den Mittelpunkt.   Vor: 6 p

Viele Betriebe lassen ihre Mitarbeiter die Planung für den Computereinsatz von Anfang an mitgestalten, sei es bei den einzelnen Projekten oder bei Gesamtlösungen.   Vor: 8 p / Nach: 8 p

Dieses Vorgehen sorgt dafür, dass sich Unsicherheit gegenüber der Technik gar nicht erst festsetzt.   Nach:15 p

Im Gegenteil! Es macht auch klar, dass dem Nutzen für den Betrieb auch Vorteile für die Beschäftigten gegenüberstehen.   Vor: 18 p

Viele Mitarbeiter standen den Computern zunächst skeptisch gegenüber. Fast ausnahmslos hat bereits die erste Bekanntschaft mit dem Computer, erst recht die praktische Erfahrung große Aufnahmebereitschaft und Zufriedenheit, oft sogar Begeisterung geweckt.   Vor: 6 p / Nach: 20 p

4.5 Zeilen- und Seitenumbruch

MS Word führt Zeilen- und Seitenumbrüche automatisch durch. Sie können den Textfluss aber auch selbst anpassen. MS Word bietet verschiedene Optionen an, mit denen verhindert werden kann, dass zwischen bestimmten Zeilen und Absätzen ein Seitenwechsel erfolgt.

Verhindern von Seitenumbrüchen in Absätzen

Markieren Sie den Absatz, der nicht auf zwei Seiten umbrochen werden soll.

Klicken Sie auf der Registerkarte

- **Start/Gruppe Absatz/Registerkarte Zeilen- und Seitenumbruch**

Mit dem Kontrollkästchen „Absatzkontrolle" schalten Sie den Umbruch ein und aus.

Wenn Überschriften mit dem Absatz zusammenbleiben sollen, wählen Sie „Nicht vom nächsten Absatz trennen".

Aktivieren Sie das Kontrollkästchen „Diesen Absatz zusammenhalten", wenn ein Absatz nicht auf der nächsten Seite fortgeführt werden soll.

Das Einfügen eines Seitenumbruchs vor einem Absatz erreichen Sie, wenn Sie das Kontrollkästchen „Seitenumbruch oberhalb" aktivieren.

Einfügen eines manuellen Seitenumbruchs

Es soll weder eine neue Seite mit der **letzten Zeile** eines vorhergehenden Absatzes beginnen noch soll sie mit der **ersten Zeile** eines neuen Absatzes enden. Deshalb können Sie einen manuellen Seitenumbruch durchführen.

Klicken Sie auf die Stelle, an der die neue Seite beginnen soll.

Wählen Sie auf der Registerkarte

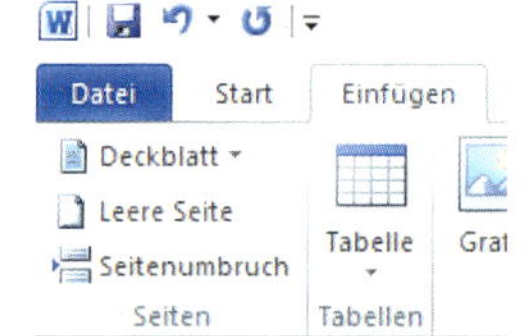

- **Einfügen/Gruppe Seiten/** Seitenumbruch

oder

- den Schnellbefehl Strg + Return

4.6 Aufzählungszeichen und Nummerierung

Aufzählungszeichen und Nummerierung unterscheiden sich dadurch, dass bei Aufzählungen Aufzählungszeichen und bei der Nummerierung Ordnungszahlen verwendet werden. Sie können sie während der Texteingabe oder nachträglich in Ihren erfassten Text einfügen.

4.6.1 Einschalten von Aufzählungszeichen und Nummerierung

Klicken Sie im Register **Start** auf die

- **Symbole**

Es erscheint im Text das zuletzt verwendete Zeichen. Wenn Sie andere Zeichen benutzen möchten, klicken Sie auf den Pfeil hinter dem entsprechenden Symbol. Hier können Sie das Zeichen aus der Aufzählungs- oder der Nummerierungsbibliothek auswählen.

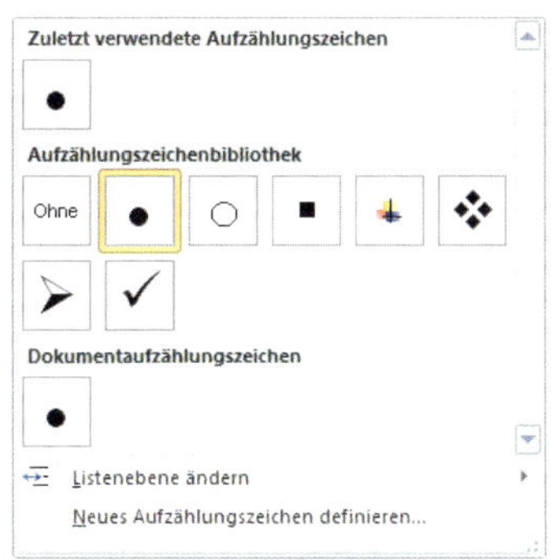

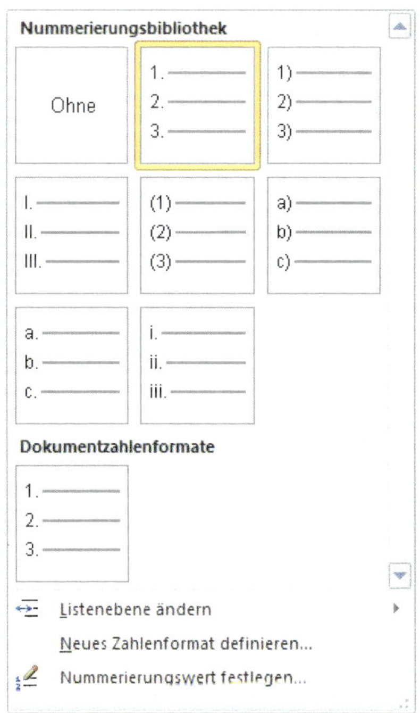

⚠ Aus der Nummerierungsbibliothek entsprechen nur die Ordnungszahlen mit Punkt und die Kleinbuchstaben mit der Nachklammer der DIN 5008.

4.6.2 Verändern von Aufzählungszeichen und Nummerierung

Die Zeichen können zusätzlich vom linken Rand eingezogen werden. Wollen Sie das nicht, ändern Sie es am einfachsten über das Zeilenlineal, indem Sie die Marker am linken Rand nach links ziehen.

- das obere Dreieck definiert die Position des Zeichens
- das untere Dreieck definiert die Textposition
- das untere Rechteck verschiebt beides

Über die Schaltfläche _Neues Aufzählungszeichen definieren..._ für die Aufzählungszeichen,

die Schaltfläche _Neues Zahlenformat definieren..._ und die Schaltfläche _Nummerierungswert festlegen..._ für Zahlen können weitere Einstellungen vorgenommen werden.

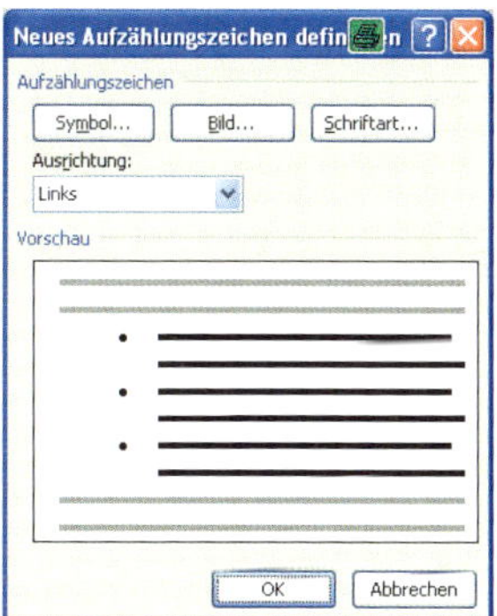

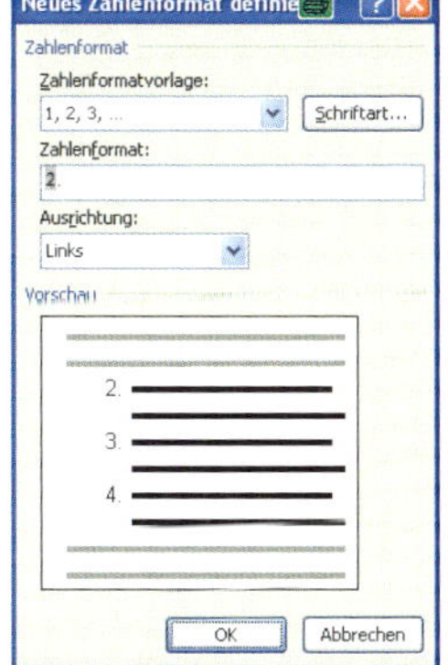

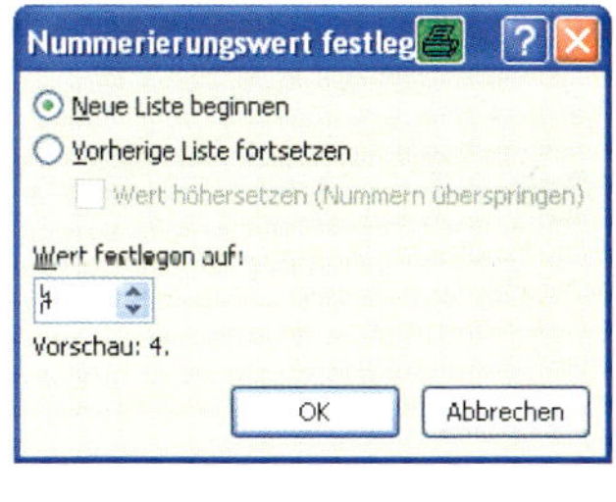

In dem geöffneten Fenster können die Ausrichtung und die Schriftart der Aufzählungszeichen geändert werden, sowie über die Schaltfläche „Symbol" andere Zeichen ausgewählt werden. Ebenso kann man ein Bild als Aufzählungszeichen aussuchen.

Bei den Zahlen können ebenfalls Schriftart und Ausrichtung variiert werden. Es kann aus verschiedenen Zahlenformatvorlagen gewählt oder ein ganz neues Zahlenformat eingestellt werden.

In diesem Fenster kann man seine bereits bestehende Nummerierung weiterführen oder eine neue Nummerierung einstellen. Diese kann man mit jeder beliebigen Zahl beginnen.

Arbeitsanweisung:

Schreiben Sie folgenden Text und nehmen Sie die Aufzählung vor.

Sie müssen zugeben, der schöne Garten ist ein Thema, das uns alle angeht. Unsere Zeitschrift „Schöner Garten" ist

- kritisch und konstruktiv
- engagiert und fundiert
- anregend und aufregend

zugleich. Mit diesem Brief erhalten Sie zwei kostenlose Exemplare zur Probe.

Arbeitsanweisungen:

1. Erfassen Sie die Aufstellung in der Schriftart „Courier New" 12 p.
2. Wählen Sie: Zahlenformatvorlage: (1) …
                         Zahlenausrichtung: Links

```
Möglichkeiten der Zeichenformatierung:
Zeichen können in MS Word wie folgt formatiert werden:

(1)   fett
(2)   kursiv
(3)   unterstrichen
(4)   durchgestrichen
(5)   hochgestellt
(6)   tiefgestellt
(7)   Kapitälchen
(8)   Großbuchstaben
(9)   andere Schriftart
(10)  Schriftgrad
(11)  Schriftfarbe
```

Arbeitsanweisung:

Schreiben Sie folgenden Text in der Schriftart Tahoma, Schriftgröße 11 p und nehmen Sie die Aufzählung vor.

Rechtsformen des Unternehmens:

- Das Einzelunternehmen
- Die Personengesellschaft
- Die offene Handelsgesellschaft
- Die Kommanditgesellschaft
- Die Kapitalgesellschaft
- Die Aktiengesellschaft
- Die Kommanditgesellschaft auf Aktien
- Die Gesellschaft mit beschränkter Haftung

4.6.3 Entfernen von Aufzählungszeichen und Nummerierung

Wenn Sie Aufzählungszeichen oder die Nummerierung löschen oder zwischendurch einfügen wollen, wird die Liste automatisch aktualisiert.

<u>So löschen Sie die Aufzählungszeichen oder Nummerierungen:</u>
Öffnen Sie die Schaltfläche für Aufzählungszeichen oder Nummerierung und klicken Sie auf „Ohne". Alternativ drücken Sie am Ende der Liste zweimal auf „RETURN".

Übung 1

Arbeitsanweisung:
Erfassen Sie die Aufstellung in der Schriftart „Courier New" 12 p.

```
Zur Vorbereitung unseres Seminars „Das moderne Büro" werden folgen-
de Angaben benötigt:

1. Welche Verhandlungssprache wird gewünscht?

   a) Deutsch
   b) Englisch
   c) Französisch
   d) Sonstige

2. Welche Medien sollen eingesetzt werden?

   a) Informationsstände
   b) Overhead-Projektor
   c) Beamer
   d) Laptop

3. Welche Anordnung der Tische wird präferiert?

   a) Cluster-Anordnung
   b) Runden-Anordnung
   c) Winkel-Anordnung
   d) Theater-Anordnung
   e) Sitzungszimmer-Anordnung
   f) Parlamentarische Anordnung
   g) Fischgräten-Anordnung
```

Aufzählungszeichen oder Nummerierung im Text
Die Norm DIN 5008 legt fest, dass Beginn und Ende von Aufzählungen durch eine Leerzeile vom übrigen Text getrennt werden.
Mehrzeilige Aufzählungsglieder sollten ebenfalls durch Leerzeilen innerhalb der Aufzählung getrennt werden.
Mehrstufige Aufzählungen sollten eine eigene Fluchtlinie erhalten.

Arbeitsanweisungen:

1. Erfassen Sie den folgenden Text in der Schriftart „Arial" 11 p.
2. Nehmen Sie die Aufzählung vor.

Die Phasen eines Vorstellungsgesprächs

Nachdem Sie alle Bewerbungen geschrieben haben, beginnt die Phase des Bangens und Hoffens und das Warten auf die Reaktion der Unternehmen. Dann liegt sie endlich im Briefkasten – die Einladung zu einem Vorstellungsgespräch. Dieses ist der letzte Schritt, der darüber entscheidet, ob Sie den Ausbildungsplatz bzw. den Arbeitsplatz bekommen.

So ein Vorstellungsgespräch besteht aus verschiedenen Phasen:

1. **Die Kontaktaufnahme.** Zunächst soll sich die Bewerberin/der Bewerber an die Atmosphäre gewöhnen. Es werden Fragen gestellt, wie z. B. „Wie haben Sie den Weg zu unseren Geschäftsräumen gefunden?" oder „Wie war Ihre Verkehrsanbindung?"

2. **Die Themenstellung.** Nach der Kontaktaufnahme wird der Personalchef das Gespräch auf den eigentlichen Anlass lenken. Eventuell werden dem Bewerber noch andere Mitarbeiter vorgestellt. Wahrscheinlich wird auch ein Rundgang durch die Räumlichkeiten vorgeschlagen.

3. **Die Stellenbeschreibung.** Nach dem Rundgang wird der Personalchef die zu besetzende Stelle näher charakterisieren. Dabei sollte man aufmerksam, ohne Unterbrechungen zuhören.

4. **Die Rückfragen.** Falls der Bewerber noch offene Fragen zur Stellenbeschreibung hat, bietet sich nun die Möglichkeit Rückfragen zu stellen. Sie sollten sich unbedingt eine Liste mit Fragen erarbeiten, die Sie selbst stellen wollen.

5. **Die Eigendarstellung.** Jetzt kommt die Phase in der der Bewerber punkten kann. Darauf hat er sich vorbereitet. Er darf über sich selber berichten. Sie sollten sich sowohl mit dem Beruf als auch mit dem Unternehmen gedanklich auseinandergesetzt haben und im Gespräch schlüssig und glaubhaft vermitteln, warum Sie sich für diesen Beruf entschieden haben und sich für diese Firma interessieren. Sie sollten schon wissen, warum Sie sich für geeignet halten.

6. **Das Gespräch.** Nach der eigenen Darstellung des Bewerbers werden ihm einige Fragen gestellt. Darauf kann sich der Bewerber nur sehr schwer vorbereiten, weshalb es sich bei dieser Phase um die schwierigste handelt.

7. **Die Zusammenfassung.** Nun werden die Vereinbarungen zwischen den beiden Parteien noch einmal resümiert.

8. **Der Schluss.** Nachdem alles geklärt ist, lassen die Personalchefs das Gespräch ausklingen. Dabei handelt es sich um Themen, die für beide Parteien nicht von großer Bedeutung sind.

Auch Personalfachleute sind nur Menschen. Sie verlassen sich bei der Beurteilung eines Bewerbers auf alle möglichen Arten von Signalen und Informationen, die sie erhalten und beobachten. Neben berufsrelevanten Informationen werden auch das Aussehen, die Körpersprache und die Ausstrahlung des Bewerbers bei der Beurteilung berücksichtigt.

Geben Sie sich möglichst natürlich und verstellen Sie sich nicht. Halten Sie sich aber unbedingt an die üblichen Höflichkeitsregeln, die für ein erstes (geschäftliches) Gespräch zwischen Menschen gelten.

4.7 Gliederung

In Inhaltsverzeichnissen beginnen alle Abschnittsnummern an derselben Fluchtlinie. Zwischen der längsten Abschnittsnummer und dem folgenden Text müssen mindestens zwei Leerzeichen eingefügt werden. Als Gliederungszeichen ist der Punkt zu verwenden. Am Ende der Abschnittsnummer steht kein Punkt. Eine Gliederung ist eine Aufzählung mit bis zu neun Gliederungsebenen.

Arbeitsablauf

Rufen Sie im Register **Start** das

- **Symbol** 

auf und klicken Sie eine beliebige Formatvorlage an.

Sie haben auch die Möglichkeit, unter Neue Liste mit mehreren Ebenen definieren... eine

Gliederungsliste anzufertigen oder unter Neuen Listentyp definieren... eine Gliederung nach eigenen Vorstellungen zu entwickeln.

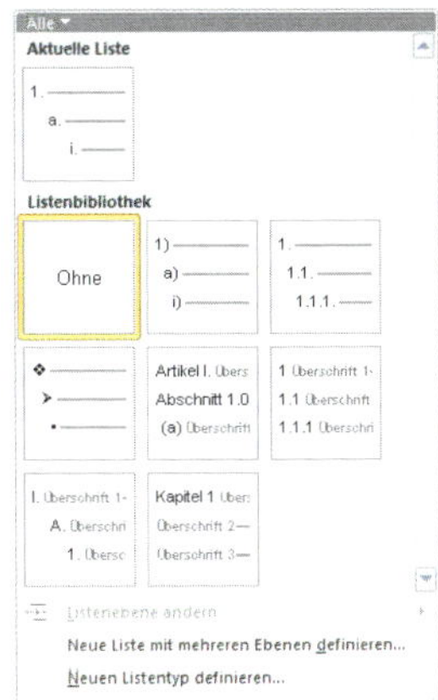

Übung 1

Arbeitsanweisungen:
1. Erfassen Sie den ersten Absatz als Fließtext.
2. Gestalten Sie die Gliederung wie angegeben.
3. Beachten Sie die nebenstehenden Erklärungen.

Eine Aufstellung in Form einer Gliederung ist nicht nur übersichtlich, sondern ordnet die einzelnen Aufzählungselemente in verschiedene Ebenen ein, die man bei einer solchen Formatierung schnell erkennen kann.

A. Grundlehrgänge
   1. WORD
   2. EXCEL
   3. ACCESS
   4. POWER POINT
B. Aufbaulehrgänge
   1. WORD
   2. EXCEL
C. Seminare
   1. Firmenseminare
   2. Interne Seminare
   3. Ferienseminare
      a) Bodensee
         ⇒ Februar
         ⇒ April
         ⇒ September
      b) Haus Waldeck
         ⇒ Mai
         ⇒ Juli
         ⇒ November
D. Sonstige (auf Anfrage)
E. Vorträge und Training

---

1. Ebene
- Markieren Sie die komplette Aufzählung.
- Wählen Sie für die erste Ebene die Großbuchstaben aus.

2. Ebene
- Markieren Sie die Grundlehrgänge.

> B·WORD¶
> C·EXCEL¶
> D·ACCESS¶
> E·POWER·POINT¶

- Klicken Sie auf  . Die 2. Ebene ist erreicht.
- Wählen Sie die betreffende Nummerierung.
- Verfahren Sie mit den Gruppen Aufbaulehrgänge und Seminare In gleicher Weise.

3. Ebene
- Markieren Sie den Text von Bodensee bis November und klicken dann auf  .
- Wählen Sie die betreffende Nummerierung.

4. Ebene
- Markieren Sie den Text von Februar bis September und klicken auf 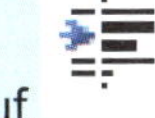 .
- Wählen Sie die betreffenden Aufzählungszeichen.
- Verfahren Sie mit dem Text von Mai bis November ebenso.

49

7 Mühlmeyer ISBN 978-3-8120-0772-6

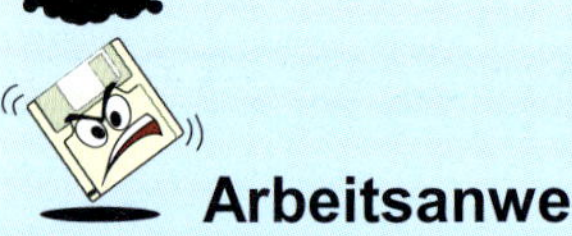

Arbeitsanweisung:

Erfassen Sie folgende Gliederung in der Schriftart „Courier New" 12 p.

```
Sicher ist Ihnen schon bekannt, dass in einer Gliederung nach je-
der Stufe nur dann ein Punkt gesetzt wird, wenn eine weitere Stufe
folgt. Somit entfällt der Schlusspunkt. Damit Lesefehler vermieden
werden, soll zwischen den Gliederungszeichen und dem Text stets
ein Abstand von zwei Leerzeichen eingefügt werden.


          Inhalt


1         Allgemeines
1.1       Geschichtliches
1.2       Das Deutsche Normenwerk
1.2.1     DIN-Norm
1.2.2     Werdegang einer DIN-Norm
1.2.3     Allgemeine Norm
1.2.4     Entwicklung des Deutschen Normenwerks
1.2.5     Urheberrecht an DIN-Normen
1.3       Internationale Normung
1.3.1     Normungstechnik
1.3.2     Zweck und Ziel
1.3.3     Gestaltung von Normen
1.3.4     Änderung von Normen
1.3.5     Normenpraxis
1.3.6     Zweck und Ziel


2         Grundnormen
2.1       Formate
2.2       Schriftwerke
```

4.8 Rahmen und Schattierung

MS Word bietet die Möglichkeit, den gesamten Text oder einzelne Textteile mit Rahmenlinien zu versehen. Darüber hinaus kann der Hintergrund schattiert werden.

Rahmen und Schattierungen ruft man über die Registerkarte **Seitenlayout** auf. Klicken Sie auf

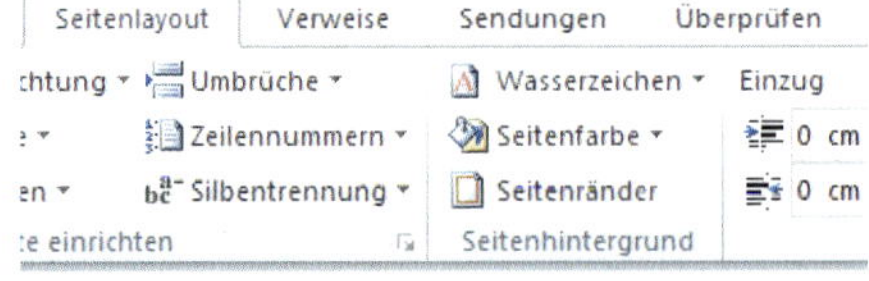

- **Gruppe Seitenhintergrund/Seitenränder**

Es öffnet sich das nebenstehende Fenster mit den drei Registerkarten.

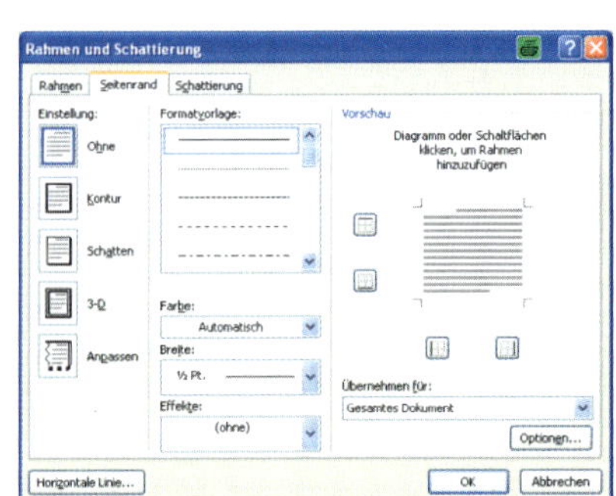

Registerkarte Rahmen

Folgende Auswahlmöglichkeiten stehen zur Verfügung:

<u>Einstellung:</u> Es werden 4-seitige Rahmenlinien ein-
gefügt oder der Rahmen wird schattiert.
Wenn Sie die Rahmenlinien wieder entfernen wollen,
aktivieren Sie unter „Einstellung" das Feld **Ohne**.
<u>Formatvorlage:</u> Es stehen unterschiedliche Varianten
von Linienarten zur Verfügung.
<u>Farbe:</u> Sie können zwischen unterschiedlichen Rah-
menfarben wählen.
<u>Breite:</u> Sie können zwischen verschiedenen Rah-
menbreiten wählen.
<u>Vorschau:</u> Im Vorschaufenster können Sie sehen,
was Sie bereits eingeben haben.
Zudem können Sie die einzelnen Rahmenlinien ein-
und ausschalten, sodass nur ausgewählte Seiten mit einer Rahmenlinie versehen sind. Dieses
nennt man Teilumrahmung. Klicken Sie im Vorschaufenster die betreffenden Seiten an, die gelöscht werden sollen.

Soll in Ihrem Dokument ein Absatz oder eine Tabelle umrahmt werden, klicken Sie in dem Feld
„Übernehmen für:" das Wort **Absatz** an.

Sollen in ihrem Dokument einzelne Wörter umrahmt werden, müssen Sie das Wort markieren und
das Feld „Übernehmen für:" **Text** aktivieren.

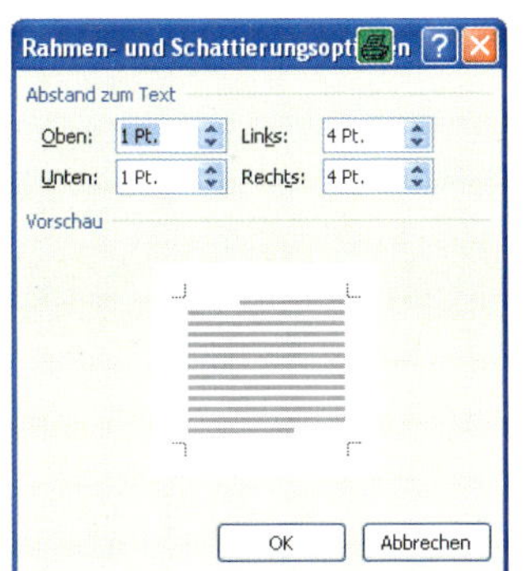

Der Abstand zwischen Text und Rahmen lässt sich unter der Schaltfläche
„Optionen" genau bestimmen.

Bestätigen Sie Ihre Eingaben mit OK.

Übung 1

Arbeitsanweisung:
Erfassen Sie folgenden Text, und nehmen Sie die Umrahmung vor.

Das Sparbuch

Die beliebteste Sparform der Bundesbürger ist das Sparen auf dem Sparkonto. Wer ein Sparkon-

to eröffnet, erhält als Urkunde ein Sparbuch. Darin werden alle Einzahlungen und alle Abhe-

bungen eingetragen sowie der jeweils aktuelle Kontostand angegeben.

Registerkarte Schattierung

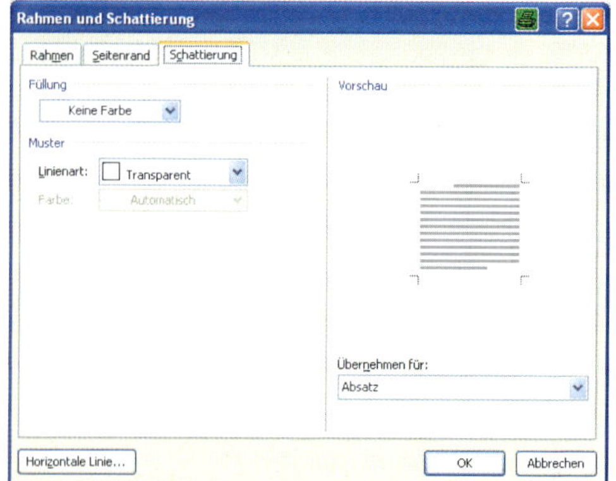

Jeder Text kann mit einer Schattierung versehen werden, unabhängig davon, ob er gerahmt ist oder nicht.
Die aktuellen Einstellungen von MS Word sind ohne Füllung und mit transparenter Linienart.

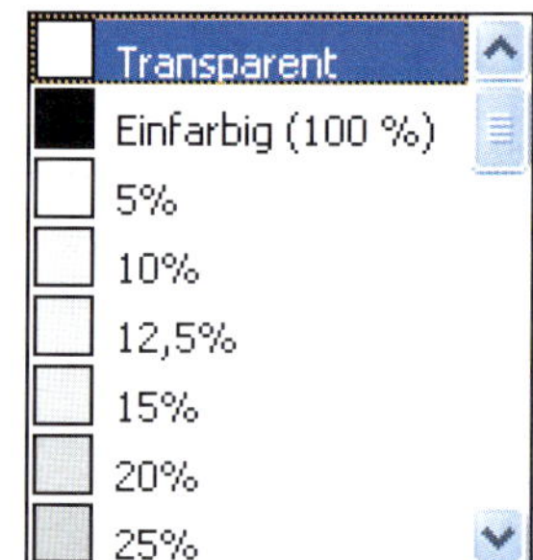

Klicken Sie den Listenpfeil der Füllung an, um die Füllfarbe zu wählen.

Klicken Sie den Listenpfeil der Linienart an, um die verfügbaren Prozentwerte der Musterung zu wählen. Diese Hintergrundschattierung können Sie auch mit einer Farbe versehen.

Soll in Ihrem Dokument ein gesamter Absatz schattiert werden, klicken Sie in dem Feld „Übernehmen für:" das Wort **Absatz** an.

Übernehmen für:
Absatz

Sollen in ihrem Dokument einzelne Wörter schattiert werden, müssen Sie das Wort markieren und das Feld „Übernehmen für:" **Text** aktivieren.

Übernehmen für:
Text

Übung 2

Arbeitsanweisungen:
1. Erfassen Sie die folgenden Überschriften.
2. Nehmen Sie die Umrahmung und die Schattierung vor.

Anfrage

Angebot

Bestellung

Auftragsbestätigung

Lieferschein

Rechnung

Einladung zum Geschäftsjubiläum

Rahmen und Schattierungen können Sie ebenfalls eingeben, indem Sie auf den Auswahlpfeil des Symbols ▦ ▾ in der Symbolleiste **Start** klicken. Wählen Sie dann Rahmen und Schattierung.

Übung 3

Arbeitsanweisungen:

1. Erfassen Sie folgendes Beispiel in der Schriftart „Times New Roman" 12 p.
2. Rahmen Sie den Text wie die Muster zeigen.

Dieser Absatz soll mit einer Linienbreite von ½ p eingerahmt werden.	Wir müssen uns mit den wichtigsten Hardwareteilen auseinandersetzen. Hierzu gehören: Zentraleinheit, Monitor, Tastatur, Drucker, Disketten, CD-ROM sowie die Maus.
Diesen Absatz mit Linien links und rechts kennzeichnen.	Wir müssen uns mit den wichtigsten Hardwareteilen auseinandersetzen. Hierzu gehören: Zentraleinheit, Monitor, Tastatur, Drucker, Disketten, CD-ROM sowie die Maus.
Hier fügen Sie Linien um den Absatz mit je 3 p Abstand zum Text ein.	Wir müssen uns mit den wichtigsten Hardwareteilen auseinandersetzen. Hierzu gehören: Zentraleinheit, Monitor, Tastatur, Drucker, Disketten, CD-ROM sowie die Maus.
Dieser Absatz soll mit 2 ¼ p schattiert umrahmt werden und eine farbige Hintergrundschattierung erhalten.	Wir müssen uns mit den wichtigsten Hardwareteilen auseinandersetzen. Hierzu gehören: Zentraleinheit, Monitor, Tastatur, Drucker, Disketten, CD-ROM sowie die Maus.
Dieser Absatz soll mit einer Schattierung hinterlegt werden, ohne ihn einzurahmen.	Wir müssen uns mit den wichtigsten Hardwareteilen auseinandersetzen. Hierzu gehören: Zentraleinheit, Monitor, Tastatur, Drucker, Disketten, CD-ROM sowie die Maus.

Registerkarte Seitenrand

Wenn Sie im Register **Seitenlayout** auf Seitenränder klicken, öffnet sich automatisch die Registerkarte Seitenrand. Vorsicht, sie sieht der Registerkarte Rahmen sehr ähnlich! Bei dem Seitenrand handelt es sich jedoch um die Umrahmung für die gesamte Seite bzw. das gesamte Dokument und nicht für einzelne Wörter oder Absätze.

Sie können die Einstellung wählen, die Formatvorlagen, die Farbe und die Breite. Ebenso können Sie sich Ihr Ergebnis im Vorschaufenster anschauen sowie Teilumrahmungen durch Anklicken der kleinen Fenster vornehmen. Ergänzt wird das Fenster durch das Feld „Effekte". Effekte sind Bild-Muster, die als Seitenrand genutzt werden können.

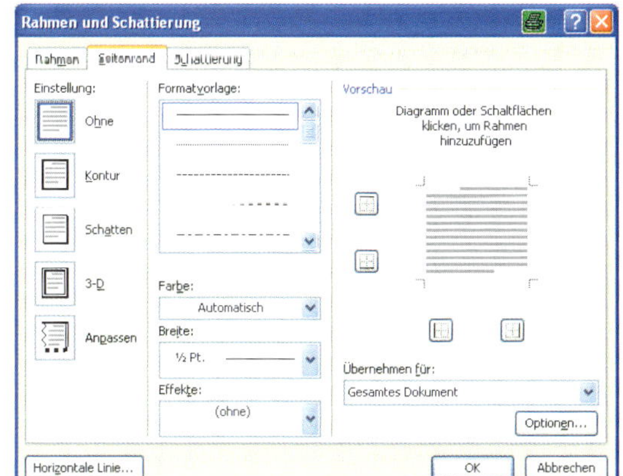

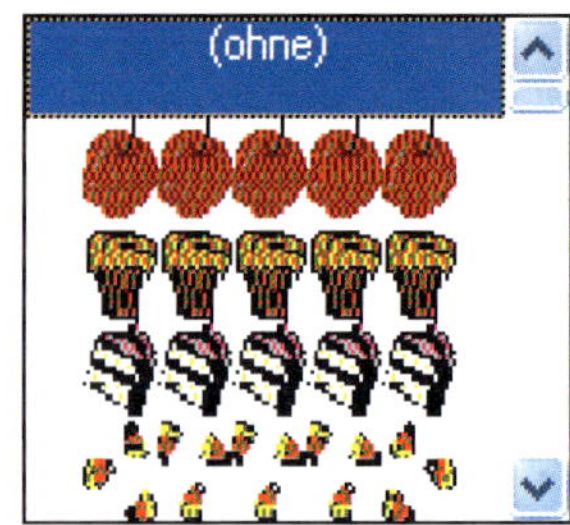

Klicken Sie im Feld „Effekte" auf den kleinen Auswahlpfeil und entscheiden Sie sich für ein Bild-Muster.

Auch hier können Sie auswählen, für welchen Abschnitt der Seitenrahmen gelten soll. Sie können die Umrahmung auf das gesamte Dokument oder auf einzelne Abschnitte beziehen.

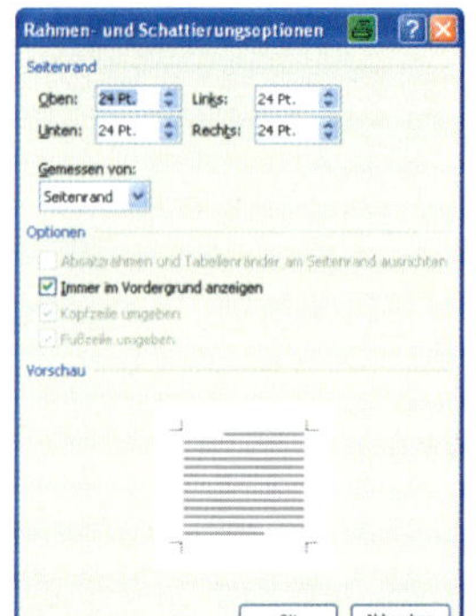

Der Abstand zwischen Text und Seitenrand lässt sich unter der Schaltfläche „Optionen" genau bestimmen.

Übung 4

Arbeitsanweisungen:

1. Erfassen Sie das Rezept für den **Kochkurs** in der Schriftart „Courier New" 12 p.
2. Wählen Sie für die Auflistungen unterschiedliche Aufzählungszeichen aus.
3. Versehen Sie das Rezept mit einem Randeffekt.
4. Fügen Sie auch die anderen Ihnen bereits bekannten Formatierungen in das Rezept ein.

Kochkurs

Leckere Waffeln (10 Stück)

Dazu benötigen Sie:

200 g Butter oder Margarine
100 g Zucker
3 Eier
1 Päckchen Vanillezucker
250 g Mehl
1/2 Päckchen Backpulver
1/8 l lauwarmes Wasser

Puderzucker zum Bestreuen

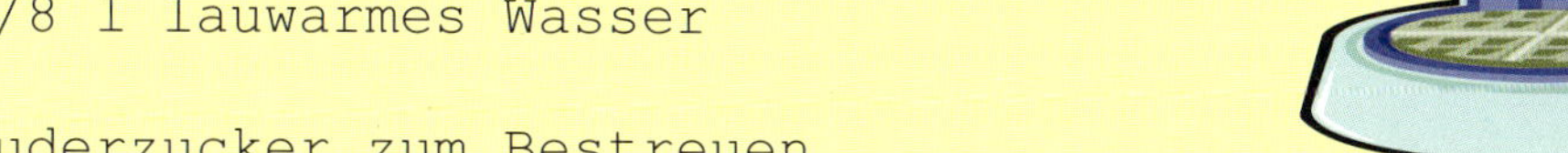

Stellen Sie bereit:

1 Waffeleisen
1 Rührschüssel
1 Backpinsel
1 Handrührgerät

So wird's gemacht:

☺ Fett, Zucker und Vanillezucker gut schaumig rühren
☺ nacheinander die Eier hinzufügen und gut verrühren
☺ gesiebtes Mehl mit Backpulver mischen und unterrühren
☺ lauwarmes Wasser hinzufügen und weiter rühren
☺ Waffeleisen vorheizen
☺ Waffeleisen mit dem Backpinsel etwas einfetten
☺ Temperatureinstellung am Waffeleisen auf Stufe 4 einstellen
☺ 2 Esslöffel Teig einfüllen
☺ Waffeleisen schließen und die Waffeln hellbraun backen
☺ fertige Waffeln auf einen Kuchenrost legen
☺ vor dem Verzehr mit Puderzucker bestreuen

Guten Appetit

4.9 Initiale

Das Initial ist ein Sonderformat zur **Absatzgestaltung**, durch das der erste Buchstabe, das erste Wort oder die Grafik am Beginn des Textabsatzes als Blickfang vergrößert wird.

Markieren Sie die Buchstaben oder die Grafik, die Sie hervorheben möchten.

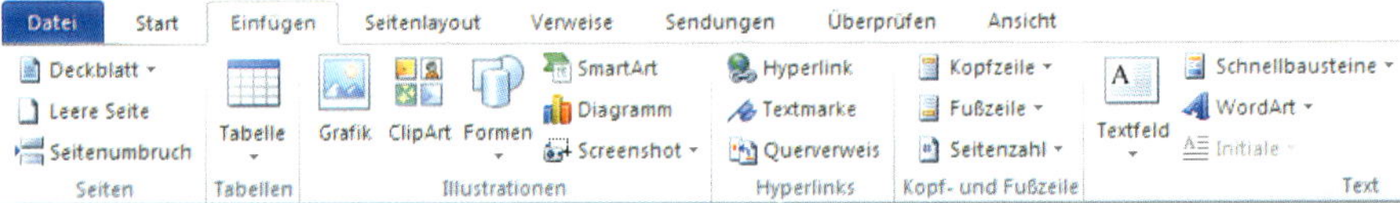

Wählen Sie in der Registerkarte **Einfügen**

- **Initiale**   A≡ Initiale

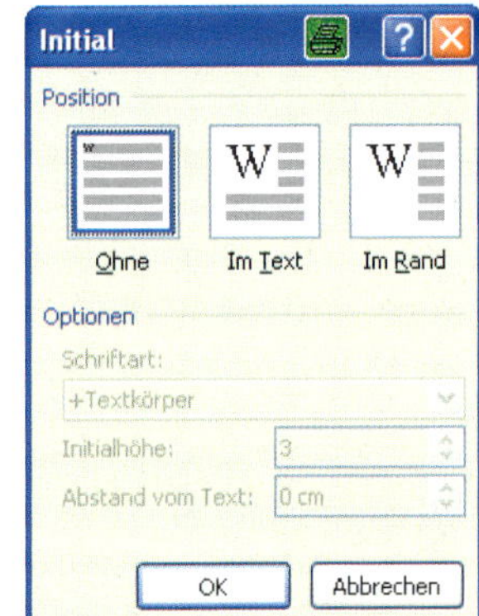

die Position, die Ihnen geeignet erscheint. Sie können wählen, ob Sie das Initial im Text oder im Rand haben möchten.

Unter   A≡ Initialoptionen...   können Sie weitere Formatierungsänderungen vornehmen. In dem Fenster, welches sich öffnet, lassen sich eine andere Schriftart, die Größe des Initials sowie der Abstand des Initials vom Text eingeben.

Die Initiale werden in einem markierten Rahmen (Textfeld) angezeigt. Dieser wird jedoch nicht mit ausgedruckt.

Initiale entfernen Sie wieder, indem Sie auf die Schaltfläche „Kein" oder „Ohne" klicken.

Arbeitsanweisungen:

1. Erfassen Sie den Text in „Courier New" 12 p und gestalten Sie ihn wie folgt:
2. Nehmen Sie die Silbentrennung vor.

Albert Einstein war einer der bedeutendsten Physiker des 20. Jahrhunderts. Er kam am 14. März 1879 in Ulm zur Welt. Die Familie zog nach München, als er ein Jahr alt war.

Initial
Im Text
Initialhöhe: 2
Abst. v. Text: 0 cm

Obwohl er erst sehr spät das Sprechen erlernte, war er ein guter Schüler und besuchte das Gymnasium in München. Mit 15 Jahren zog er zu seiner Familie nach Mailand. Um ein mathematisch-physikalisches Studium zu beginnen, machte er das Abitur nach.

Im Rand
Initialhöhe: 2
Abst. v. Text: 0 cm

Er heiratete 1903 seine langjährige Lebensgefährtin, die er aus seinen Studienzeiten kannte. Das Paar bekam drei Kinder.

Im Rand
Initialhöhe: 3
Abst. v. Text: 0,2 cm

Zu seinen wichtigsten Werken zählt die im Jahre 1916 veröffentlichte Relativitätstheorie. Weitere Arbeiten zählen heute zu den Fundamenten der modernen Physik. 1921 erhielt Albert Einstein den Nobelpreis für Physik.

Im Text
Initialhöhe: 3
Abst. v. Text: 0,1 cm

Arbeitsanweisungen:

1. Erfassen Sie den Text in der Schriftart Arial, Schriftgröße12 p und gestalten Sie ihn.

2. Aktivieren Sie in der Formatierungsleiste das Symbol „Hervorheben", um die Initiale farbig zu gestalten.

<u>Rundgang durch Prag</u>

Prag ist ein Mythos und darüber hinaus auch noch eine der schönsten Städte der Welt. Neben dem pulsierenden Leben einer immer mehr westeuropäische Standards annehmenden Metropole, kann man in dieser Stadt noch in vielen Winkeln der Altstadt die Aura der Vergangenheit entdecken. Nach der Wende von 1989 musste leider der verträumte Charme verfallener Gebäude einer auf Hochglanz getrimmten Restaurierung weichen.

Retten wollte man in vielen Fällen die Bausubstanz der von dem Verfall bedrohten Gebäude. Dennoch wirkt die Fassade manches Bauwerks nach der Fertigstellung nun allzu glatt und poliert. Aber welche Stadt kennt nicht solche Beispiele?

Auch war natürlich diese Stadt schon oft großen Wandlungen unterworfen. So ist beispielsweise das einstige jüdische Viertel der Sanierung zum Opfer gefallen. Auch der Hradschin, Regierungssitz der Herrschenden in Böhmen seit Jahrhunderten, wurde mehrfach, und auch heute noch gut einsehbar, umgebaut und erweitert.

Gerade deswegen gibt es kaum eine andere Stadt, in der man auf vergleichsweise gedrängtem Areal so viele Baudenkmäler und Sehenswürdigkeiten bestaunen kann wie in Prag. Ob nun auf dem Altstädter Ring, der Neustadt oder auf der malerischen Seite am Fuße des Hradschins: In jedem Stadtviertel des historischen Zentrums von Prag gibt es herrliche Monumente der Baukunst zu bewundern.

4.10 Textteile ausschneiden, kopieren, verschieben und einfügen

In MS Word kann ein Text beliebig oft kopiert, verändert oder bearbeitet werden. Es stehen verschiedene Möglichkeiten zur Verfügung.

Die schnellste Methode einen Text zu verschieben nennt man **Drag & Drop.** Hierbei lässt sich markierter Text durch Ziehen mit der Maus an eine andere Stelle verschieben bzw. kopieren.

Text verschieben und einfügen

Beim Verschieben entfernen Sie einen Text von einer Stelle und fügen ihn an einer anderen Stelle wieder ein.

1. Markieren Sie den gewünschten Text.
2. Zeigen Sie mit dem Mauspfeil in den markierten Text und halten Sie die linke Maustaste gedrückt.
3. Ziehen Sie jetzt den Mauspfeil an die neue Einfügeposition. An dem Mauspfeil erscheint ein kleines Rechteck.
4. Eine gestrichelte Linie zeigt zur besseren Orientierung die Einfügestelle an. Lassen Sie an der neuen Position die linke Maustaste wieder los. Der Text ist verschoben.

8 Mühlmeyer ISBN 978-3-8120-0772-6

Text kopieren und einfügen

Beim Kopieren fügen Sie einen Text an einer anderen Stelle ein. Der Originaltext bleibt jedoch an der alten Stelle erhalten. Um den Text mit der Maus zu kopieren, gehen Sie ähnlich vor wie beim Verschieben.

Arbeitsablauf

Markieren Sie den Text, halten Sie die linke Maustaste und die Strg-Taste gedrückt. Es erscheint an dem Mauspfeil ein kleines Pluszeichen. Ziehen Sie nun den Text an die gewünschte Stelle. Der Ursprungstext bleibt erhalten.

Übung

Arbeitsanweisungen:
1. Erfassen Sie den Text in der Schriftart Courier New, Schriftgröße 12 p.
2. Verschieben Sie mittels **Drag & Drop** den zweiten Absatz „Beim Bewerbungsschreiben…" an die erste Stelle.
3. Verschieben Sie in der Nummerierung Ziffer 2 unter Nr. 5.
   <u>Tipp:</u> Markieren Sie auch die Leerzeile unter der Ziffer 2.
4. Probieren Sie auch das **Kopieren** eines Textteils.

<u>**Legen Sie einen Bewerbungsordner an**</u>

Heften Sie deshalb in einem Bewerbungsordner alle Unterlagen ein, die Sie regelmäßig aktualisieren und ergänzen. Sie vermeiden dadurch Stress und ersparen sich eine Menge Zeit, die Sie für andere Dinge einsetzen können.

Beim Bewerbungsschreiben und beim Lebenslauf müssen Sie genau darauf achten, dass Sie alle Daten korrekt und in der richtigen Reihenfolge eintragen.

Es ist nämlich ärgerlich, wenn Sie in einer Bewerbungssituation Ihre Unterlagen erst einmal zusammensuchen müssen.

In diesen Ordner gehören:

1. Alle Zeugnisse (jeweils das Original und mehrere Kopien)

2. Ein aussagekräftiger und gut formulierter Lebenslauf

3. Bescheinigungen über Fortbildungen, Kurse, Praktika usw.

4. Mehrere Bewerbungsfotos (neueren Datums)

5. Mehrere verschiedene Bewerbungsschreiben

Pflegen Sie Ihren Ordner und achten Sie immer auf Vollständigkeit.

Kopieren, Ausschneiden und Einfügen mit Zwischenablage

Bei diesen Funktionen wird der ausgewählte Text in eine Zwischenablage (einem temporären Speicherbereich) gelegt, um ihn bei Bedarf wieder aufzurufen.

Übersicht über weitere Möglichkeiten zum Arbeiten mit der Zwischenablage:

Befehl	Symbol	Menüpunkt	Kontextmenü	Shortcut
	1.	2.	3.	4.
Ausschneiden	✄	Start/Ausschneiden	rechte Maustaste/ Ausschneiden	Strg + X
Kopieren		Start/Kopieren	rechte Maustaste/ Kopieren	Strg + C
Einfügen	Einfügen	Start/Einfügen	rechte Maustaste/ Einfügen	Strg + V

Alle vier Möglichkeiten erzielen das gleiche Ergebnis.

Übung

Arbeitsanweisungen:

1. Erfassen Sie den Text in „Courier New" 12 p.
2. Verschieben Sie den <u>zweiten</u> Absatz mit **Zwischenablage** an die <u>erste</u> Stelle und den <u>vierten</u> Absatz an die <u>dritte</u> Stelle.
3. Versuchen Sie es noch einmal mit den anderen Varianten der Zwischenablage.
4. Danach üben Sie das **Kopieren** mit der Zwischenablage.

```
Tipps für die Berufswahl


Es gibt viele Jugendliche, die sich bei der Berufswahl zu schnell
auf einen Beruf festlegen. Sie wissen nicht, dass es viele Mög-
lichkeiten gibt, berufliche Vorstellungen zu verwirklichen.

Bei der Berufswahl sollten Sie nichts dem Zufall überlassen. Sie
sollten rechtzeitig, gründlich und planmäßig vorgehen.

Oft führen verschiedene Berufsausbildungen zum gleichen Ziel. Es
sind Berufe, die sich in ihren Aufgaben und Tätigkeiten ähneln.
Gewiss erwarten Sie, dass der Beruf Sie zufrieden stellt und Spaß
macht.

Natürlich soll der Beruf auch gute Aufstiegs- und Verdienstmög-
lichkeiten bieten. Überlegen Sie also, welche Berufserwartungen
Sie im Einzelnen haben.
```

4.11 Suchen – Ersetzen – Gehe zu

Suchen

Die Möglichkeit, bestimmte Textstellen schnell ausfindig zu machen, zählt zu den großen Vorzügen in der Textverarbeitung am PC. Bei längeren Dokumenten kann die Suche ziemlich zeitaufwändig sein. Sie können nach Text, bestimmten Formaten sowie nach Sonderzeichen und anderen Elementen suchen. Klicken Sie im Register **Start**

Arbeitsablauf

- **Gruppe Bearbeiten/Suchen**

oder

- **Tastenkombination** Strg + F

🔍 Suchen ▾

ab/ac Ersetzen

Markieren ▾

Bearbeiten

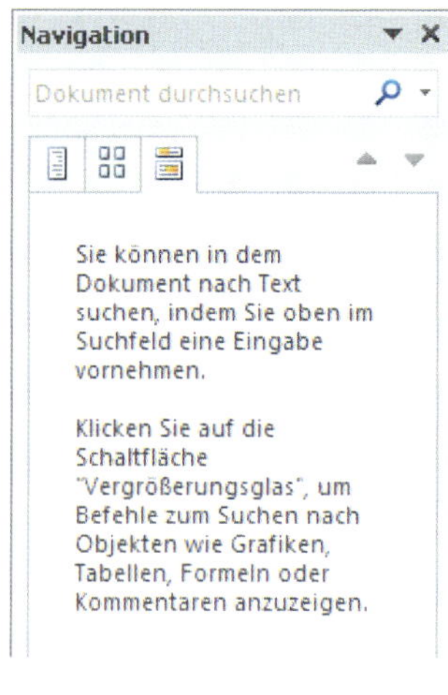

Es öffnet sich ein Fenster, das Sie durch die Suchoption navigiert.

Geben Sie in das Suchfenster den Begriff nach dem Sie suchen ein. MS Word erstellt im Navigationsfenster eine Auflistung mit allen gefundenen Begriffen. Alle gefundenen Suchbegriffe werden in dem entsprechenden Dokument gelb kenntlich gemacht.

Ebenso können Sie nach Überschriften oder bestimmten Seiten suchen.

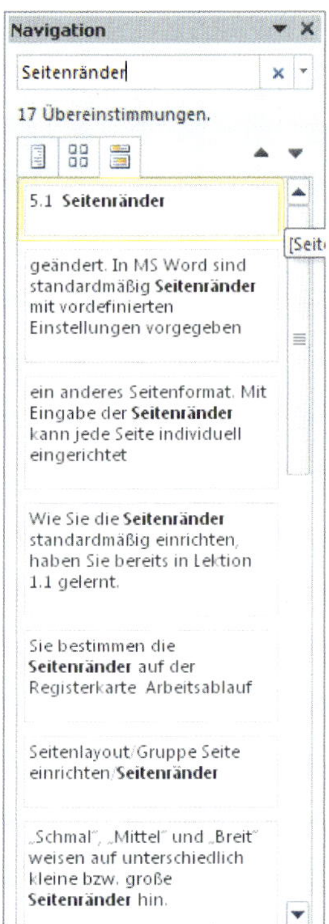

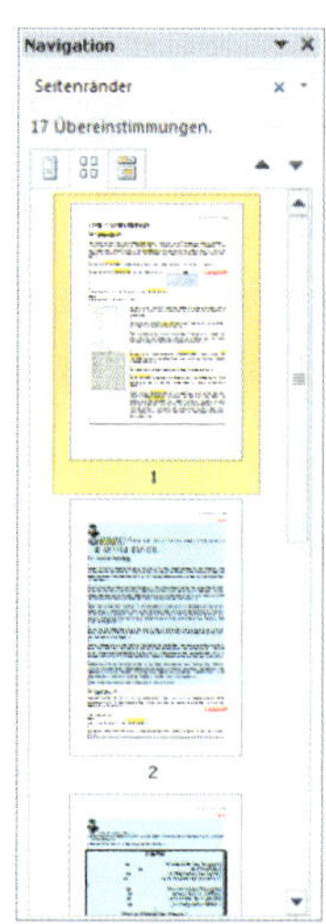

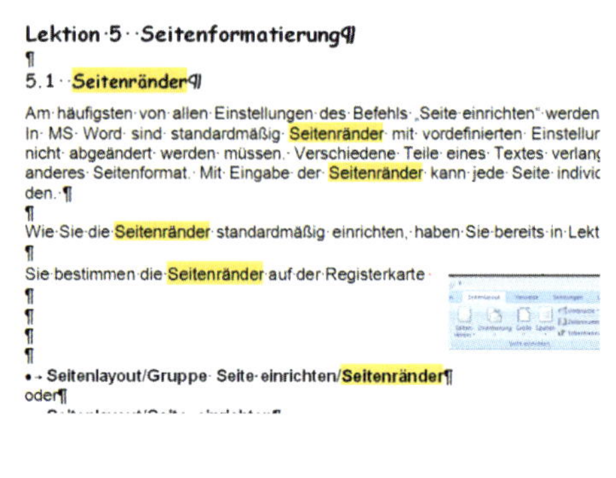

Übung

Arbeitsanweisungen:

1. Erfassen Sie den folgenden Text in der Schriftart Courier New, Schriftgröße 12 p.
2. Suchen Sie das Wort **Computer**.
3. Suchen Sie das Wort **Scanner**.
4. Testen Sie mit mehrmals im Text vorhandenen Wörtern das **Weitersuchen**.

Auch Computer haben Augen

Scanner gibt es wegen der Vielschichtigkeit der Anwendung und Bedürfnisse in unterschiedlichster Bauweise und Ausführung. Gemeinsam ist allen, dass sie die „Augen" des Computers sind; denn mit ihrer Hilfe kann das System Illustrationen, Texte, Zeichnungen und Fotos erfassen. Die Vorlagen werden vom Scanner optisch gelesen und digitalisiert, also in elektronische Impulse umgewandelt. Die auf dem Bildschirm erscheinende Kopie kann dann weiter bearbeitet werden. So lassen sich z. B. Texte ergänzen, ändern, umformatieren und Grafiken einfügen.

Ersetzen

Im Register **Start**

- **Gruppe Bearbeiten/Ersetzen**

oder

- **Tastenkombination** Strg + H

lassen sich Texte und Begriffe durch andere Textteile automatisch austauschen.

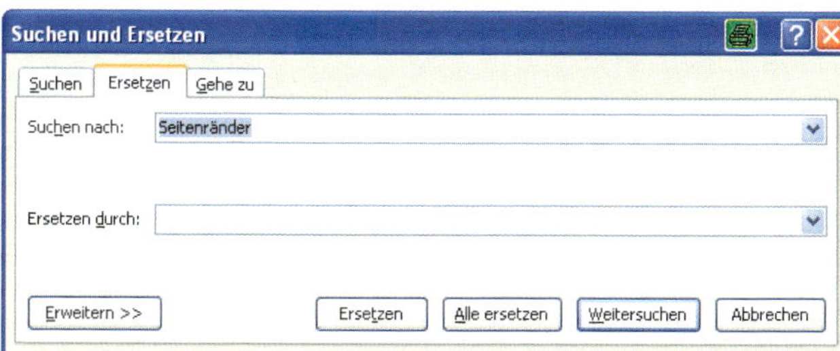

Geben Sie bei **Suchen nach**: den zu suchenden Begriff ein.
Bei **Ersetzen durch**: geben Sie das neue Wort ein.
Bei **Alle ersetzen** bestimmen Sie, ob bei allen weiteren Fundstellen ohne Rückfrage der Text ersetzt werden soll.

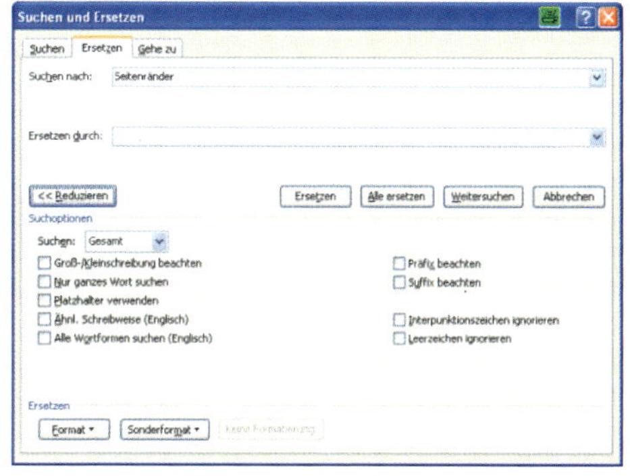

Die Registerkarte **Ersetzen** enthält neben den bekannten Feldern noch weitere Parameter, die Sie unter dem Icon Erweitern >> aufrufen können.

Arbeitsanweisungen:
1. Erfassen Sie den folgenden Text in der Schriftart Times New Roman, Schriftgröße 11 p.
2. Ersetzen Sie **Angestellten** durch **Mitarbeitern**.
3. Ersetzen Sie **gekürzelt** durch **abgekürzt**.
4. Ersetzen Sie **umgekrempelt** durch **abgeändert**.

Der Computer ist immer dabei

Die klassischen Büroberufe haben sich in den 90er Jahren erheblich verändert. Vor allem die elektronische Datenverarbeitung, umgangs- und fachsprachlich „EDV" gekürzelt, hat den enormen Wandel maßgeblich ausgelöst. Sie hat Büroabläufe beschleunigt, neue Vorgehensweisen ermöglicht, ganze Berufsbilder umgekrempelt und sogar neue geschaffen. Nicht übersehen werden darf zugleich, dass national wie international schneller und größer werdende Märkte von Angestellten auch in Büros höhere Qualifikationen und Flexibilität verlangen. Nahezu auf allen Feldern dieses Arbeitsbereichs sitzt „Kollege Computer" mit am Tisch.

Suchen und Ersetzen von Formaten und Sonderzeichen

Unter der Registerkarte **Start** Ersetzen
klicken Sie auf die Schaltfläche „Erweitern" und
dann auf die

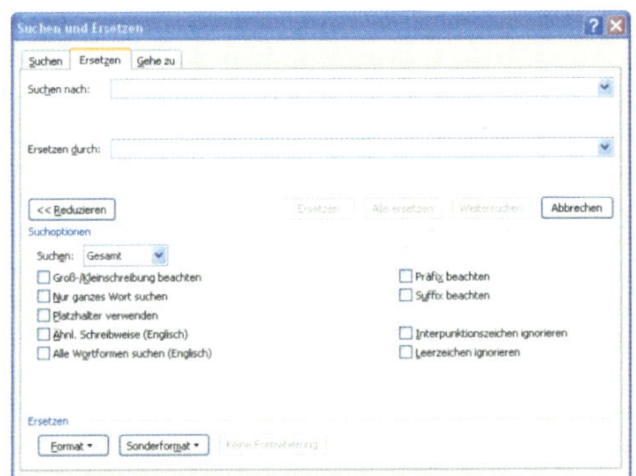

- Schaltfläche **Format** oder **Sonderformat**

Es kann nach bestimmten Zeichen-, Absatzformatierungen
oder Formatvorlagen bzw. Sonderzeichen (z. B. Absatzmarken, Tabstoppzeichen und Seitenwechselmarken usw.) ge-
sucht werden. Diese können dann durch andere Zeichen-,
Absatzformatierungen oder Formatvorlagen ersetzt werden.

Markieren Sie den Teil des Dokuments, den Sie durchsuchen möchten. Rufen
Sie den Menüpunkt **Start**

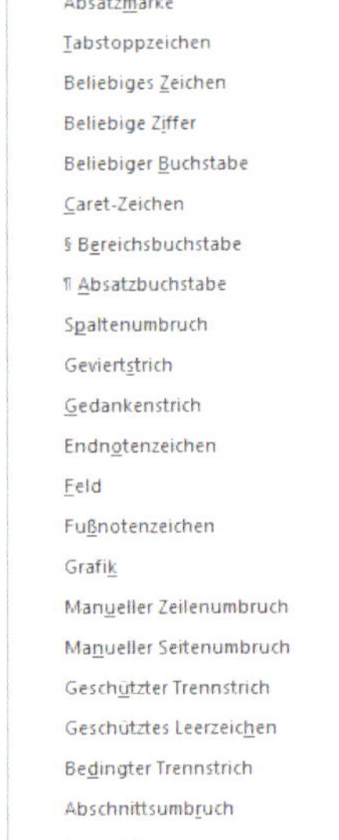

- **Gruppe Bearbeiten/Ersetzen**

auf und klicken Sie auf die Schaltfläche **Format** oder **Sonderformat.**

Hier ein Eingabebeispiel, wenn Sie eine Unterstreichung
durch eine fette Formatierung ersetzen sollen:

- Cursor in Eingabefeld „Suchen nach:" setzen
- „Format" „Zeichen…" und „Unterstreichung" auswählen; mit OK
  bestätigen
- Cursor in Eingabefeld „Ersetzen durch:" setzen
- „Format" „Zeichen…" und „Schriftschnitt fett" auswählen; mit OK
  bestätigen
- „Alle ersetzen"

MS Word formatiert nun fett und unterstrichen, so dass Sie noch die Unterstreichung löschen
müssen.

- Cursor in Eingabefeld „Suchen nach:" setzen
- „Format" „Zeichen" und „Unterstreichung" auswählen; mit OK bestätigen
- Cursor in Eingabefeld „Ersetzen durch:" setzen
- „Format" „Zeichen" und „Unterstreichung (ohne)" auswählen; mit OK bestätigen
- „Alle ersetzen"

Übung

Arbeitsanweisungen:
1. Erfassen Sie den folgenden Text und ändern Sie das Format **Fett** in *Kursiv*.
2. Ändern Sie den <u>unterstrichenen</u> Text in **GROSSBUCHSTABEN**.

Verwaltungstechnische Arbeiten beispielsweise im betrieblichen **Rechnungswesen** werden längst nicht mehr manuell in **Kladden oder Listen**, sondern am <u>Bildschirm</u> moderner Rechner abgewickelt. An der Schnittstelle von Datenverarbeitung und **kaufmännischer Fachabteilung** sind heute die Datenverarbeitungskaufleute tätig. Sie sorgen für den optimalen Einsatz moderner Büro- und <u>Informationstechniken</u>. Sie sind im Betrieb als sachverständige Mittler zwischen der Datenverarbeitungsabteilung und der **kaufmännischen Fachabteilung** tätig und zuständig für das elektronische Erfassen, Übermitteln, Ordnen und Umformen von großen <u>Datenmengen</u>, die der Gewinnung der unterschiedlichsten Informationen dienen. Deshalb arbeiten diese **Kaufleute** eng mit anderen Fachabteilungen eines <u>Betriebs</u> zusammen.

Mit der Schaltfläche **Keine Formatierung** können Sie alle Formatierungen, die über die Schaltfläche **Format** festgelegt wurden, löschen.

Gehe zu

Im Register **Start**

Arbeitsablauf

- **Gruppe Bearbeiten/Ersetzen** oder **Suchen**

bietet MS Word unter der Registerkarte „Gehe zu" die Möglichkeit sich sehr schnell und bequem in Ihrem Dokument zu bewegen. **Gehe zu** bringt Sie schnell zu den gewünschten Abschnitten, Zeilen oder Textmarken. Auch Anmerkungen oder Fußnoten können angesprungen werden. Ebenso Tabellen, Überschrift usw. In umfangreichen Texten ist es von Vorteil, wenn Sie die entsprechende Seitenzahl mit **Gehe zu** aufrufen.

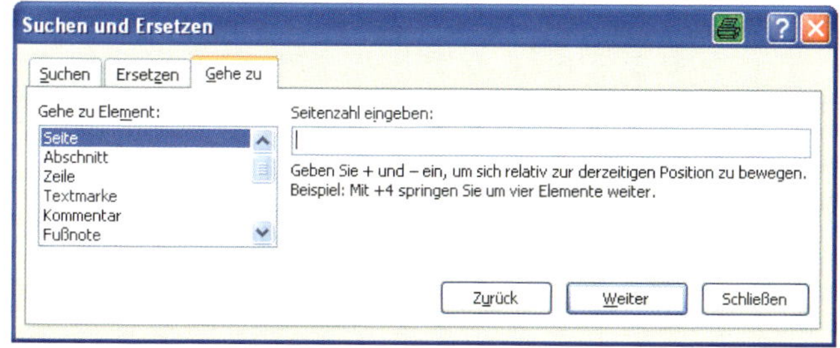

Legen Sie aus dem Listenfeld **Gehe zu Element**: ein Element fest. Mit den Befehlen **Weiter** oder **Zurück** gelangen Sie zum nächsten oder vorherigen Vorkommen des Elements. Mit dem Icon **Schließen** brechen Sie die Aktion ab.

Sollten Sie einen nicht existierenden Elementnamen oder eine nicht vorhandene Seitenzahl eingegeben haben, macht MS Word Sie in einem Dialogfenster darauf aufmerksam.

Übung

Arbeitsanweisungen:
1. Üben Sie in der vorigen Übung bestimmte Zeilen anzuspringen.
2. Gehen Sie z. B. in die dritte Zeile.
3. Gehen Sie danach zur Zeile 8.

 **Handlungssituation:**
Die Auszubildenden Moni Tor und Gill Bates üben für den Schulunterricht die Absatzformatierungen an dem unten aufgeführten Text.

Warum kommt nach dem A das S?

Täglich sitzen Menschen vor der Tastatur an ihrem Computer. Die einen tippen mit dem Ein-Finger-Such-System, die anderen schreiben gleich mit zehn Fingern. Kaum einer wird sich dabei Gedanken machen, warum die Buchstaben genau so angeordnet sind: Nach dem „a" kommt das „s". und warum nicht das „b" wie im Alphabet?

Um diese Frage beantworten zu können, ist eine Zeitreise ins frühe 18. Jahrhundert nötig. Das erste Schreibmaschinen-Patent wurde 1713 erteilt. Doch es dauerte noch genau 160 Jahre, bis die Schreibmaschine ihren Siegeszug antrat. Bis dahin waren alle Schreibmaschinenmodelle wegen ihrer schlechten Bedienbarkeit im täglichen Einsatz fast unbrauchbar. Erst die

„Sholes & Glidden"-Schreibmaschine

konnte 1873 Erfolge feiern. Neben den relativ handlichen Ausmaßen war es vor allem die von Christopher Latham Sholes entworfene Tastatur, die zu einer Alltagstauglichkeit beitrug.

Sholes entwarf die QWERTY-Tastatur, mit deren Tastenanordnung wir heute noch schreiben. In Deutschland wurde das Y mit dem Z vertauscht, weil bei uns das Y so selten in der Sprache vorkommt, so dass bei uns vom QWERTZ-System gesprochen wird. Die diagonale Versetzung der Tasten ist durch die Mechanik begründet, doch die Buchstaben-Zuordnung war erst einmal willkürlich.

Sholes wollte es den Schreibern ermöglichen, schneller auf der Schreibmaschine zu tippen. Sein erstes Modell von 1868 hatte noch eine alphabetische Anordnung der Tasten. Doch schon bald stellte sich heraus, das sich hier die Typenarme viel zu oft verhakten und der Schreiber mehr mit dem Sortieren der Arme zu tun hatte, als mit dem Schreiben selbst. So setzte sich Sholes mit einer Studie auseinander, die Amos Densmore zu der Häufigkeit von Buchstabenpaaren in Wörtern erstellt hatte. Sholes verteilte daraufhin die Tasten so, dass häufige Buchstabenkombinationen möglichst weit in seiner Mechanik auseinander lagen. Diese Anordnung ließ er sich dann 1878 patentieren.

Quelle: Westdeutsche Allgemeine Zeitung vom 17. Februar 2006

Kapitel 5   Seitenformatierung

5.1   Seitenränder

Am häufigsten von allen Einstellungen des Befehls „Seite einrichten" werden die Ränder geändert. In MS Word sind standardmäßig Seitenränder mit vordefinierten Einstellungen vorgegeben, die nicht abgeändert werden müssen. Verschiedene Teile eines Textes verlangen aber mitunter ein anderes Seitenformat. Mit Eingabe der Seitenränder kann jede Seite individuell eingerichtet werden.

Wie Sie die Seitenränder standardmäßig einrichten, haben Sie bereits in Lektion 1.1 gelernt.

Arbeitsablauf

Sie bestimmen die Seitenränder auf der Registerkarte

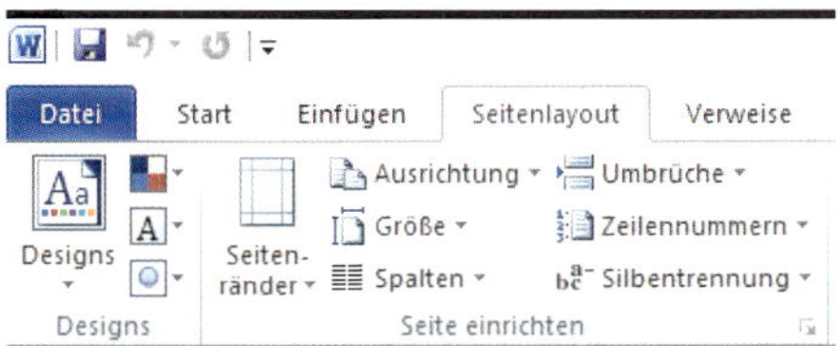

- **Seitenlayout/Gruppe Seite einrichten/Seitenränder**

oder

- **Seitenlayout/Seite einrichten**

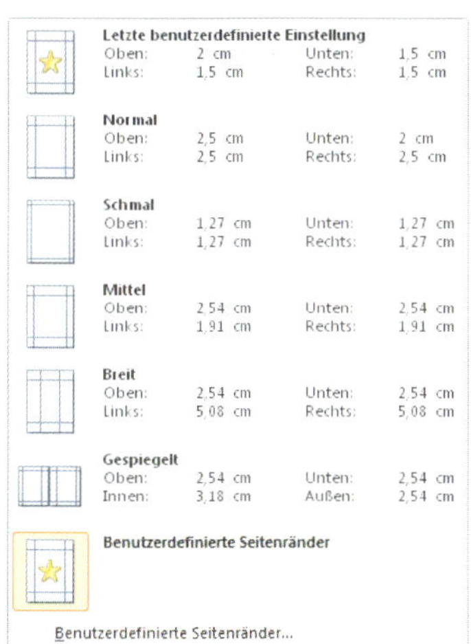

Klicken Sie auf „Normal", dann verwenden Sie die gebräuchlichste Randbreite. Diese wird automatisch auf das gesamte Dokument angewendet.

Die Optionen „Schmal", „Mittel" und „Breit" weisen auf unterschiedlich kleine bzw. große Seitenränder hin.

Beim Verwenden der Option „Gespiegelt" werden die Ränder der linken Seite auf die Ränder der rechten Seite gespiegelt. Die Innen- und Außenränder weisen jeweils dieselbe Breite auf.

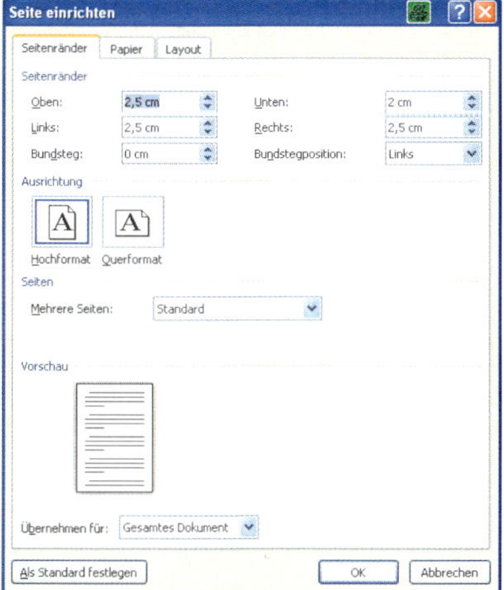

Klicken Sie auf „Benutzerdefinierte Seitenränder", wenn Sie die Seitenränder individuell eingeben möchten. Es öffnet sich das nebenstehende Fenster

Der Bundsteg wird dem Rand zum Binden hinzugerechnet.

Die Seitenränder legen den Satzspiegel fest. Satzspiegel nennt man den Bereich, der für den Text vorgesehen ist, also die bedruckte Fläche.

Wenn Sie die Seitenränder nur für einen bestimmten Teil des Dokuments ändern möchten, markieren Sie den Text und legen die gewünschten Seitenränder fest, indem Sie sie im Dialogfeld „Seite einrichten" eingeben. Klicken Sie im Feld „Übernehmen für:" auf „Markierten Text". MS Word fügt automatisch jeweils einen Abschnittswechsel vor und hinter dem Text mit den neuen Seitenrandeinstellungen ein.

9 Mühlmeyer ISBN 978-3-8120-0772-6

Arbeitsanweisung:

Übernehmen Sie den Text als Fließtext in der Schriftart Arial, Schriftgröße 11 p und richten Sie folgende Seitenränder ein!

Oben: 4,5 cm	Unten: 4,5 cm
Rechts: 2,5 cm	Links: 2,5 cm

Die Papierherstellung

Können wir uns ein Leben ohne Papier vorstellen? Es fängt schon morgens mit der Tageszeitung an und auch bei der Büroarbeit kann man nicht auf Papier verzichten. Obwohl immer wieder von einem papierlosen Büro gesprochen wird, hat sich der Papierverbrauch in den letzten Jahren weiter gesteigert.

Zu 95 % wird Papier heute aus Holz hergestellt. Die Faserbildung und die Härte des Holzes spielen bei der Auswahl als Papierrohstoff eine wichtige Rolle. Nicht jedes Holz ist geeignet. Als besonders geeignet gelten von den Nadelhölzern die Fichte, die Tanne, die Kiefer und die Lärche und von den Laubhölzern die Buche, die Pappel, die Birke und der Eukalyptus.

Neben Holz können auch Altpapier, Stroh und Hadern als Rohstoffe für die Papierherstellung verwendet werden. Zusammen mit Hilfsstoffen, wie Farbe, Leim, Füllstoffe und viel Wasser, wird daraus ein Ganzstoff hergestellt. Das ist der Faserbrei, der dann in der Papiermaschine durch Entwässern, Pressen und Trocknen zu einer dünnen Papierbahn weiterverarbeitet wird. Anschließend erfolgt die Veredelung.

Das bei weitem bedeutendste Herstellerland für Papier und Pappe sind die Vereinigten Staaten, gefolgt von China, Japan und Kanada. In Europa sind die drei wichtigsten Produzenten Deutschland, Finnland und Schweden.

Weltweit werden jährlich über 300 Mio. Tonnen Papier verwendet. Der Papierverbrauch pro Kopf lag im Jahr 2000 in den USA bei über 300 kg, in Westeuropa bei ca. 200 kg und weltweit bei etwa 50 kg. In Deutschland gingen davon jeweils 30 % in Schreibpapier und Verpackungen, 15 % in Zeitungspapiere und 25 % in Hygiene-Papiere, Pappen, Technische Papiere und Spezialpapiere.

Problematisch bei der Papierherstellung ist der hohe Verbrauch an Holz, Wasser und Energie. 10 % bis 15 % des weltweit geschlagenen Holzes werden zu Papier verarbeitet. Vornehmlich wird sogenanntes „Durchforstungsholz", Sturmholz oder Sägerestholz verwendet. Problematisch ist die Abholzung dann, wenn dafür Urwälder abgeholzt werden, wie z. B. in Kanada.

Quelle: www.bildungsserver.com/schulen/papier/rohstoffe.htm

5.2 Ausrichtung

Meistens wird ein Blatt im **Hochformat** ausgedruckt. Das **Querformat** ist besonderen Zwecken vorbehalten, wie z. B. dem Leporello oder breiten Tabellen. Die Ausrichtung befindet sich auf der Registerkarte **Seitenlayout**

- **Ausrichtung**

oder

- **Gruppe Seite einrichten/Seitenränder/ Benutzerdefinierte Seitenränder**

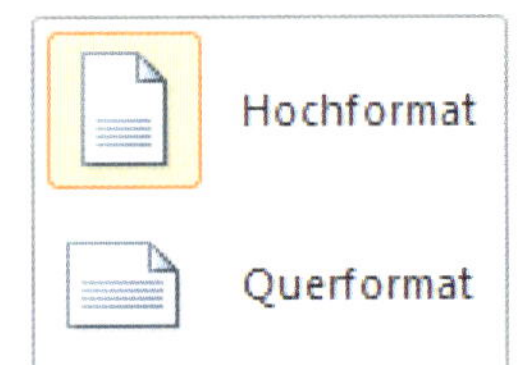

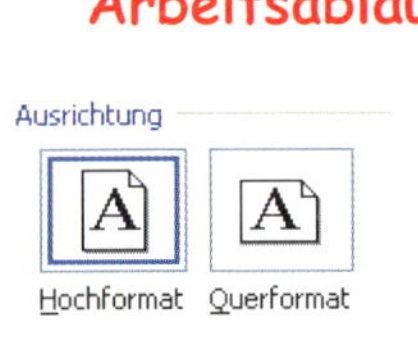

Wie Sie das Hoch- und Querformat standardmäßig einstellen, haben Sie bereits in Lektion 1.3 gelernt.

Arbeitsanweisungen:

1. Gestalten Sie eine Einladung zum Tag der offenen Tür in der Schriftart Tahoma.
2. Wählen Sie dafür das Querformat.
3. Verwenden Sie auch die Absatz- und Zeichenformatierungen.

Einladung zum Tag der offenen Tür
Berufskolleg der Stadt Irgendwo
Berufsschulstraße 66
44556 Irgendwo

am 11. November 20xx
ab 08:00 Uhr

Programm:
Präsentationen der Bildungsgänge
Vorstellung der Ausbildungsbetriebe

Für das leibliche Wohl sorgt die hauswirtschaftliche Abteilung.

5.3 Papierformat/Seitenformat

Die **Papierformate** sind in DIN 476 geregelt. Für die Textverarbeitung ist die A-Reihe von Bedeutung. Daher ist in MS Word standardmäßig das A4-Format aktiviert. Klicken Sie auf der Registerkarte **Seitenlayout**

* **Größe**

oder

* **Seite einrichten/Registerkarte Papier**

oder

* **Größe/Weitere Papierformate**

Wählen Sie im Katalog das gewünschte Papierformat aus. Bestätigen Sie mit [OK]. Siehe dazu auch Lektion 1.2.

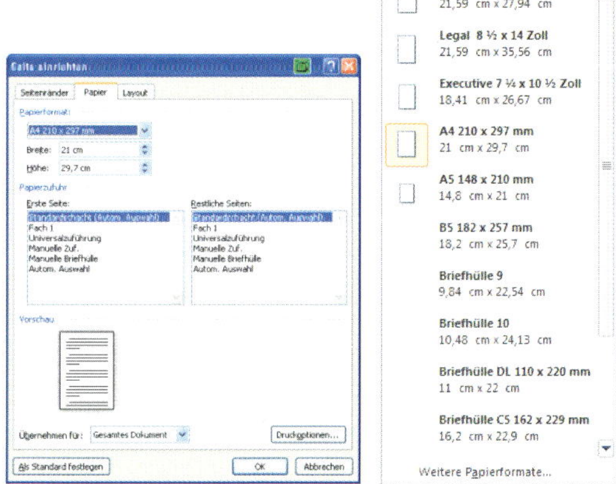

Papierformat:
Im Listenfeld können genormte Formate ausgewählt werden.
Zudem ist es möglich, benutzerdefinierte Formate einzugeben.
Papierzufuhr:
Über diese Option können Sie zunächst entscheiden, welche Seite ausgedruckt wird, aber auch aus welchem Papierschacht die Seite eingezogen werden soll. Die Zufuhr hängt davon ab, ob Ihr Drucker über mehrere Papierschächte und/oder einen manuellen Einzug verfügt. So können Sie beim Druck eines mehrseitigen Dokuments z. B. verschiedene Papiersorten wählen.

Arbeitsanweisungen:

1. Gestalten Sie die folgende Grußkarte in A6, indem Sie die Zeichen- und Absatzformatierungen zu Hilfe nehmen.
2. Setzen Sie um die Karte eine passende Umrahmung.

> *Liebe Oma,*
>
> *Es wünschen Dir zum Wiegenfeste*
> *das Allerallerbeste*
> *die Enkel und wer sonst noch da*
> *aus der Verwandtschaft fern und nah.*
>
> *Heute soll es leckere Torten geben,*
> *und unsere Oma, die soll leben,*
> *noch viele Jahr, das ist ganz klar,*
> *frisch und gesund bis 100 Jahr.*
>
> *Herzlichen Glückwunsch zum Geburtstag*

5.4 Seitenzahlen

Um bei langen Dokumenten nicht den Überblick zu verlieren, bietet es sich an, **Seitenzahlen** zu vergeben. Diese können in der Kopf- oder Fußzeile oder auch links bzw. rechts neben dem Text platziert werden. Klicken Sie auf der Registerkarte **Einfügen** auf

- **Seitenzahl**

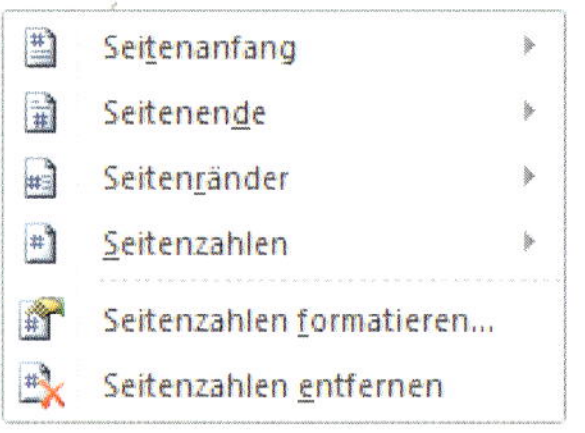

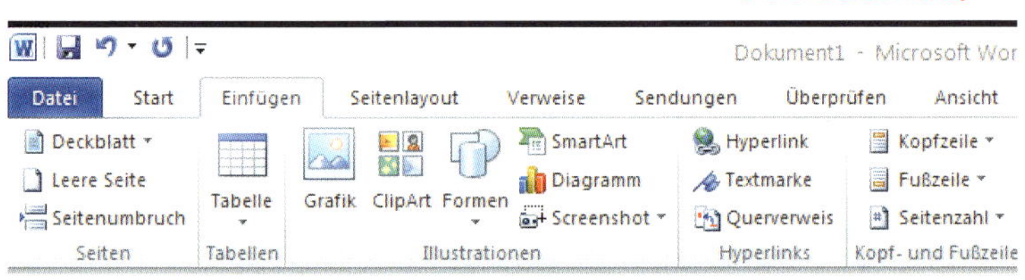

Klicken Sie auf „Seitenanfang", „Seitenende", oder „Seitenränder", so platziert MS Word die Ziffern an der ausgewählten Stelle.

Der Befehl „Seitenzahlen formatieren" führt Sie zu dem Fenster „Seitenzahlenformat". Hier können Sie das gewünschte Design für das Zahlenformat festlegen.

Möchten Sie die Seitennummerierung nicht auf der ersten Seite beginnen, so tragen Sie im Feld „Beginnen bei:" die Seitenzahl ein, bei der die Zahlennummerierung anfangen soll.

Arbeitsanweisungen:

1. Schreiben Sie das folgende Gedicht zentriert in der Schriftart Comic Sans, Schriftgröße 16 p.
2. Geben Sie in der Kopfzeile zentriert die Seitenzahl ein.
3. Wählen Sie für den Text folgende Seitenränder:

      Rechts: 3 cm   Links: 3 cm
      Oben: 6 m   Unten: 6 cm

4. Wählen Sie für das Gedicht einen passenden Rahmen.

Vom Eise befreit sind Strom und Bäche
durch des Frühlings holden, belebenden Blick.
Im Tale grünet Hoffnungsglück.
Der alte Winter in seiner Schwäche
zog sich in raue Berge zurück.
Von dorther sendet er, fliehend, nur
ohnmächtige Schauer körnigen Eises
in Streifen über die grünende Flur.
Aber die Sonne duldet kein Weißes.
Überall regt sich Bildung und Streben,
alles will sie mit Farben beleben.
Doch an Blumen fehlt´s im Revier.
Sie nimmt geputzte Menschen dafür.
Kehre dich um, von diesen Höhen
nach der Stadt zurückzusehen!
Aus dem hohlen, finsteren Tor
dringt ein buntes Gewimmel hervor.
Jeder sonnt sich heute so gern.
Sie feiern die Auferstehung des Herrn
denn sie sind selber auferstanden.
Aus niedriger Häuser dumpfen Gemächern,
aus Handwerks- und Gewerbesbanden,
aus dem Druck von Giebeln und Dächern,
aus der Straßen quetschender Enge,
aus der Kirchen ehrwürdiger Nacht
sind sie alle ans Licht gebracht.
Sieh nur, sieh, wie behänd' sich die Menge
durch die Gärten und Felder zerschlägt,
wie der Fluss in Breit' und Länge
so manchen lustigen Nachen bewegt
und bis zum Sinken überladen,
entfernt sich dieser letzte Kahn.
Selbst von des Berges fernen Pfaden
blinken uns farbige Kleider an.
Ich höre schon des Dorfs Getümmel.
Hier ist des Volkes wahrer Himmel.
Zufrieden jauchzet Groß und Klein:
hier bin ich Mensch, hier darf ich´s sein.

Johann Wolfgang von Goethe

5.5 Kopf- und Fußzeile

Als **Kopf- bzw. Fußzeile** bezeichnet man Textzeilen, die in den oberen bzw. in den unteren Randbereich eines Blattes gesetzt werden. Sie können außer Text auch Grafiken, Seitenzahlen, Datum und Uhrzeit, Firmenlogo, Titel des Dokuments, Dateinamen oder Namen des Autors hinzufügen. Dieses empfiehlt sich vor allem bei mehrseitigen Dokumenten. Der Inhalt in der Kopf- oder Fußzeile wird auf jeder gedruckten Seite eingefügt. Die Einrichtung erfolgt auf der Registerkarte

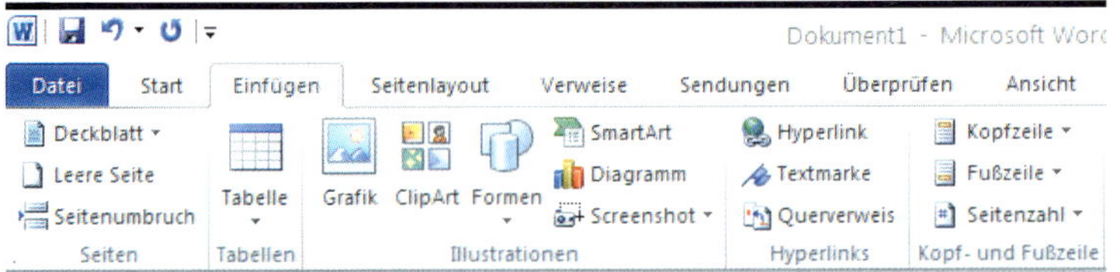

Arbeitsablauf

- **Einfügen/Kopfzeile** oder **Fußzeile**

Wählen Sie aus dem Katalog der Schaltfläche **Kopf-** oder **Fußzeile** die gewünschte Gestaltung aus und geben Sie den Inhalt ein. Beenden Sie mit dem Button „Kopf- und Fußzeile schließen".

Kopf- und
Fußzeile schließen
Schließen

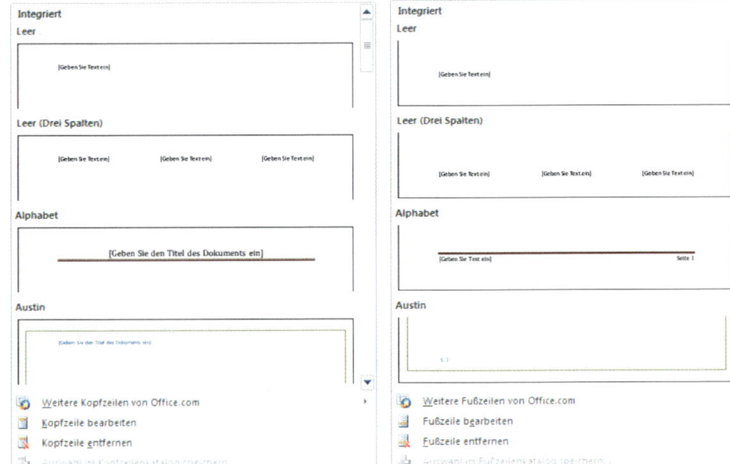

Die Bereiche der Kopf- und Fußzeile werden sichtbar und zugleich aktiv, indem Begrenzungslinien angezeigt werden. Der Text des Dokuments ist grau deaktiviert.
Innerhalb der Kopf- und Fußzeile können alle bekannten Absatz- und Zeichenformatierungen durchgeführt werden.

Wenn Sie auf „Kopfzeile bearbeiten" oder „Fußzeile bearbeiten" klicken, erscheinen im Bildschirm **Kopf- und Fußzeilentools** zur weiteren Verwendung.

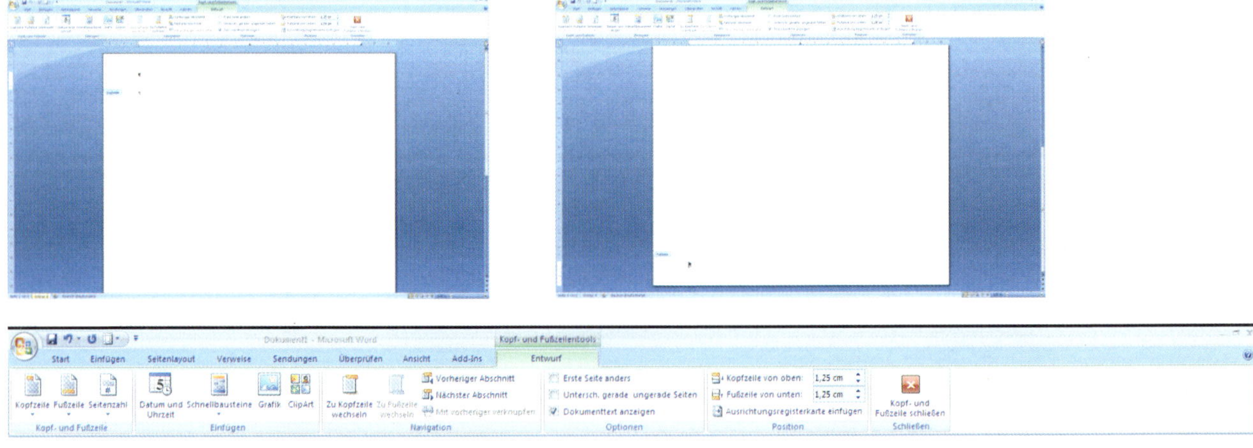

Mithilfe der Tools können Sie weitere Formatierungen bzw. Optionen eingeben, z. B. Seitenzahlen, Datum und Uhrzeit, Schnellbausteine sowie Grafiken und ClipArts.

⚠ Sie können schnell zwischen Kopf- und Fußzeile oder Dokumenttext wechseln, indem Sie auf den abgeblendeten Text doppelklicken.

Arbeitsanweisungen:
1. Schreiben Sie den folgenden Text als Fließtext.
2. Gestalten Sie eine Kopfzeile mit dem Titel „Geld als Teil des Finanzsystems".
3. Gestalten Sie die Fußzeile mit dem heutigen Datum und einem Symbol.

Vom „Geld anlegen"

Sparen kann man in vielfältigen Formen bei Banken, Versicherungsunternehmen und Investment-fonds oder durch den Kauf von Aktien und festverzinslichen Wertpapieren. Die verschiedenen An-lageformen unterscheiden wir dabei nach ihrer Sicherheit, Verfügbarkeit, Ertragskraft und Kosten. Im Allgemeinen gilt, dass bei gleicher Laufzeit eine höhere Ertragskraft meist mit einer geringeren Sicherheit bzw. Liquidität einhergeht. Deshalb ist grundsätzlich Misstrauen angesagt, wenn Fi-nanzdienstleister mit außergewöhnlich hohen Renditen locken.

Nur wer sich stets das Risiko der Anlage vor Augen führt, wird sich später keine Vorwürfe machen müssen, falls Teile des eingesetzten Kapitals doch verloren gehen. Längerfristigen Anlageerfolg hat deshalb auch meist nur derjenige, der in verschiedene Objekte gleichzeitig investiert und so seine Risiken breit streut.

5.6 Manueller Umbruch

MS Word unterscheidet vier verschiedene Umbruch-Varianten. Durch das Einfügen eines Um-bruchs an einer beliebigen Stelle im Text können Sie Seiten-, Spalten-, Text- und Abschnittsum-brüche erzwingen. Interessant für Fließtexte ist der Seitenumbruch.

Wenn in MS Word z. B. eine Seite zu Ende ist, nimmt das Programm einen **Seitenumbruch** vor, d. h. es beginnt automatisch eine neue Seite. Soll der Seitenumbruch an einer ganz bestimmten Stelle vorgenommen werden, muss der Seitenwechsel manuell eingegeben werden. Dazu wird der Cursor an die Stelle gesetzt, an der der Seitenwechsel eingefügt werden soll. Klicken Sie auf der Registerkarte

- **Einfügen/Seitenumbruch**
oder
- Strg + Return
oder
- **Seitenlayout/Umbrüche**

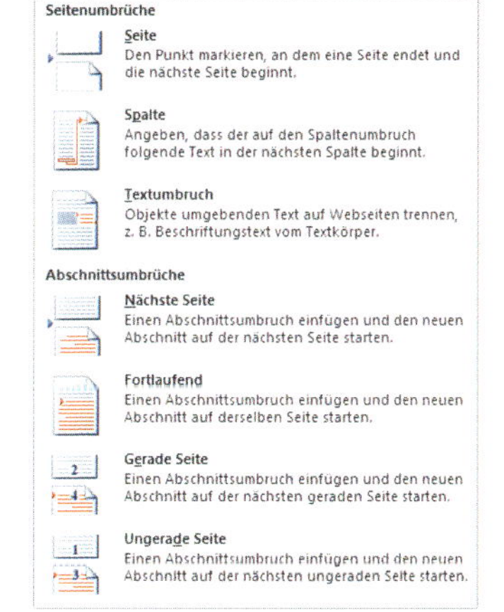

Wie der Seitenwechsel dargestellt wird, hängt von der Bildschirmansicht ab. Es gibt mehrere Ansichten. Diese finden Sie unter **Ansicht**

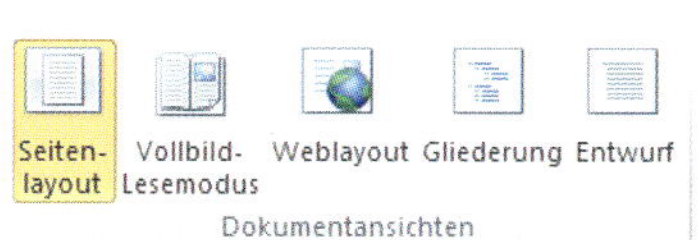

In der Seitenlayout-Ansicht sieht die Anordnung der Seiten wie rechts abge-bildet aus.

Um einen Seitenumbruch zu löschen, markieren Sie die punktierte Linie oder setzen Sie den Cursor auf den Zeilenanfang und drücken Sie die Entf-Taste.

Arbeitsanweisungen:

1. Erstellen Sie für den BWL-Unterricht eine Übersicht über die einzelnen Unternehmensformen. Für jede Unternehmensform ist eine A4-Seite vorgesehen. Am Ende einer jeden Seite fügen Sie einen manuellen Seitenumbruch ein.
2. Versehen Sie die Seiten mit Seitenzahlen.
3. Die Seiten sollen nach folgendem Schema gestaltet werden:

Einzelunternehmung

Firmierung:	Vertretung:
Kapital:	Haftung:
Geschäftsführung:	Gewinn und Verlust:
Sonstiges:	

--------Seitenumbruch--------¶

OHG
Übernehmen Sie die Merkmale der Einzelunternehmung

--------Seitenumbruch--------¶

KG
Übernehmen Sie die Merkmale der Einzelunternehmung

--------Seitenumbruch--------¶

GmbH
Übernehmen Sie die Merkmale der Einzelunternehmung

--------Seitenumbruch--------¶

AG
Übernehmen Sie die Merkmale der Einzelunternehmung

5.7 Spalten

Dokumente, die in Spalten nebeneinander angeordnet sind, kennt man aus der Tageszeitung. Ein in Spalten eingeteilter Text ist übersichtlich und gut lesbar. Diese Funktion ist auch in MS Word vorhanden. Die **Spaltenverarbeitung** kann sowohl vor der Eingabe des Textes ausgewählt werden, dann wird der Text beim Schreiben direkt in Spalten gesetzt, als auch nach der Texteingabe. Dabei wird der Text zunächst als Fließtext geschrieben und die Spalten werden nachträglich zugewiesen. Der Befehl steht im Register **Seitenlayout**

- **Spalten**

Um die Spaltenanzahl anzupassen, klicken Sie in den Abschnitt, der die Spalten enthält, und wählen „Weitere Spalten", um das Fenster „Spalten" anzuzeigen.

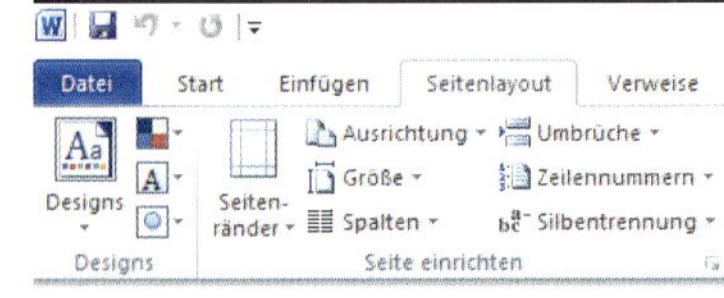

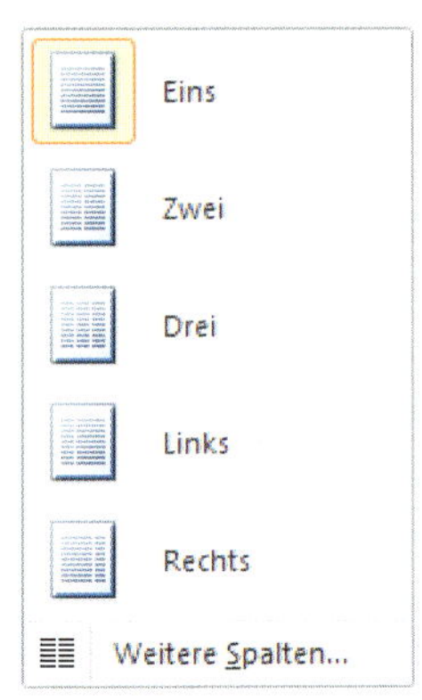

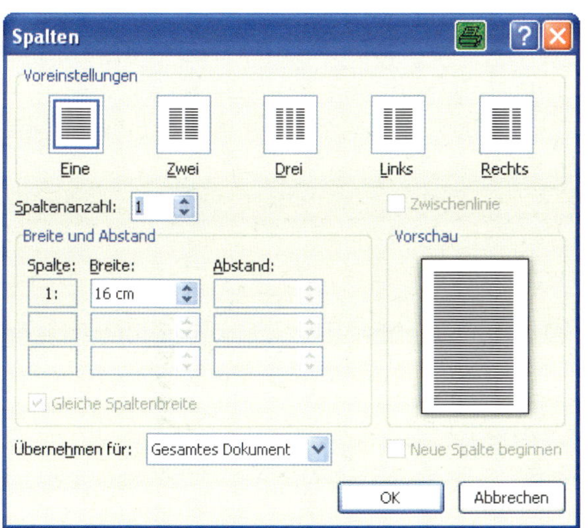

Voreinstellungen:
Unter dieser Auswahl kann das Spaltenformat ausgewählt werden. Sie können zwischen gleich breiten und ungleich breiten Spalten wählen.
Spaltenanzahl:
Hier kann man die Anzahl der gewünschten Spalten eingeben.
Zwischenlinie:
Zur optischen Trennung kann durch Aktivierung des Kästchens eine Zwischenlinie eingegeben werden.
Breite und Abstand:
Hier kann man die Breite der jeweiligen Spalte und den Abstand zur nächsten Spalte manuell wählen.
Gleiche Spaltenbreite:
Bei Aktivierung dieses Feldes formatiert MS Word den Text in Spalten mit gleicher Breite.

Bei der Zuteilung von Spalten nimmt MS Word automatisch einen Abschnittswechsel vor. Dieser kann auch manuell eingegeben werden.

Positionieren Sie den Cursor an der Stelle, an der der Abschnittswechsel eingefügt werden soll. Klicken Sie auf die Registerkarte

Arbeitsablauf

- **Seitenlayout/Umbrüche/Spalte**

oder über die

- **Tastenkombination** Strg + Shift + Return

Die Spaltenbreite und der Abstand lassen sich zusätzlich durch Ziehen an den Spaltenköpfen im Lineal regulieren.

Übung

Arbeitsanweisungen:
1. Erfassen Sie den nachfolgenden Text als Fließtext.
2. Weisen Sie ihm anschließend zwei Spalten mit einer Zwischenlinie zu.

Aufgaben des Geldes
Tauschmittel: Das Geld vermittelt den Austausch von Waren und Dienstleistungen. Es ist also Tauschmittel. Voraussetzung für das Bestehen dieser Funktion ist die „Massengewohnheit der Annahme".
Wert- und Rechenmittel: Man bewertet eine Ware mithilfe des Geldes und errechnet den Wert einer bestimmten Menge Ware an Geld. Das Geld hat also die Eigenschaft eines Wert- und Rechenmittels.
Wertaufbewahrungs- und Wertübertragungsmittel: Geld ist dazu geeignet, Werte zu speichern und anzusammeln (Sparmittel). Geld ermöglicht es, Kaufkraft aus der Gegenwart in die Zukunft zu übertragen (Kreditmittel).
Gesetzliches Zahlungsmittel: Durch eine gesetzliche Verfügung, bestimmtes Geld zum Ausgleich von Forderungen und Verbindlichkeiten anzunehmen, wird es zum gesetzlichen Zahlungsmittel.

aus: Richard/Mühlmeyer; Betriebslehre der Banken und Sparkassen; 34. Auflage 2010;
    Merkur Verlag Rinteln; Seite 104.

10 Mühlmeyer ISBN 978-3-8120-0772-6

5.8 Fußnote/Endnote

Fußnoten werden häufig in wissenschaftlichen Arbeiten oder Berichten verwendet. Sie bestehen aus einem Hinweiszeichen und dem dazugehörigen Fußnotentext. Sie werden jeweils am Ende einer Seite gedruckt. Das Fußnotenzeichen besteht aus einer arabischen, hochgestellten Ziffer. Die Nummerierung erfolgt automatisch.

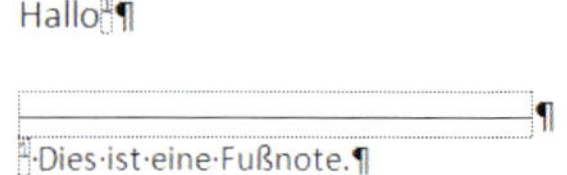

Endnoten werden am Ende eines Dokuments oder Abschnitts angezeigt. Das Endnotenzeichen besteht aus dem hochgestellten Buchstaben „i".

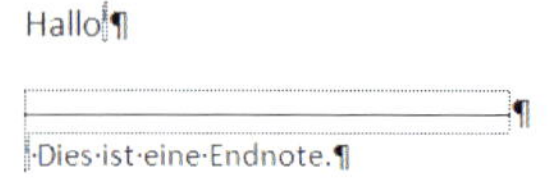

Wenn der Cursor sich an der Stelle befindet, an der das Fuß- oder Endnotenzeichen eingefügt werden soll, klicken Sie auf der Registerkarte

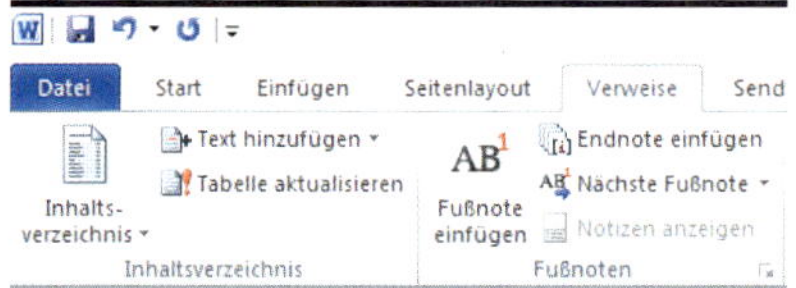

- **Verweise/Fußnote einfügen**

bzw.

- **Verweise/Endnote einfügen**

oder

- **Tastenkombination** für das Einfügen von Fußnoten: Strg + Alt + F
- **Tastenkombination** für das Einfügen von Endnoten: Strg + Alt + D

Durch Aktivierung der Option „Fußnote einfügen" bzw. „Endnote einfügen" wird das jeweilige Hinweiszeichen eingefügt. Danach springt der Cursor in das Fußnoten- bzw. Endnotenfenster. Dort kann dann die Eingabe erfolgen. Geben Sie den entsprechenden Text ein. Bei einem Doppelklick auf die Fuß- oder Endnotennummer, kehren Sie zu der Stelle im Dokument zurück, an der Sie das Zeichen eingefügt haben. Ebenso können Sie nach Erfassen des Fußnoten- bzw. Endnotentextes mit der Tastenkombination Shift + F5 in das Dokument zurückgelangen.

Sowohl Fußnoten als auch Endnoten können geändert werden. Dazu klicken Sie auf den Auswahlpfeil der Registerkarte

- **Verweise/Gruppe Fußnoten**

Unter der Auswahl „Speicherort" kann festgelegt werden, wo die Fußnote bzw. Endnote erscheinen soll, z. B. unterhalb des Textes oder am Abschnittsende.

Unter der Auswahl „Format" können weitere Einstellungen vorgenommen werden. So können verschiedene Zahlenformate oder auch Symbole gewählt werden.

Beim Ausdruck werden die Fuß- bzw. Endnoten durch eine waagerechte Trennlinie vom übrigen Text getrennt. Auf Fuß- und Endnoten können die üblichen Formatierungen angewandt werden. Mit der Entf–Taste wird die Fuß- oder Endnote gelöscht. Der dazugehörige Text wird ebenfalls gelöscht und die Nummerierung aktualisiert. Das gleiche gilt, wenn eine Fuß- bzw. Endnote nachträglich im Text eingefügt wird.

Arbeitsanweisungen:

1. Erfassen Sie den folgenden Text als Fließtext in der Schriftart Times New Roman und Schriftgröße 12 p.
2. Richten Sie die angegebenen Fußnoten ein.

> hinter dem Wort „Präsentation"
> hinter dem Wort „demonstrieren"
> hinter dem Wort „vorspationierten"

Werbewirksame Warenpräsentation

Sehr geehrter Herr Kaufmann,

das Auge des Kunden kauft immer mit. Darum ist eine geschmackvolle und ästhetische Präsentati-
on[1] auch so außerordentlich wichtig. Denn schließlich ist sie eine sichere Grundlage für gute Erfolge. Und diese guten Erfolge sollten Sie zielsicher vorbereiten.

Color-deko-set hilft Ihnen, so manchen Artikel Ihrer Produktion werbewirksam zu demonstrieren[2].
Das weckt Kaufwünsche, wie Sie ja selbst wissen. Schon die bloße Kennzeichnung Ihrer Erzeug-
nisse ist Werbung. Doch jetzt können Sie Ihre gute Werbung noch besser machen mit vorspationier-
ten[3] Schriftzügen.

Der beigefügte Prospekt nennt Ihnen viele Möglichkeiten dafür. Sie sollten sie nutzen. Bitte bedie-
nen Sie sich des beigefügten Fragebogens. Er macht den ersten Kontakt zueinander leicht.

---

[1] Vorstellung
[2] vorzuführen
[3] vorgefertigten

Arbeitsanweisungen:

1. Erfassen Sie folgenden Text als Fließtext in Blocksatz, in der Schriftart Courier New, Schriftgröße 11 p.
2. Stellen Sie die Seitenränder Links 2,5 cm, Rechts 2,5 cm, Oben und Unten je 3,0 cm ein.
3. Schalten Sie die Silbentrennung ein.
4. Geben Sie in der Kopfzeile den Titel „Normung" ein und formatieren Sie den Titel.
5. Schreiben Sie den Text im Querformat und verteilen Sie ihn auf 2 Spalten mit einer Zwischenlinie.
6. Richten Sie die Fußnote ein.

Die Normung spielt sowohl in unserem Privatleben als auch in unserem beruflichen Leben eine sehr große Rolle. Viele Gegenstände unseres täglichen Lebens sind genormt.

Man muss nur an Glühbirnen, Kugelschreiberminen, Benzin oder auch Papier oder Briefumschläge denken. Im beruflichen Leben fällt auf, wenn man am Computer sitzt, dass auch die Anordnung der Tasten auf einer Tastatur genormt ist.

Bei der Bürotechnik versteht man unter Normung die „einheitliche Gestaltung und die Regelung von Größen". Es gibt nicht nur viele Gegenstände, die genormt sind, sondern auch viele Arbeitsweisen. So gibt es z. B. in der Textverarbeitung die „Schreib- und Gestaltungsregeln" in der Norm DIN 5008.

Hinter dieser Abkürzung verbirgt sich das Deutsche Institut für Normung. Das Forum für Wissenschaft, Industrie und Wirtschaft sagt Folgendes über das Institut:

„Das DIN[1] ist ein eingetragener gemeinnütziger Verein mit Sitz in Berlin. Es ist die für die Normungsarbeit zuständige Institution in Deutschland und vertritt die deutschen Interessen in den weltweiten und europäischen Normungsorganisationen. Dieser Status wurde im Vertrag mit der Bundesrepublik Deutschland am 5. Juni 1975 anerkannt."

„Das DIN ist der runde Tisch, an dem sich Hersteller, Handel, Verbraucher, Handwerk, Dienstleistungsunternehmen, Wissenschaft, technische Überwachung, Staat, d. h. jedermann, der ein Interesse an der Normung hat, zusammensetzen, um den Stand der Technik zu ermitteln und unter Berücksichtigung neuer Erkenntnisse in deutschen Normen niederzuschreiben."

Dieser Normenausschuss hat z. B. auch festgelegt, dass das Ausgangsformat für Papier A0 ist und eine einheitliche Größe hat. Durch die Aufteilung von A0 entstehen weitere Papierformate, die jeweils kleiner sind.

Die im Büro am häufigsten verwendete Papiergröße ist das A4-Format. Die Zusatzformate zur A-Reihe, nämlich die Reihen B und C, sind bezüglich der Maße größer. Dabei handelt es sich um Schriftgutbehälter und um Briefhüllen.

---

[1] = Deutsches Institut für Normung e. V., gegründet 1917

Kapitel 6 Grafische Objekte

Grafische Objekte, man kann auch Bilder sagen, lockern den Text auf und bilden einen Blickfang. Bevor Objekte im Text platziert werden können, sollte zunächst der Text erfasst werden.

6.1 Textfeld

Das **Textfeld** dient als Werkzeug, um Texte und Grafiken nach Belieben auf einer Seite zu positionieren. Ein Textfeld ist wie ein Kasten, der seinen Inhalt umgibt. Auf einer Seite können beliebig viele Textfelder angeordnet werden.

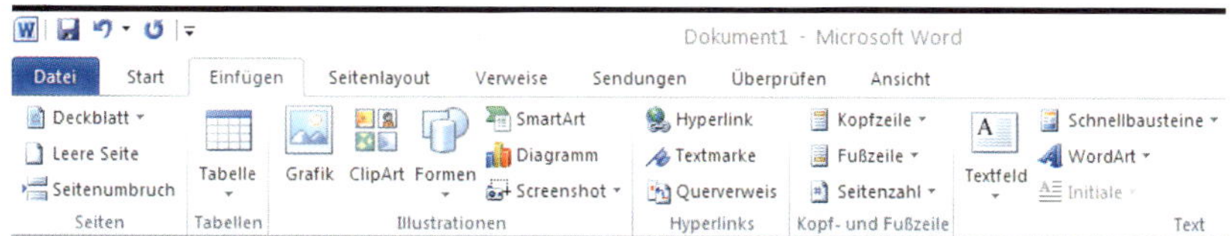

So fügen Sie ein vorgefertigtes Textfeld ein:

Klicken Sie auf der Registerkarte **Einfügen**

Arbeitsablauf

- **Textfeld**

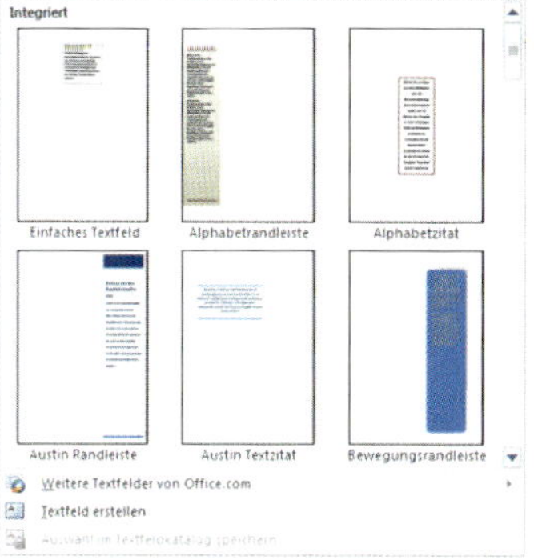

und wählen Sie im Katalog ein bereits gestaltetes Textfeld aus. Im Beispieltext geben Sie Ihren Text ein. Klicken Sie mit der Maus auf die äußere Begrenzung des Textfelds und ziehen Sie es an die vorgesehene Position Ihres Dokuments. An den Eckpunkten können Sie die Größe variieren.

<u>Textfeld selbst erstellen</u>
Bevor das Textfeld eingegeben wird, sollte mehrmals auf Return gedrückt werden, damit genügend Platz für das Textfeld existiert. Dann klicken Sie auf die Registerkarte **Einfügen**

Arbeitsablauf

- **Textfeld/Textfeld erstellen**

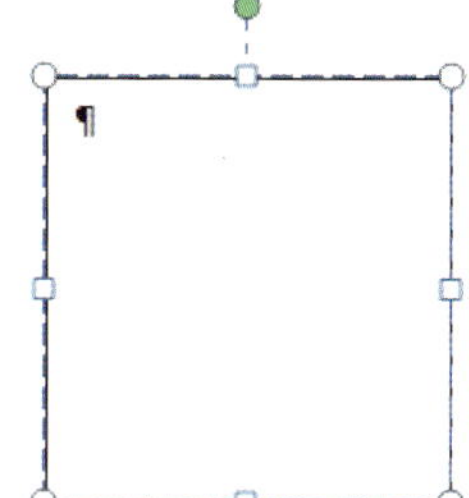

Es erscheint der Mauszeiger als Fadenkreuz (+). Ziehen Sie einen Rahmen mit gedrückter linker Maustaste in der gewünschten Größe auf. Die Maustaste wird erst losgelassen, wenn das Textfeld die Größe erreicht hat. Es erscheint ein Rechteck, das durch eine Umrandung dargestellt wird.

Halten Sie beim Zeichnen mit dem Fadenkreuz die Shift-Taste gedrückt, weiß MS Word, dass es ein Quadrat zeichnen soll.

Das Textfeld kann jederzeit angeklickt werden, um es an den 8 Haltepunkten/Eckpunkten zu vergrößern oder zu verkleinern. Wenn Sie auf den Rahmen klicken und die linke Maustaste gedrückt halten, erscheint ein Fadenkreuz und das Textfeld kann an eine andere Position geschoben werden.

<u>Text eingeben</u>
Wenn Sie in das Textfeld klicken, blinkt in der linken oberen Ecke des Textfeldes die Einfügemarke vor der Absatzmarke. An dieser Stelle kann der Text oder ein Objekt eingegeben werden. Der Text lässt sich mit den bekannten Werkzeugen der Registerkarte **Start** formatieren.

<u>Textfeld formatieren</u>
Wenn Sie in das Textfeld klicken, blendet sich die Registerkarte **Format** ein:

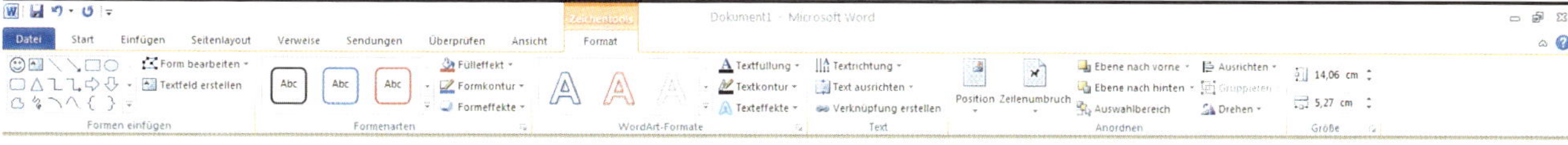

Hier sind mehrere **Zeichentools** zu finden, um das Textfeld zu formatieren:

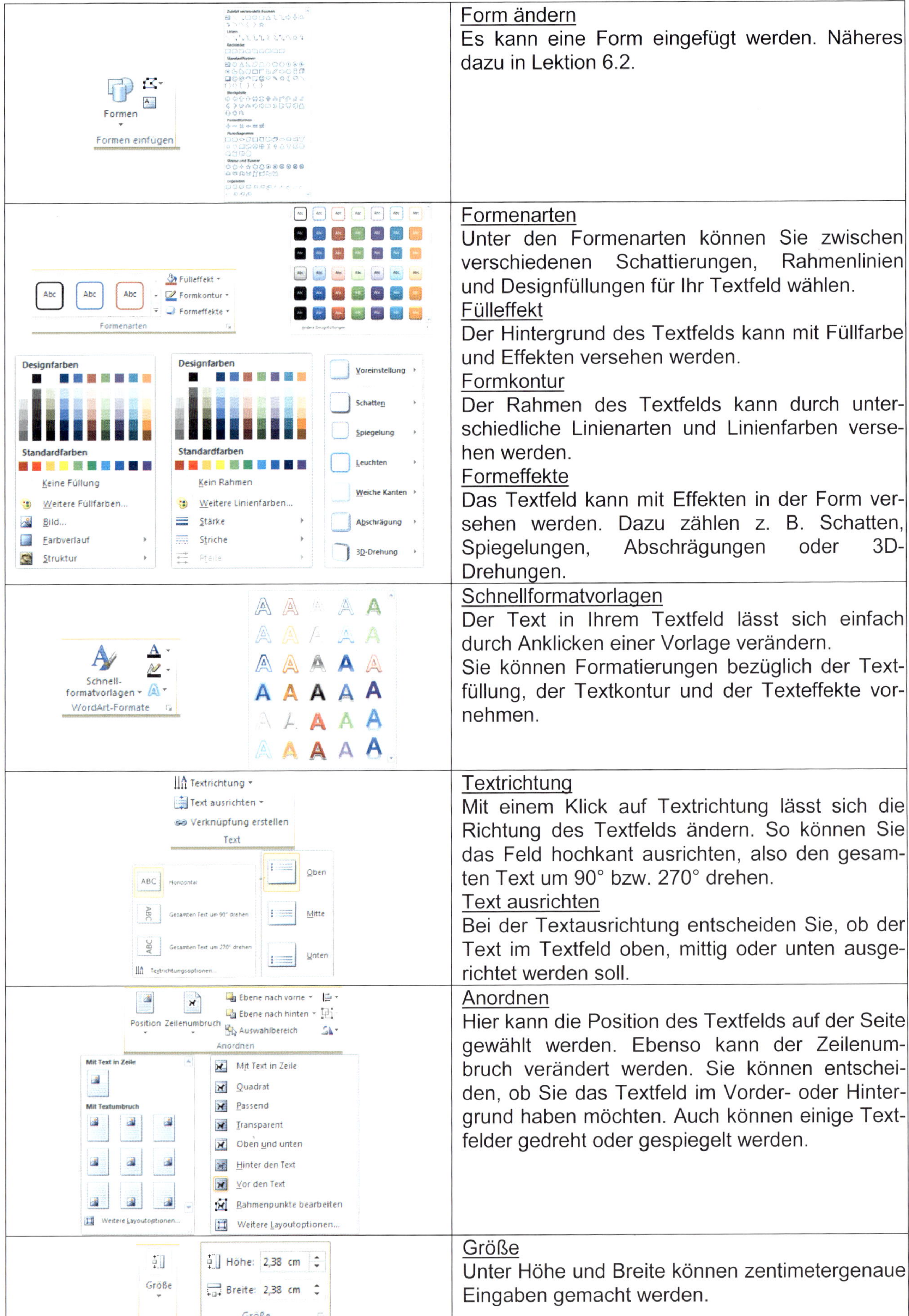

	Form ändern Es kann eine Form eingefügt werden. Näheres dazu in Lektion 6.2.
	Formenarten Unter den Formenarten können Sie zwischen verschiedenen Schattierungen, Rahmenlinien und Designfüllungen für Ihr Textfeld wählen. **Fülleffekt** Der Hintergrund des Textfelds kann mit Füllfarbe und Effekten versehen werden. **Formkontur** Der Rahmen des Textfelds kann durch unterschiedliche Linienarten und Linienfarben versehen werden. **Formeffekte** Das Textfeld kann mit Effekten in der Form versehen werden. Dazu zählen z. B. Schatten, Spiegelungen, Abschrägungen oder 3D-Drehungen.
	Schnellformatvorlagen Der Text in Ihrem Textfeld lässt sich einfach durch Anklicken einer Vorlage verändern. Sie können Formatierungen bezüglich der Textfüllung, der Textkontur und der Texteffekte vornehmen.
	Textrichtung Mit einem Klick auf Textrichtung lässt sich die Richtung des Textfelds ändern. So können Sie das Feld hochkant ausrichten, also den gesamten Text um 90° bzw. 270° drehen. **Text ausrichten** Bei der Textausrichtung entscheiden Sie, ob der Text im Textfeld oben, mittig oder unten ausgerichtet werden soll.
	Anordnen Hier kann die Position des Textfelds auf der Seite gewählt werden. Ebenso kann der Zeilenumbruch verändert werden. Sie können entscheiden, ob Sie das Textfeld im Vorder- oder Hintergrund haben möchten. Auch können einige Textfelder gedreht oder gespiegelt werden.
	Größe Unter Höhe und Breite können zentimetergenaue Eingaben gemacht werden.

Bei einigen Textfeldern wird – neben den Haltepunkten/Eckpunkten – auch ein grüner Kreis eingeblendet. Mit dem grünen Kreis kann die Form gedreht werden.

<u>Textfeld löschen</u>
Klicken Sie das Textfeld an und betätigen die Entf-Taste.

<u>Zeilenumbruch</u>
Der Zeilenumbruch oder Textfluss spielt bei allen Objekten eine entscheidende Rolle, weil damit die Verbindung zwischen dem Objekt und der Schrift gestaltet werden kann.

Klicken Sie mit der rechten Maustaste in das Textfeld oder auf die Registerkarte **Zeichentools Format**

Arbeitsablauf

* **Zeilenumbruch**

	Mit Text in Zeile Der Text wird mit dem grafischen Objekt in einer Zeile geschrieben. Der Text verschiebt sich für das Objekt.
	Quadrat Der Text wird wie ein Quadrat um das Objekt angeordnet.
	Passend Der Text fließt relativ eng um die Ränder der Grafik. Der Objektrahmen der Grafik wird dabei nicht berücksichtigt.
	Hinter den Text Der Text legt sich über die Grafik.
	Vor den Text Der Text wird von der Grafik verdeckt.
	Oben und unten Der Text legt sich nur über und unter das Objekt. Der rechte und linke Rand des Objekts bleibt textfrei.
	Transparent Der Text läuft durch das Objekt.
Weitere Layoutoptionen…	Wenn Sie unter „Weitere Layoutoptionen" die Schaltfläche „Erweitertes Layout" öffnen, stehen mehrere Vorschläge zur Verfügung.

Arbeitsablauf

Zur Wiederverwendung speichern Sie das Textfeld auf der Registerkarte **Einfügen**

* **Textfeld/Auswahl im Textfeldkatalog speichern**

Füllen Sie dazu die restlichen Felder im Fenster „Neuen Baustein erstellen" aus.

Arbeitsanweisungen:

1. Erfassen Sie den Infotext zum Textfeld.
2. Fügen Sie anschließend mehrere Textfelder ein und formatieren Sie diese unterschiedlich.

Die grafischen Objekte, man kann auch sagen Bilder aller Art, lockern den Text auf und bilden einen Blickfang. Wenn Sie einen Text als Fließtext erfassen, beachten Sie die grafischen Objekte in der Vorlage zunächst nicht, weil diese erst später eingebaut werden. Danach erstellen und fügen Sie die Objekte an die Stellen im Dokument ein, wie es aus der Vorlage ersichtlich wird. Beginnen Sie mit dem jeweiligen Objekt. Die Position und die Größe richten sich nach Ihrem Augenmaß. Die Art des Textflusses um das Objekt können Sie aus der Vorlage erkennen.

6.2 Formen

Unter **Formen** versteht man Zeichnungsobjekte. Es handelt sich um vorgefertigte Objekte, die man in ein Dokument einfügen und dort bearbeiten kann. MS Word hat hierfür ein reichhaltiges Angebot.

Klicken Sie auf der Registerkarte **Einfügen**

- **Formen**

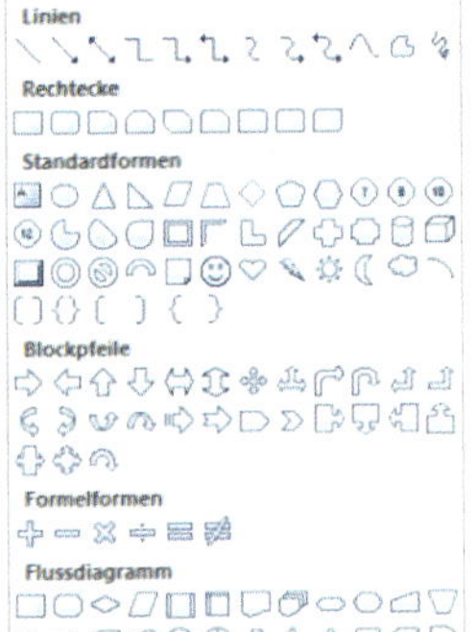

und wählen Sie in diesem Katalog eine vorgegebene Form durch Doppelklick aus. Wenn Sie einfach auf die Form klicken, erscheint ein Fadenkreuz und Sie können die Form mit gedrückter linker Maustaste im Dokument aufziehen.

Text eingeben
Wird die Form mit der rechten Maustaste angeklickt, kann in diesem Fenster der Befehl „Text bearbeiten" gewählt werden. Die Form kann nun beschriftet werden. Die Beschriftung kann mit den bekannten Zeichen- und Absatzformatierungen versehen werden.

Form formatieren
Genauso wie die Textfelder können auch die Formen bei Aktivierung formatiert werden. Wenn Sie die Form einfügen oder später in die Form klicken, blendet sich die Registerkarte **Format** ein:

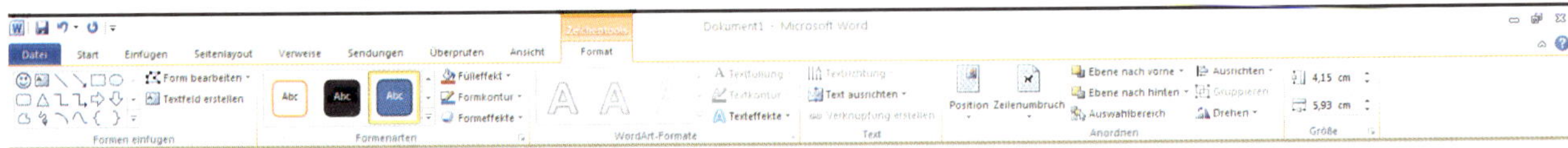

Hier sind mehrere **Zeichentools** zu finden, um die Form zu formatieren:
Diese entsprechen den Tools zur Formatierung der Textfelder. Dazu gehören Formarten, Fülleffekte, Formkonturen, Formeffekte, Textrichtung, Textausrichtung, Anordnungen und Größe.
Siehe dazu Lektion 6.1.

Bei den Formen werden – neben den Haltepunkten/Eckpunkten – auch grüne Kreise und gelbe Rauten eingeblendet.
Mit den grünen Kreisen kann die Form gedreht werden.
Mit den gelben Rauten kann das Aussehen der Form geändert werden.

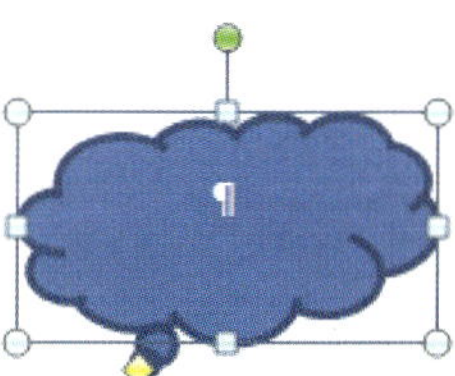

Form löschen
Klicken Sie die Form an und betätigen die Entf-Taste.

Zeilenumbruch
Auch bei den Formen kann der Zeilenumbruch berücksichtigt werden. Siehe unter Lektion 6.1 Zeilenumbruch bei Textfeldern. Die Umbruchart für die Form ist meistens „Passend".

Übung

Arbeitsanweisungen:
1. Erfassen Sie den Infotext zu den Formen.
2. Fügen Sie anschließend die Form ein und formatieren Sie diese.

Formen sind Textfelder mit einer eigenen Form. Wichtige Formen sind in der Symbolleiste Zeichnen mit eigenen Symbolen aufgeführt: Linien, Verbindungen, Pfeile, Diagramme, Sterne und Banner jeglicher Art und Größe können hier eingefügt werden. Über die Schaltfläche Formen stehen noch mehr Kategorien zur Verfügung. Unter jeder Kategorie verbergen sich viele unterschiedliche Einzelformen. Hat das Objekt einen Korrektur-Ziehpunkt, lässt sich die Form ändern. In die meisten Formen kann man Text eingeben. Sowohl der Text als auch die Form selber lassen sich bearbeiten und formatieren.

6.3 ClipArt

Unter MS Word sind im ClipArt Organizer reichhaltige Sammlungslisten mit Grafiken gespeichert. Diese nennt man ClipArts. Daneben werden auch Fotos, Filme oder Sounddateien angeboten.

ClipArt suchen
Klicken Sie auf die Registerkarte **Einfügen**

Arbeitsablauf

- **ClipArt**

Es öffnet sich am rechten Seitenrand eine Dialogbox. Geben Sie im Feld „Suchen nach:" ein Wort oder eine Kategorie ein, die das gewünschte Objekt beschreibt. Klicken Sie auf [OK] und MS Word zeigt Ihnen alle passenden ClipArts an.

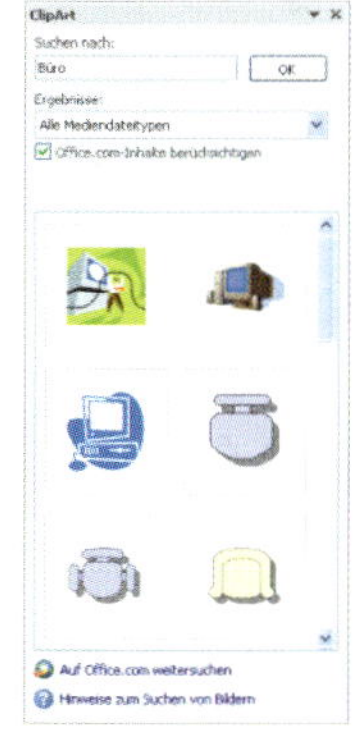

81

ClipArt einfügen

Wählen Sie das gewünschte ClipArt aus der Liste aus, indem Sie auf den betreffenden Auswahlpfeil klicken. Es erscheint nebenstehendes Fenster. Wählen Sie einfügen, damit das ClipArt in Ihrer Datei erscheint

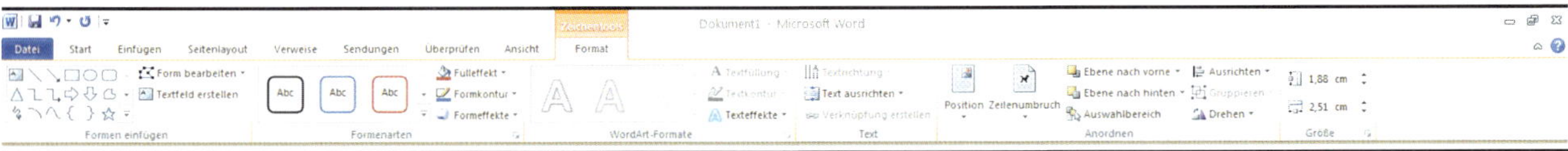

ClipArt bearbeiten

Möchten Sie eine ClipArt-Grafik bearbeiten, muss diese aktiviert sein. Es erscheint wie bei dem Textfeld eine Umrandung mit Ziehpunkten. Mit gedrückter linker Maustaste ändern Sie die Größe des Objekts.
ClipArts können auch gedreht oder in ihrer Form verändert werden.

ClipArt formatieren

Genauso wie die Textfelder und Formen können auch die ClipArts bei Aktivierung formatiert werden. Wenn Sie die Grafik einfügen oder später in das Objekt klicken, blendet sich die Registerkarte **Format** ein:

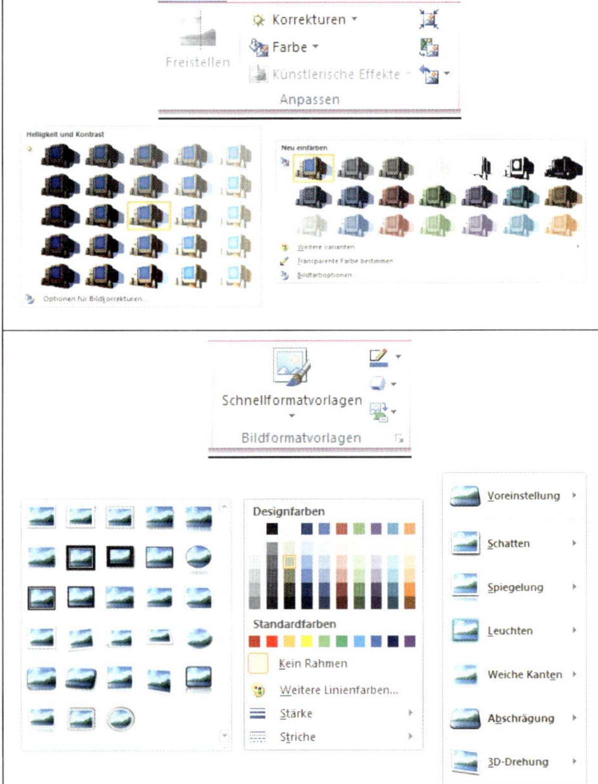

Hier sind mehrere **Bildtools** zu finden, um das ClipArt zu formatieren:

	Anpassen Unter Korrekturen lassen sich Helligkeit, Kontrast oder die Schärfe der Grafik abändern. Ebenso können dem Objekt neue Farben zugeordnet werden. Einige ClipArts lassen sich Freistellen, d. h. unerwünschte Teile des Bilds können entfernt werden oder es können künstlerische Effekte hinzufügen werden, damit die Grafik einer Skizze oder Zeichnung ähnelt.
	Bildformatvorlagen Unter den Schnellformatvorlagen können unterschiedliche Vorlagen für das ClipArt gewählt werden. Die Vorlagen unterscheiden sich hinsichtlich Füllung, Linienfarbe, Linienart, Schatten und 3D-Format. Klicken Sie auf das Icon Grafikrahmen und Sie können dem Rahmen unterschiedliche Farben zuweisen. Unter dem Icon Bildeffekte versteht man Änderungen bezüglich des Schattens, der Spiegelung und des Leuchtens. Das Objekt kann mit weichen Kanten oder einer Abschrägung versehen werden.

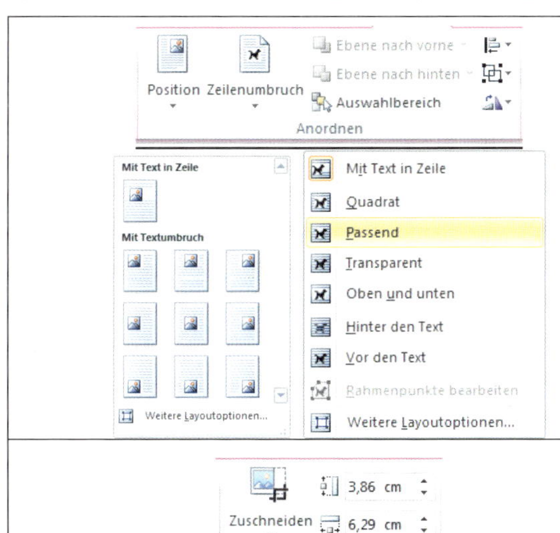	Anordnen Hier kann die Position des ClipArts auf der Seite gewählt werden. Ebenso kann der Zeilenumbruch verändert werden. Sie können entscheiden, ob Sie das ClipArt im Vorder- oder Hintergrund haben möchten. Auch können die Ausrichtung und die Gruppierung verändert werden. Einige Textfelder können gedreht werden.
	Zuschneiden Hier können Sie den Ausschnitt des Bildes per Mausklick verändern. Bewegen Sie den Mauszeiger auf eine Ecke der ClipArt-Grafik. Mit gedrückter linker Maustaste ändern Sie den Bildausschnitt. Schriftgrad Unter Höhe bzw. Breite können Sie auch ganz präzise die Maße des Bildes festlegen.

Wenn das ClipArt keinen Rahmen hat, kann es auch in ein Textfeld gesetzt werden und der Rahmen kann mit den bekannten Formatierungen bearbeitet werden.

ClipArt löschen
Klicken Sie die Grafik an und betätigen die Entf-Taste.

Zeilenumbruch
Auch bei den ClipArts kann der Zeilenumbruch berücksichtigt werden. Siehe unter Lektion 6.1 Zeilenumbruch bei Textfeldern. Die Umbruchart für die ClipArts ist meistens „Passend".

Übung

Arbeitsanweisungen:
1. Erfassen Sie den Infotext zu den ClipArt-Elementen.
2. Fügen Sie anschließend unterschiedliche ClipArt-Elemente ein und formatieren Sie diese.

Besonders beliebt sind ClipArts und Grafiken. MS Word verfügt über eine umfangreiche Sammlung, die man auch über das Internet erweitern kann. Der Weg zu diesen Clips führt über die Register Einfügen und Bildtools Format. Bestehen Clips aus einzelnen Elementen, sind diese gruppiert. Die Gruppierung kann man aufheben. Jetzt lassen sich die Elemente bearbeiten. Die ClipArt-Elemente können ebenso wie die anderen grafischen Objekte mit den bekannten Zeichen- und Absatzformatierungen verändert werden.

6.4 WordArt

Mit **WordArt** lassen sich wirkungsvolle Schrifteffekte erzielen. So können ausgefallene Layouts, besondere Überschriften oder spezielle Hinweise erstellt werden und der Text erscheint dekorativer. Diese WordArt-Objekte finden Sie auf der Registerkarte **Einfügen**

- **WordArt**

<u>WordArt einfügen</u>
Es erscheint eine Auswahl mit verschiedenen Schriftbeispielen. In diesem Katalog kann ein Muster ausgewählt werden. Damit wird der Stil des WordArt-Objekts bestimmt.
Mit Auswahl eines Musters wird ein Textfeld erstellt, in dem der gewünschte Text eingegeben werden kann.
Das WordArt-Objekt erscheint mit den Haltepunkten, mit denen es vergrößert bzw. verkleinert oder verschoben werden kann.

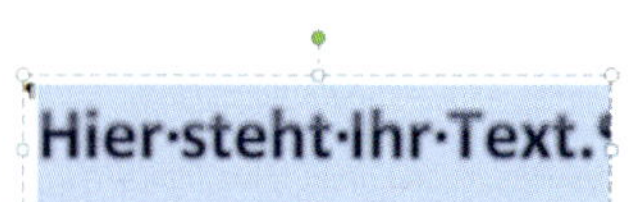

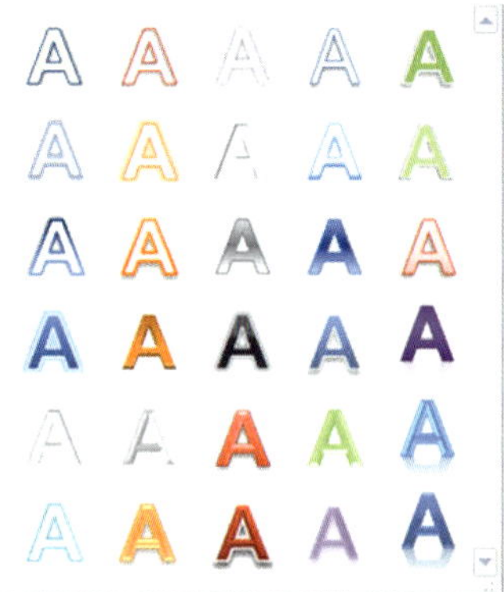

<u>WordArt formatieren</u>
Ein Schriftzug in WordArt ist keine Schrift, sondern ein grafisches Objekt, vergleichbar mit einem Textfeld oder einer Form. Er besteht aus den grafischen Elementen Fläche, Rahmen und Schatten.
Genauso wie die Textfelder und Formen können auch die WordArts bei Aktivierung formatiert werden. Wenn Sie die Grafik einfügen oder später in das Objekt klicken, blendet sich die Registerkarte **Format** ein:

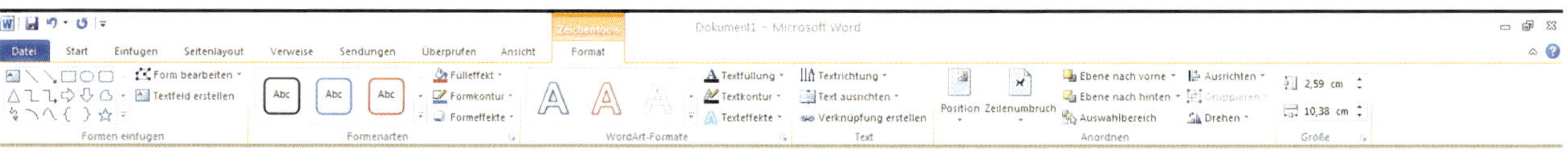

Hier sind mehrere **Zeichentools** zu finden, um das Objekt zu formatieren:
Diese entsprechen den Tools zur Formatierung der Textfelder und der Formen, die Sie aus den Lektionen 6.1 und 6.2 bereits kennengelernt haben.

<u>WordArt löschen</u>
Klicken Sie die Grafik an und betätigen die Entf-Taste.

<u>Zeilenumbruch</u>
Auch bei den WordArts kann der Zeilenumbruch berücksichtigt werden. Siehe unter Lektion 6.1 Zeilenumbruch bei Textfeldern. Die Umbruchart für die WordArts ist meistens „Passend" oder „Quadrat".

Arbeitsanweisungen:
1. Erfassen Sie den Infotext zu den WordArt-Objekten.
2. Fügen Sie anschließend unterschiedliche WordArt-Objekte ein und formatieren Sie diese.

Das WordArt-Objekt ist ein Werkzeug zum Modifizieren von Schriftzügen. Dabei soll natürlich die Lesbarkeit gewährleistet bleiben. Sie starten das Zusatzprogramm mit einem Klick. Zuerst wählen Sie aus einem Katalog ein WordArt-Format und geben danach Ihren Text ein. Der Schriftzug steht in einem Textfeld. Es folgt die weitere Bearbeitung. Wenn Sie das Objekt aktivieren, öffnet sich die Registerkarte Format mit Zeichentools auf dem Bildschirm. Auch für das WordArt-Objekt können die beliebten Zeichen- und Absatzformatierungen gewählt werden.

6.5 Wasserzeichen

Eine weitere Möglichkeit der Gestaltung stellt das **Wasserzeichen** dar. Wasserzeichen sind Texte oder Bilder (z. B. das Firmenlogo), die schwach hinter dem Haupttext liegen. Es soll so wirken, als wären sie Bestandteil des Papiers. Sie werden verwendet, um dem Dokument eine edle Note zu verleihen. Mit einem Wasserzeichen können Sie jedoch auch angeben, dass das Dokument besonders behandelt werden soll (z. B. Vertraulich, Wichtig, Eilt …). Ein ClipArt-Element als Wasserzeichen ist allerdings kein echtes Wasserzeichen. Es wird aber wie ein solches behandelt.

Wasserzeichen einfügen

Klicken Sie auf der Registerkarte **Seitenlayout** auf

* **Wasserzeichen**

Entscheiden Sie sich für einen Vorschlag aus dem Katalog.

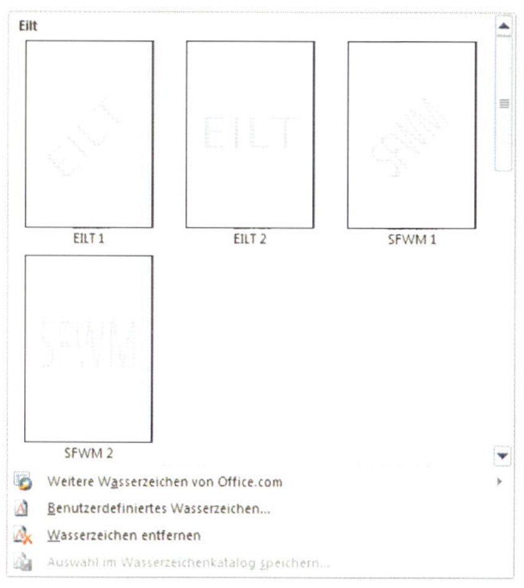

Text als Wasserzeichen
Gefällt Ihnen keines der angezeigten Wasserzeichen, klicken Sie auf „Benutzerdefiniertes Wasserzeichen".

Im Fenster „Gedrucktes Wasserzeichen" rufen Sie das Feld „Textwasserzeichen" auf. Geben Sie den Text ein und ändern Sie evtl. die Formatoptionen. Sobald Sie auf „Übernehmen" und danach auf „Schließen" klicken, erscheint das Wasserzeichen als Hintergrund in Ihrem Dokument.

Bild als Wasserzeichen
Sie haben auch die Möglichkeit, ein eigenes Digitalfoto als Wasserzeichen einzufügen. Zu diesem Zweck klicken Sie im Dialogfeld „Gedrucktes Wasserzeichen" auf „Bildwasserzeichen". Über „Bild auswählen" fügen Sie es ein. Sobald Sie auf „Übernehmen" und danach auf „Schließen" klicken, erscheint das Wasserzeichen als Hintergrund in Ihrem Dokument.

Löschen von Wasserzeichen
Um ein Wasserzeichen zu löschen, klicken Sie auf der Registerkarte **Seitenlayout** auf die Schaltfläche „Wasserzeichen" und dann auf „Wasserzeichen entfernen".

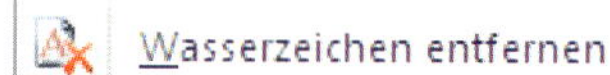

Arbeitsanweisungen:

1. Schreiben Sie eine Einladung für das Firmenjubiläum in der Schriftart Comic Sans, Schriftgröße 12 p.
2. Fügen Sie ein Wasserzeichen in die Einladung ein.
3. Gestalten Sie die Einladung mit den Ihnen bekannten Absatz- und Zeichenformatierungen.
4. Fügen Sie auch geeignete grafische Objekte ein.

Einladung

Unser Unternehmen wird 25

Am 11. März nächsten Jahres möchten wir dieses Ereignis mit Ihnen feiern.

Wir beginnen um 11:00 Uhr in den Geschäftsräumen unseres Hauses mit einem Festvortrag. Anschließend laden wir zu einem Sektempfang ein. Gegen 13:00 Uhr erwartet Sie ein Spezialitätenbuffet.

Bitte teilen Sie uns auf der beiliegenden Antwortkarte Ihre Teilnahme bis zum 10. November d. J. mit.

Es freuen sich auf Sie Ihre Geschäftsleitung und die Mitarbeiter der DIAL GmbH, Bürobedarf.

6.6 Diagramme

Auch ein **Diagramm** ist ein grafisches Objekt. Unter einem Diagramm versteht man eine zeichnerische Darstellung von bestimmten Werten bzw. Daten, die miteinander verglichen und berechnet werden sollen. Diese Daten werden zunächst tabellarisch erfasst. Wenn Sie ein Diagramm in Ihr Dokument einfügen, öffnet sich neben dem eingefügten Diagramm ein Excel-Tabellenblatt mit sämtlichen Menübändern.

Diagramm erstellen
Wählen Sie die Registerkarte **Einfügen**

- **Diagramm**

Es öffnet sich das Dialogfeld „Diagramm einfügen". Sie können zwischen insgesamt 11 Diagrammtypen mit jeweils spezifischen Formatvorlagen entscheiden.
Klicken Sie doppelt auf den gewünschten Diagrammstil. Überschreiben Sie in der Excel-Tabelle die Beispielzahlen mit Ihren eigenen Zahlen.

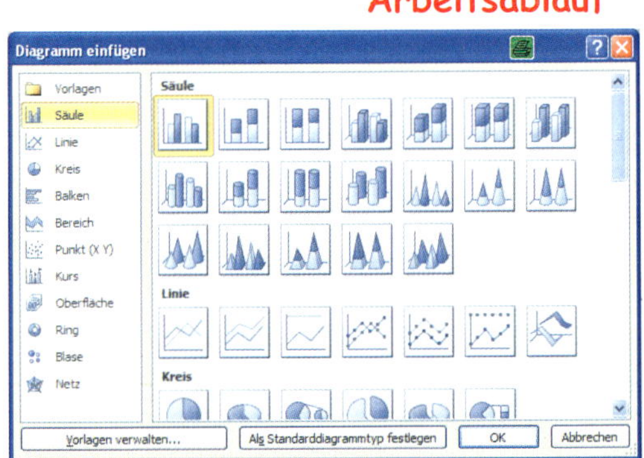

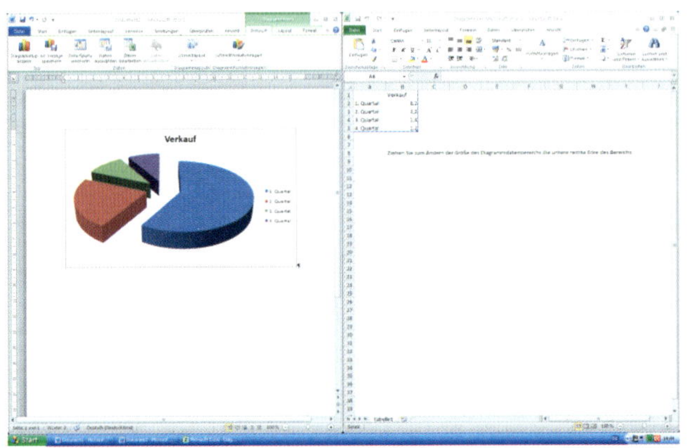

Tabelle formatieren

Um die Tabelle zu bearbeiten, stehen Ihnen sämtliche Zeichen- und Absatzformatierungen in der Registerkarte **Start** zur Verfügung. Nach der Bearbeitung schließen Sie die Tabelle.

Diagramm formatieren

Ziehen Sie zum Ändern der Größe des Diagrammdatenbereichs eine Ecke des Bereichs.
Für weitere Formatierungen blenden sich die **Diagrammtools** ein. Hier stehen die Registerkarten **Entwurf, Layout** und **Format** zur Verfügung:

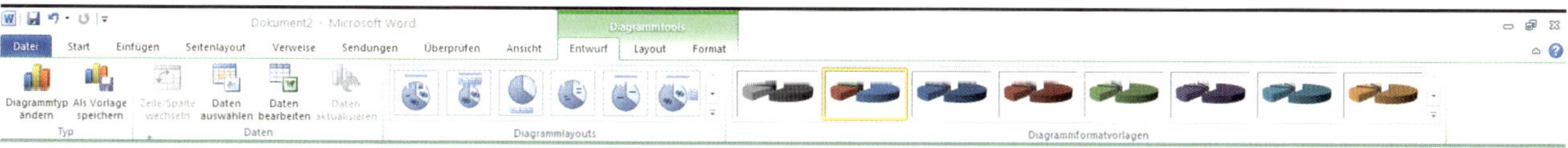

Unter der **Registerkarte Entwurf** können Sie den Diagrammtyp ändern und dieses Diagramm als Vorlage speichern. Ebenso ist es möglich, über „Zeile/Spalte wechseln" die Angaben entweder auf der x-Achse oder auf der y-Achse anzuordnen. Sie können weitere Daten in der Tabelle ergänzen, die Excel-Tabelle ändern und diese Daten aktualisieren.
Über die Funktion „Diagrammlayouts" können Sie Titel, Legende und Balken des Diagramms unterschiedlich anordnen lassen.
Unter den „Diagrammformatvorlagen" finden Sie unterschiedliche Gestaltungsfarben und Schattierungen für Ihr Diagramm.

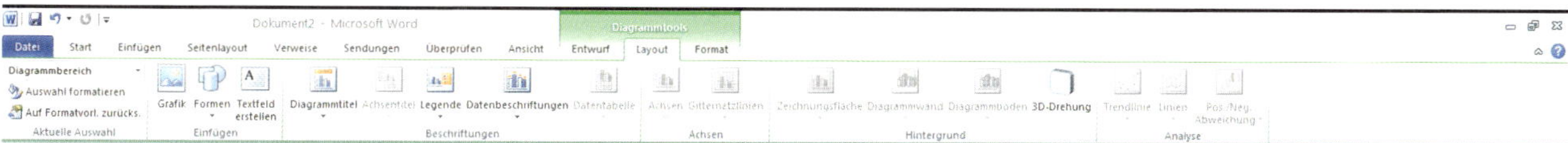

Unter der **Registerkarte Layout** lassen sich sämtliche Beschriftungen ihres Diagramms ändern, wie z. B. Legende, Titel, Achsen etc. Sie können den Hintergrund verändern ebenso wie Grafiken, Formen oder Textfelder einfügen.

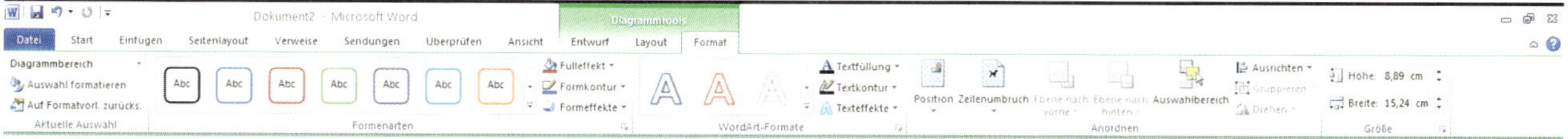

Unter der **Registerkarte Format** können der Datenreihe unterschiedliche Formenarten, Fülleffekte, Konturen oder Formeffekte zugewiesen werden. Den Text bzw. die Legende kann man mit verschiedenen Textfüllungen oder Texteffekten versehen. Ebenso können die Größe und die Anordnung ihres Diagramms verändert werden.

Arbeitsanweisungen:

1. Stellen Sie die Umsatzzahlen für die ersten vier Monate des Jahres 20xx der beiden Filialen Bottrop Süd und Bottrop Nord in drei verschiedenen Diagrammtypen dar.
2. Gestalten Sie die Diagramme mit den oben beschriebenen Formatierungen.

Filialumsatz 1. Quartal 20xx		
	Bottrop Süd	Bottrop Nord
Januar	12.556,00 €	18.567,00 €
Februar	9.782,00 €	19.235,00 €
März	10.638,00 €	14.811,00 €
April	11.731,00 €	13.893,00 €

6.7 Leporello

Ein **Leporello** ist nach Duden „ein harmonikaartig zusammenzufaltender Papierstreifen", welcher im Querformat als Informationsblatt dient. Es bietet sich an für Firmen, Praxen, Verwaltungen, Vereine, Kliniken, aber auch für den privaten Bereich, um z. B. Einladungen zu gestalten.

Folgende Arbeitsschritte sind notwendig:

Registerkarte **Seitenlayout** Gruppe **Seite einrichten**/Schaltfläche **Seitenränder** Benutzerdefinierte Seitenränder das Fenster „Seite einrichten" wird geöffnet Querformat aktivieren Seitenränder eingeben z. B. überall 1 cm bzw. 1,5 cm mit [OK] bestätigen	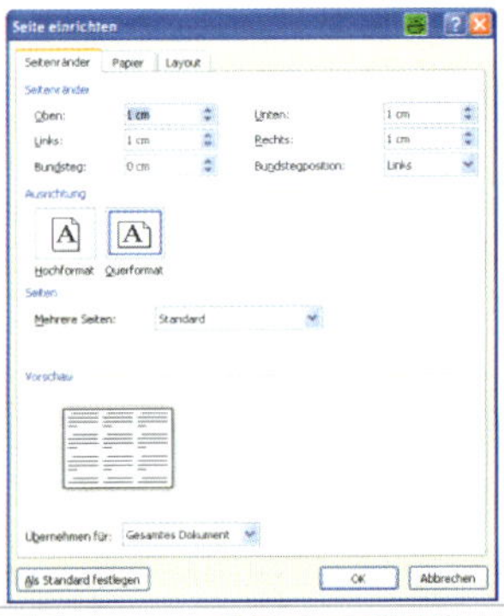
Gruppe **Seite einrichten**/Schaltfläche **Spalten** „Weitere Spalten" anklicken Voreinstellungen: drei Breite und Abstand können gewählt werden auf Wunsch eine Zwischenlinie einfügen mit [OK] bestätigen	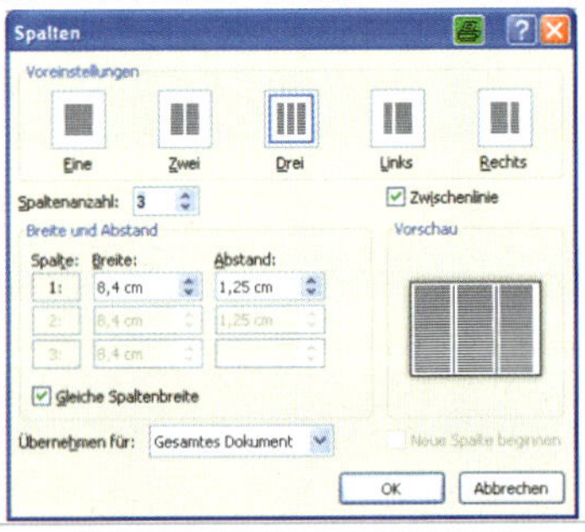
Registerkarte **Seitenlayout** Gruppe **Seite einrichten**/Schaltfläche **Umbrüche** dort klicken Sie auf „Spalte" bei einem einseitigen Faltblatt diesen Schritt zweimal durchführen bei einem doppelseitig bedrucken Leporello diesen Schritt fünfmal durchführen mit [OK] bestätigen Alternative: **Strg** + **Shift** + **Return** am Ende jeder Spalte	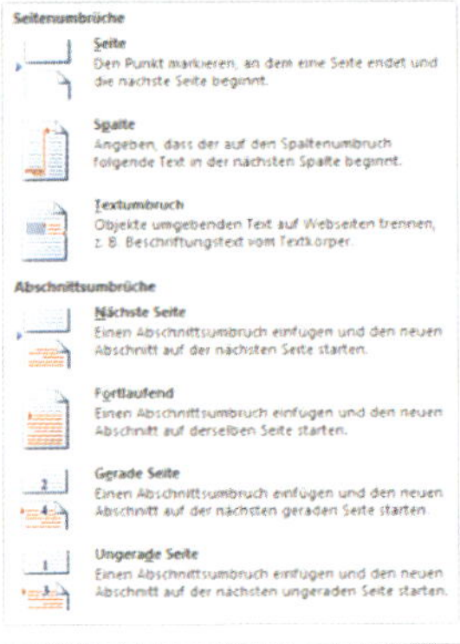
Nun können Sie Ihre einzelnen Spalten mit Inhalt füllen.	

Arbeitsanweisungen:

Die DIAL GmbH möchte in Zukunft ihre „Angebote der Woche" als Leporello gestalten, weil ein Faltblatt von den Kunden eher mitgenommen wird als ein A4-Blatt.

1. Gestalten Sie für die beiden Auszubildenden der DIAL GmbH das Leporello „Angebote der Woche".
2. Nehmen Sie auch die Ihnen bekannten Zeichen- und Absatzformatierungen sowie die Grafischen Objekte zu Hilfe.

Linke Spalte:

Logo der DIAL GmbH
Name DIAL GmbH als WordArt
Anschrift der DIAL GmbH sowie weitere wichtige Geschäftsangaben

Mittlere Spalte:

Bürodrehstuhl „Wellness"
Ergonomische Rückenlehne in Höhe, Tiefe und Neigung verstellbar
Ergonomischer Bandscheibensitz
Stufenlose Sitzhöhenverstellung mit Toplift
Strapazierfähiger Sitzbezug
Fußkreuz mit Rollen
Unser Preis: 74,99 €

Rechte Spalte:

Arbeitsplatz „Clipper"
E1-Qualitätsspanplatte
genügend Stauraum durch integrierte Schubladen
alufarbene Metallfüße
Ablagefach mit Hängeregister
strapazierfähige Melamin-Oberfläche
Farbe: anthrazit
leicht zu reinigende Oberfläche
Maße (B x H x T): 1140 x 940 x 675 mm
Sensationspreis: 109,00 €

12 Mühlmeyer ISBN 978-3-8120-0772-6

Handlungssituation:

Die DIAL GmbH möchte ihre Kunden über ein neues Design-Netbook informieren und beauftragt ihre Auszubildenden Gill Bates und Moni Tor ein entsprechendes Werbeblatt zu entwerfen.

Arbeitsanweisungen:

1. Gestalten Sie das Werbeblatt mit den Ihnen bekannten Zeichen- und Absatzformatierungen.
2. Nutzen Sie zur Formatierung die Grafischen Objekte.

Arbeiten mit dem Netbook „Flybook"

Display: 30,7 cm (12,1") (1.386 x 768, glänzend, LED)
CPU: Intel® Atom™ Dual Core Prozessor D525 2 x 1.8 GHz
RAM 2048 MB
HDD/LW: 250 GB/ohne
OS: Windows 7 Home Premium/Express Gate
Grafik: NVIDIA® ION™ 2512 MB DDR3
3 x USB 2.0
HDMI- und VGA-Ausgang
u. v. m.

Schauen Sie doch einfach vorbei:
DIAL GmbH
Bürobedarf
Franz-Beckenbauer-Allee 33 a
46236 Bottrop

Kapitel 7   Tabellen

MS Word bietet die Möglichkeit, Texte und Zahlenkolonnen problemlos nebeneinander anzuordnen. Dies geschieht durch die Tabellenfunktion. Jede Tabelle besteht aus Zeilen, Spalten und Zellen.

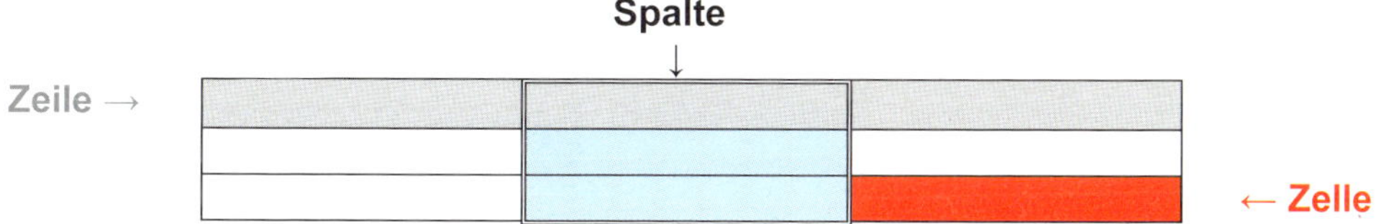

7.1   Tabelle erstellen

Setzen Sie den Cursor an die Stelle im Text, an der die Tabelle erscheinen soll. Klicken Sie auf der Registerkarte **Einfügen**

Arbeitsablauf

- **Tabelle**

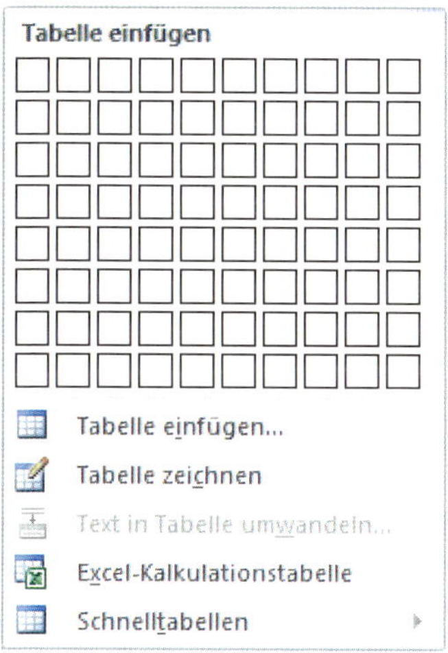

Es erscheint ein Gitternetz, in dem Sie durch Ziehen mit der linken Maustaste die Anzahl Ihrer gewünschten Spalten und Zeilen bestimmen.

Nach einem Klick mit der Maus auf die letzte markierte Zelle, fügt MS Word die Tabelle sofort in Ihr Dokument mit den entsprechenden Spalten und Zeilen ein.

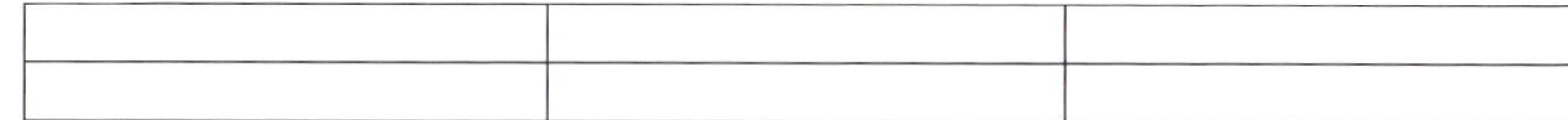

Alle Zeilen erhalten die gleiche Breite. Später lassen sie sich individuell anpassen. Tabellen werden durch waagerechte und senkrechte Linien übersichtlich gegliedert.

Alternativ lässt sich eine Tabelle auch über

Arbeitsablauf

- **Tabelle einfügen**

erstellen. Sie können folgende Optionen wählen:

Geben Sie unter <u>Tabellengröße</u> die gewünschte Anzahl von Spalten und Zeilen für Ihre Tabelle ein.
<u>Feste Spaltenbreite:</u>
Wählen Sie unter Einstellung für optimale Breite die entsprechende Option zur Anpassung der Tabellengröße aus.
Wenn Sie hier die Option „Auto" einstellen, können Sie die Spaltenbreite später verändern.
<u>Optimale Breite: Inhalt</u>
Hier passt sich die Spaltenbreite an den breitesten Eintrag der Spalte an.
<u>Optimale Breite: Fenster</u>
Die ausgewählte Spaltenzahl wird gleichmäßig auf den Platz zwischen den Schreibrändern aufgeteilt.
Wenn Sie das Kontrollkästchen „<u>Abmessungen für neue Tabellen speichern</u>" aktivieren, werden in Zukunft alle weiteren Tabellen mit diesen Voreinstellungen eingefügt.

7.2 Tabelle mit Formatvorlagen erstellen

Sie können Ihre Tabellen ganz nach Ihrem eigenen Geschmack gestalten. Wenn Sie jedoch schnell zu einem Ergebnis kommen wollen, verwenden Sie die Registerkarte **Einfügen**

Arbeitsablauf

- **Tabelle/Schnelltabellen**

Es öffnet sich das nebenstehende Dialogfenster. Hier können Sie vorgefertigte Muster für Tabellen auswählen.

Klicken Sie auf die gewünschte Tabellenart. Diese können Sie beliebig ausfüllen und formatieren.

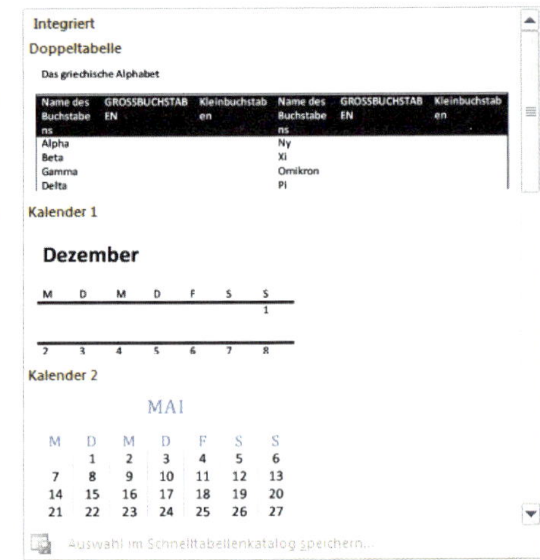

7.3 Tabelle zeichnen

Es ist auch möglich, in MS Word eine Tabelle mit der Maus zu zeichnen.

Klicken Sie auf der Registerkarte **Einfügen**

Arbeitsablauf

- **Tabelle/Tabelle zeichnen**

an. Der Cursor nimmt die Form eines Stiftes an.

Ziehen Sie mit gedrückter linker Maustaste Ihre gewünschte Tabelle.

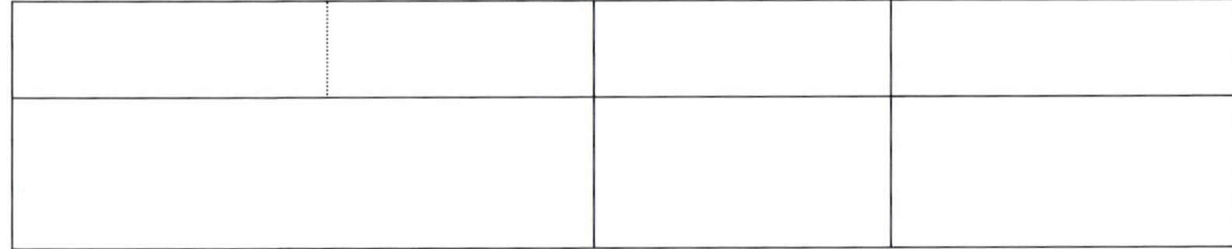

Auch Spalten und Zellen können Sie je nach Gebrauch zeichnen.

Mit einem Doppelklick innerhalb oder außerhalb der Tabelle beenden Sie den Zeichenmodus.

Mit diesem Symbol 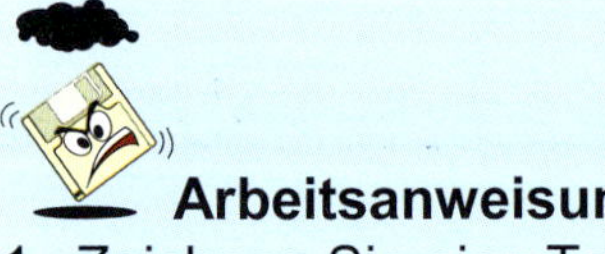 können Sie z. B. nicht benötigte Linien ausradieren. Sie finden diese Schaltfläche, wenn Sie in einer Tabelle stehen und auf die **Tabellentools** Registerkarte **Entwurf** gehen. Klicken Sie auf das Symbol und dann mit dem Radierer auf die zu löschende Linie und sie wird entfernt.

Übung

Arbeitsanweisungen:
1. Zeichnen Sie eine Tabelle.
2. Erfassen Sie den Text und formatieren ihn.

<table>
<tr><td colspan="6" align="right"><h1>Telefonnotiz</h1></td></tr>
<tr><td colspan="2">entgegengenommen von:</td><td colspan="2">Name:</td><td colspan="2">Abteilung:</td></tr>
<tr><td colspan="2">Datum:</td><td colspan="2">Uhrzeit:</td><td colspan="2"></td></tr>
<tr><td colspan="2">Anruf von:</td><td colspan="2">Name:</td><td colspan="2">Firma:</td></tr>
<tr><td>ruft wieder an:</td><td>Ja</td><td>Nein</td><td>Rückruf erbeten:</td><td>Ja</td><td>Nein</td></tr>
<tr><td colspan="6"></td></tr>
<tr><td colspan="6" align="center"><h2>Platz für Notizen</h2></td></tr>
<tr><td colspan="6"></td></tr>
<tr><td colspan="6"></td></tr>
</table>

7.4 Arbeiten in einer Tabelle

Texteingabe

In der Tabelle wird der Text als Fließtext eingegeben. MS Word passt die Breite und Höhe der einzelnen Spalten automatisch an.

Text in Tabellen positionieren

Der Text einer Tabelle kann alle bekannten Zeichen- und Absatzformatierungen erhalten. Mit Linksbündig, Rechtsbündig, Zentriert und Blocksatz lässt sich besonders gut die Ausrichtung variieren.

Markieren der Tabelle

Beim Markieren der Tabelle ist es immer wichtig, auf die Stellung und auf das Aussehen des Mauszeigers zu achten.

Markieren	Mausaktion
Zelle	Bewegen Sie den Mauszeiger **in** der betreffenden Zelle an die linke vertikale Begrenzungslinie. Der Mauszeiger verwandelt sich in einen dicken nach rechts gerichteten Pfeil. Klicken Sie einmal.
Zeile	Bewegen Sie den Mauszeiger **außerhalb** der Tabelle links neben die betreffende Zeile. Der Mauszeiger verwandelt sich in einen dicken nach rechts gerichteten Pfeil. Klicken Sie dort.
Spalte	Bewegen Sie den Mauszeiger an die **obere** Rahmenlinie der Spalte. Der Mauszeiger verwandelt sich in einen dicken nach unten gerichteten Pfeil. Führen Sie einen Mausklick durch.
Ganze Tabelle	Bewegen Sie den Mauszeiger **außerhalb** der Tabelle links neben die erste Zeile und ziehen mit gedrückter Maustaste den Mauszeiger am linken Rand der Tabelle entlang bis zum Tabellenende.
Mehrere Zellen	Klicken Sie mit der Maus **in** die erste Zelle und erweitern Sie die Markierung durch Ziehen in weitere Zellen.

Bewegen in der Tabelle

Sie können den Cursor innerhalb einer Zelle oder von Zelle zu Zelle

→ mit der Maus → mit der Tabulatortaste oder → mit den Pfeiltasten

bewegen. Wenn der Cursor die letzte Zelle der Zeile erreicht hat, springen Sie mit der Tabulatortaste automatisch in die nächste Zeile.
Benötigen Sie weitere Zeilen am Ende Ihrer Tabelle, so betätigen Sie die Tabulatortaste, wenn Sie in der letzten Zelle der letzten Zeile stehen, oder setzen Sie den Cursor außerhalb der Tabelle rechts neben die letzte Zeile und klicken Sie auf Return.

Steuerung innerhalb einer Tabelle mit der Tastatur

Mit der Tastatur können Sie ebenso bestimmte Zellen schnell ansteuern.

Zelle nach rechts	Tab-Taste	Letzte Zelle der Zeile	Alt + Ende
Zelle nach links	Shift- und Tab-Taste	Erste Zelle der Zeile	Alt + Pos1
Zelle nach unten	↓	Letzte Zelle der Spalte	Alt + Bild ↓
Zelle nach oben	↑	Erste Zelle der Spalte	Alt + Bild ↑

7.5 Tabelle formatieren

Sobald Sie Ihre Tabelle erstellt haben, können Sie diese formatieren. Blinkt der Cursor innerhalb einer Tabelle, stehen Ihnen **Tabellentools** für die Bearbeitung zur Verfügung. Öffnen Sie dazu

Arbeitsablauf

- **Tabellentools**/Registerkarte **Entwurf**

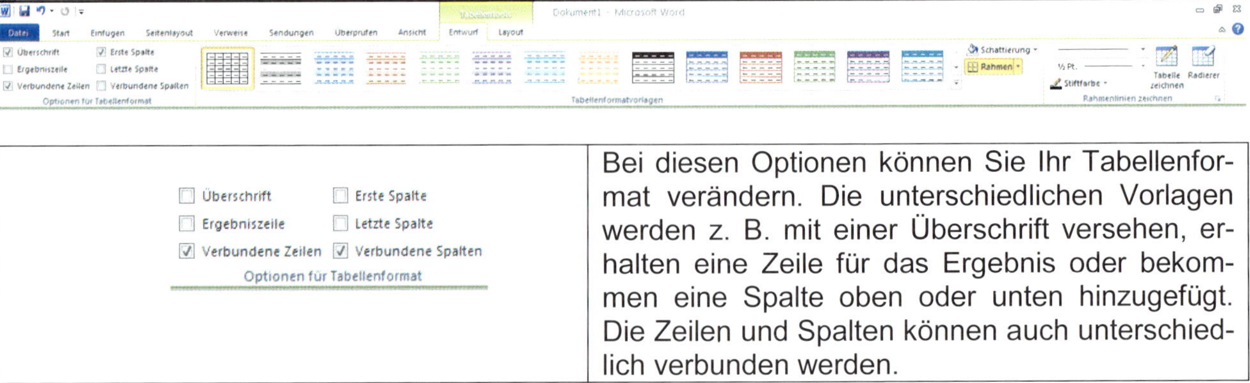

	Bei diesen Optionen können Sie Ihr Tabellenformat verändern. Die unterschiedlichen Vorlagen werden z. B. mit einer Überschrift versehen, erhalten eine Zeile für das Ergebnis oder bekommen eine Spalte oben oder unten hinzugefügt. Die Zeilen und Spalten können auch unterschiedlich verbunden werden.

Bei den Tabellenformatvorlagen kann zwischen unterschiedlichen Vorlagen ausgewählt werden. Sie bestimmen die Gestaltung der gesamten Tabelle. Es können unterschiedliche Farben für die Schattierungen oder aber verschiedene Rahmenlinien ausgewählt werden.

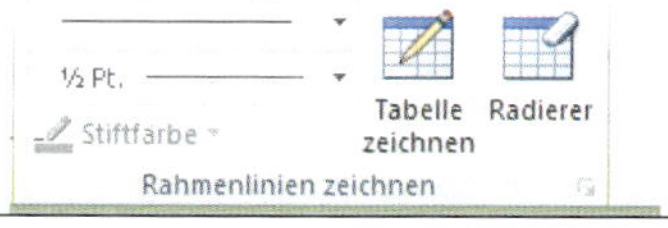	Für die Rahmenlinien lassen sich unterschiedliche Linienarten, Linienbreiten und Schriftfarben wählen.

oder

- **Tabellentools**/Registerkarte **Layout**

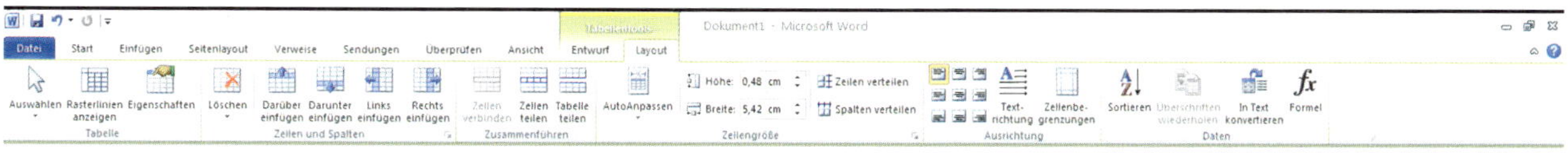

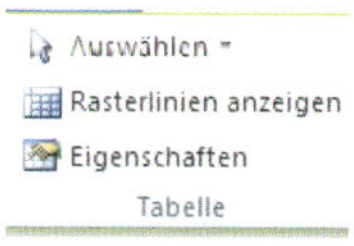 Auswählen · / Rasterlinien anzeigen / Eigenschaften — Tabelle	Unter der Gruppe „Tabelle" lassen sich bestimmte Zellen, Spalten oder Zeilen auswählen und Sie können sich die Rasterlinie anzeigen lassen. Unter „Eigenschaften" können die einzelnen Zeilen, Spalten, Zellen oder die gesamte Tabelle ausgewählt werden und in Breite, Größe, Ausrichtung oder im Textumbruch verändert werden.
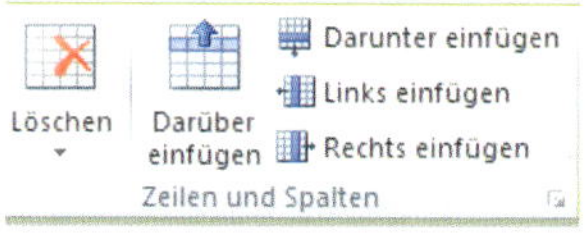 Löschen / Darüber einfügen / Darunter einfügen / Links einfügen / Rechts einfügen — Zeilen und Spalten	Diese Funktionen ermöglichen schnelles Löschen von Zellen, Spalten, Zeilen bzw. der gesamten Tabelle. Genauso lassen sich schnell Spalten oder Zeilen an der passenden Stelle einfügen.
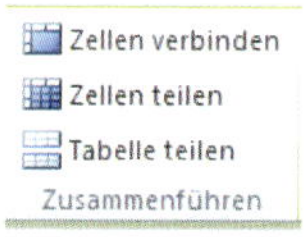 Zellen verbinden / Zellen teilen / Tabelle teilen — Zusammenführen	Unter der Gruppe „Zusammenführen" lassen sich aus zwei Zellen eine machen, also verbinden oder man kann aus einer Zelle zwei machen, also teilen. Desweiteren besteht auch die Möglichkeit, die gesamte Tabelle zu teilen.
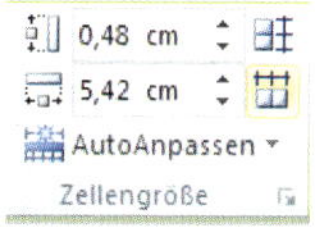 0,48 cm / 5,42 cm / AutoAnpassen · — Zellengröße	Die Zellengröße lässt sich hier exakt in Höhe und Breite definieren oder auch automatisch an den Text anpassen. Ebenso kann die Höhe oder die Breite von ausgewählten Spalten gleichmäßig verteilt werden.
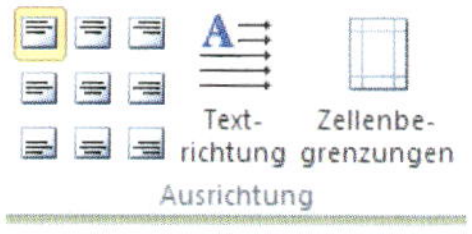 Textrichtung / Zellenbegrenzungen — Ausrichtung	In der Gruppe „Ausrichtung" kann man unterschiedliche Textausrichtungen wählen. Zudem kann die Textrichtung der Schrift in der Tabelle verändert werden. Ebenso lässt sich der Abstand zwischen den Zellen anpassen.
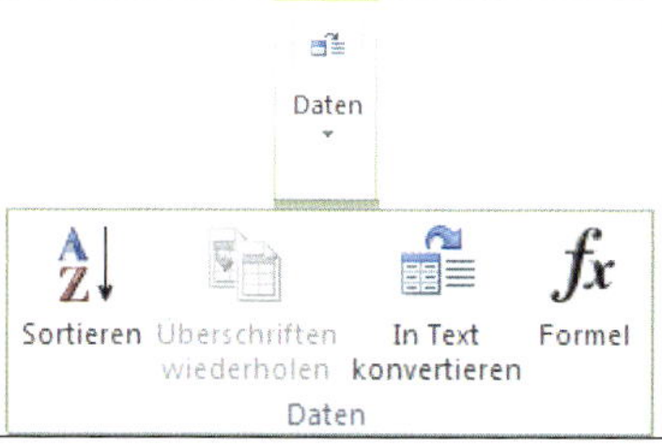 Daten · / Sortieren / Überschriften wiederholen / In Text konvertieren / Formel — Daten	Unter „Daten" können die Spalten numerisch oder alphabetisch sortiert werden. Bei mehrseitigen Tabellen können die Überschriften der einzelnen Spalten auf jeder Seite erneut angegeben werden. Für Berechnungen lassen sich auch einzelne Formeln hinzufügen.

Arbeitsanweisungen:

1. Wählen Sie aus den Tabellenformatvorlagen ein Muster Ihrer Wahl.
2. Geben Sie Ihren Text ein und löschen Sie überflüssige Zeilen.
3. Wählen Sie dann eine beliebige Textausrichtung.

Spenden Kindergarten Südwest

Name	1. Quartal	2. Quartal	3. Quartal	4. Quartal	insgesamt
Roth	150 €	100 €	100 €	120 €	470 €
Wagner	200 €	150 €	100 €	150 €	600 €
Klein	125 €	125 €	100 €	100 €	450 €

Arbeitsanweisungen:

1. Fügen Sie eine Tabelle aus **4 Spalten** und **4 Zeilen** ein.
2. Erfassen Sie den Text.
3. Arbeiten Sie dafür auch mit Tabulatoren.
   Spalte Jahr: 2,5 cm rechts   Spalte Monat: 1 cm links   Spalte Tag: 2 cm zentriert

Geburtstagsliste

Name	Jahr	Monat	Tag
Weiner, Christel	1939	Dezember	17
Klug, Jamie	1944	Mai	8
Risse, Alina	1958	März	21

7.6 Erarbeitung einer Tabelle

Erstellen Sie die Tabelle mithilfe der folgenden Erklärungen und Übungen.

Arbeitsanweisungen:

1. Erfassen Sie folgende Tabelle aus 4 Spalten und 6 Zeilen.
2. Füllen Sie die Tabelle mit Text.
3. Richten Sie die erste Spalte linksbündig und die übrigen rechtsbündig aus.

Artikel	Anzahl	Bestand	€
Monitor	5	8	399,00
Tastatur	10	3	24,50
Funkmaus	25	12	19,99
Drucker	2	12	128,50
Scanner	5	5	89,90

7.6.1 Ändern der Spaltenbreite

Spaltenbreite und Zeilenhöhe können nachträglich verändert werden.

mit der Maus	Zeigen Sie mit dem Mauszeiger auf die vertikale Linie, deren Breite Sie ändern möchten. Er erscheint in Form eines Doppelpfeils. Ziehen Sie die Linie bei gedrückter Maustaste an die neue Position.
im Zeilenlineal	Ziehen Sie mit der Maus im Lineal die Spaltenbreite auf eine andere Position.
auf der Registerkarte	Soll die Spaltenbreite präzise Maße erhalten, markieren Sie diese Spalte, deren Breite Sie verändern möchten. Rufen Sie in den **Tabellentools** Registerkarte **Layout/Gruppe Tabelle/Eigenschaften** auf. Auf der Registerkarte „Spalte" können die Einstellungen vorgenommen werden. Sie werden mit OK bestätigt. **Bevorzugte Breite** Hier können Sie das Maß und die Maßeinheit für die gewünschte Spaltenbreite genau einstellen. **Vorherige Spalte/Nächste Spalte** Sie können bei geöffnetem Dialogfenster zwischen den einzelnen Spalten wechseln und Einstellungen vornehmen.

Übung 2

Arbeitsanweisung:

Ändern Sie die Spaltenbreiten der Tabelle aus Übung 1 auf 3 cm.

Artikel	Anzahl	Bestand	€
Monitor	5	8	399,00
Tastatur	10	3	24,50
Funkmaus	25	12	19,99
Drucker	2	12	128,50
Scanner	5	5	89,90

13 Mühlmeyer ISBN 978-3-8120-0772-6

7.6.2 Ändern der Zeilenhöhe

Ähnlich wie bei der Änderung der Spaltenbreite kann auch die Zeilenhöhe verändert werden.

mit der Maus	im Zeilenlineal	auf der Registerkarte
Setzen Sie die Maus auf die waagerechte Linie, die Sie verändern möchten bis ein Doppelpfeil erscheint. Durch Ziehen mit gedrückter Maustaste kann die gewünschte Zeilenhöhe eingestellt werden.	In der Layoutansicht können Sie die Zeilenhöhe mithilfe des vertikalen Zeilenlineals ändern. Markieren Sie die Zeilen, deren Höhe Sie verändern wollen. Ziehen Sie die Zeilenmarke an die neue Position. Markieren Sie die Zeilen, deren Höhe Sie verändern wollen. Ziehen Sie die Zeilenmarke an die neue Position.	Markieren Sie die ausgewählte Zeile, deren Höhe Sie verändern möchten. Rufen Sie in den Tabellentools die Registerkarte **Layout/Gruppe Tabelle/Eigenschaften** auf. Auf der Registerkarte „Zeile" können die Einstellungen vorgenommen werden. Sie werden mit OK bestätigt. Bei **Größe** können Sie die **Höhe** und die Zeilenhöhe genau definieren. Die Einstellung **Mindestens** legt das Mindestmaß fest, das der Inhalt der Zeile erfordert. Dieses Maß soll nicht unterschritten werden. Die Einstellung **Genau** legt einen festen Wert der Zeilenhöhe exakt fest. Falls Sie innerhalb der aktuellen Tabelle keinen Zeilenwechsel zulassen möchten, müssen Sie das Kontrollkästchen **Zeilenwechsel auf Seiten zulassen** deaktivieren. Das Kontrollfeld **Gleiche Kopfzeile auf jeder Seite wiederholen** kann beim Seitenwechsel aktiviert werden.

Übung 3

Arbeitsanweisung:

Ändern Sie die Zeilenhöhen der Tabelle aus Übung 2 auf Genau 0,6 cm.

Artikel	Anzahl	Bestand	€
Monitor	5	8	399,00
Tastatur	10	3	24,50
Funkmaus	25	12	19,99
Drucker	2	12	128,50
Scanner	5	5	89,90

7.6.3 Verschieben oder Kopieren von Spalten und Zeilen

Markierte Spalten oder Zeilen können Sie am schnellsten durch Ziehen mit der Maus also Drag & Drop verschieben. Wenn Sie beim Ziehen zusätzlich die Strg-Taste gedrückt halten, werden die markierten Textstellen beim Verschieben zusätzlich **kopiert**.

Übung 4

Arbeitsanweisungen:

1. Verwenden Sie die Tabelle aus Übung 3, und verschieben Sie die Spalte **Bestand** vor die Spalte **Anzahl**.
2. Verschieben Sie danach die Zeile **Scanner** vor **Drucker**.

Artikel	Bestand	Anzahl	€
Monitor	8	5	399,00
Tastatur	3	10	24,50
Funkmaus	12	25	19,99
Scanner	5	5	89,90
Drucker	12	2	128,50

7.6.4 Nachträglich Spalten und Zeilen einfügen und löschen

Nicht immer lässt sich der Umfang einer Tabelle von Anfang an absehen. Mitunter müssen Sie bestehende Zeilen oder Spalten löschen bzw. neue Zeilen oder Spalten hinzufügen.

Spalten und Zeilen nachträglich einfügen

Markieren Sie die Spalte bzw. die Zeile, vor oder nach der eine neue Spalte oder Zeile eingefügt werden soll. Klicken Sie auf die Tabellentools Registerkarte **Layout**

Arbeitsablauf

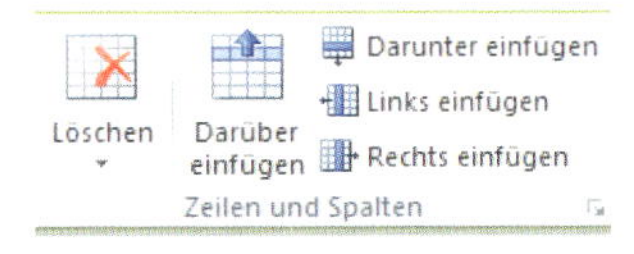

- **Gruppe Zeilen und Spalten/**
  Links einfügen oder **Rechts einfügen**

oder

- **Gruppe Zeilen und Spalten/**
  Darüber einfügen oder **Darunter einfügen**

Alternativ können Sie auch eine neue Zeile einfügen, indem Sie den Cursor hinter die Tabellenzeile setzen und Return drücken.

Spalten und Zeilen nachträglich löschen

Arbeitsablauf

Markieren Sie die Zelle, Spalte, Zeile oder die gesamte Tabelle, die Sie löschen möchten. Klicken Sie auf

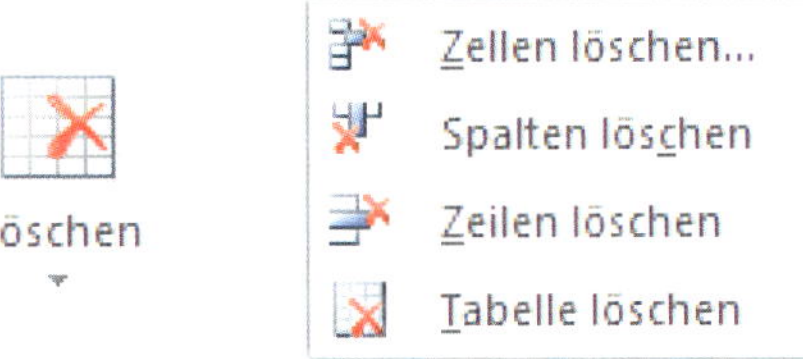

- **Tabellentools**/Registerkarte **Layout/Löschen**

Arbeitsanweisungen:
1. Fügen Sie in der Tabelle aus Übung 4 **links** eine neue Spalte ein.
2. Fügen Sie danach eine neue Zeile **oberhalb** der Tabelle ein.

	Artikel	Bestand	Anzahl		€
	Monitor	8	5		399,00
	Tastatur	3	10		24,50
	Funkmaus	12	25		19,99
	Scanner	5	5		89,90
	Drucker	12	2		128,50

7.6.5 Zellen verbinden oder teilen

Zellen verbinden

Markieren Sie die Zellen, die Sie verbinden möchten, indem Sie mit der Maus über die gewünschten Zellen ziehen. Klicken Sie in den **Tabellentools** auf der Registerkarte **Layout**

* **Gruppe Zusammenführen/Zellen verbinden**   Zellen verbinden

Zellen teilen

Sie können die aktuelle Zelle in mehrere gleichmäßige Zellen aufteilen.

Klicken Sie in den **Tabellentools** auf der Registerkarte **Layout**

* **Gruppe Zusammenführen/Zellen teilen**   Zellen teilen

Geben Sie die Anzahl der Spalten und Zeilen an.

Arbeitsanweisungen:
1. Verbinden Sie in der Tabelle aus Übung 5 die erste Spalte sowie die erste Zeile.
2. Erfassen Sie die Überschrift **Nachlieferung** in Arial 14 p, **fett** und **zentriert**.

	Nachlieferung			
	Artikel	Bestand	Anzahl	€
	Monitor	8	5	399,00
	Tastatur	3	10	24,50
	Funkmaus	12	25	19,99
	Scanner	5	5	89,90
	Drucker	12	2	128,50

7.6.6 Textrichtung ändern

Die Tabellenspalten können eine andere **Textrichtung** als optischen Blickfang erhalten. Markieren Sie die ausgewählte Spalte. Wählen Sie auf den **Tabellentools** Registerkarte **Layout**

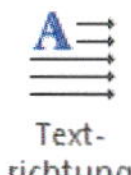

Arbeitsablauf

- **Gruppe Ausrichtung/Textrichtung**

Klicken Sie mehrmals auf die Schaltfläche, um die gewünschte Textrichtung zu erhalten.

Übung 7

Arbeitsanweisungen:
1. Geben Sie in der Tabelle der Übung 6 in die erste Spalte **Filiale Herne** ein.
2. Formatieren Sie die erste Spalte in Fettschrift, 14 p und ändern Sie die Textrichtung.
3. Unter der **Ausrichtung** wählen Sie die Schaltfläche **Mitte ausrichten**.

Filiale Herne	Nachlieferung			
	Artikel	Bestand	Anzahl	€
	Monitor	8	5	399,00
	Tastatur	3	10	24,50
	Funkmaus	12	25	19,99
	Scanner	5	5	89,90
	Drucker	12	2	128,50

7.6.7 Schattierung und Rahmen

Sie haben die Möglichkeit, Rahmenlinien und Hintergrundschattierungen in die Tabelle einzufügen.

Schattierung
Klicken Sie in die **Tabellentools** auf die Registerkarte **Entwurf** auf

Arbeitsablauf

- **Schattierung** 

Es öffnet sich die Palette mit allen Hintergrundschattierungen. Treffen Sie eine Entscheidung.

Rahmen
Klicken Sie in die **Tabellentools** auf die Registerkarte **Entwurf** auf

- **Rahmen** Rahmen ▾

um einzelne Rahmenlinien ein- oder auszublenden.

Möchten Sie andere Linienarten oder -stärken verwenden, so klicken Sie auf die Auswahlpfeile, die Sie rechts abgebildet sehen.

½ Pt.

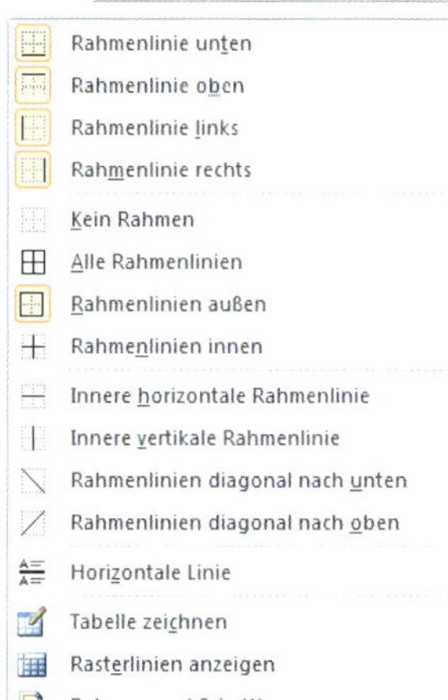

Arbeitsanweisungen:

1. Wählen Sie für die Tabelle aus der Übung 7 unterschiedliche Rahmenlinien.
2. Wählen Sie für die Überschrift eine Schattierungsfarbe.

<table>
<tr><td rowspan="7">Filiale Herne</td><td colspan="4" align="center">Nachlieferung</td></tr>
<tr><td>Artikel</td><td align="center">Bestand</td><td align="center">Anzahl</td><td align="right">€</td></tr>
<tr><td>Monitor</td><td align="center">8</td><td align="center">5</td><td align="right">399,00</td></tr>
<tr><td>Tastatur</td><td align="center">3</td><td align="center">10</td><td align="right">24,50</td></tr>
<tr><td>Funkmaus</td><td align="center">12</td><td align="center">25</td><td align="right">19,99</td></tr>
<tr><td>Scanner</td><td align="center">5</td><td align="center">5</td><td align="right">89,90</td></tr>
<tr><td>Drucker</td><td align="center">12</td><td align="center">2</td><td align="right">128,50</td></tr>
</table>

7.6.8 Zellenbegrenzungen

Unter Zellenbegrenzung versteht man den Abstand zwischen Text und Rahmenlinie. Die Begrenzung lässt sich unter **Tabellentools** Registerkarte **Layout**

- **Gruppe Tabelle/Eigenschaften/**Registerkarte **Zelle/Optionen**

anpassen.

Im Fenster „Zellenoptionen" muss unter Zellenbegrenzungen das Kontrollkästchen **„Wie gesamte Tabelle"** <u>deaktiviert</u> werden, wenn Sie die Einstellungen verändern wollen.

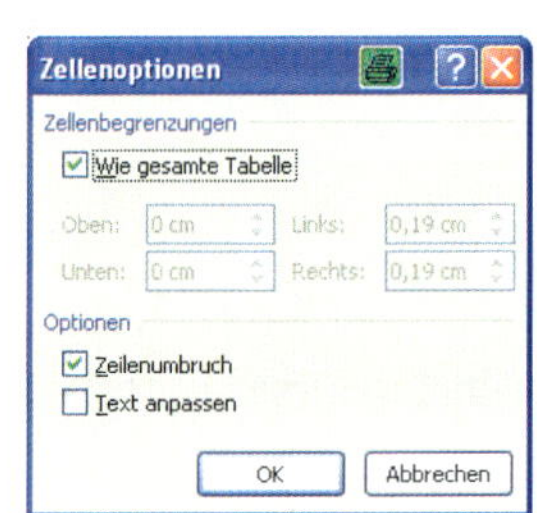

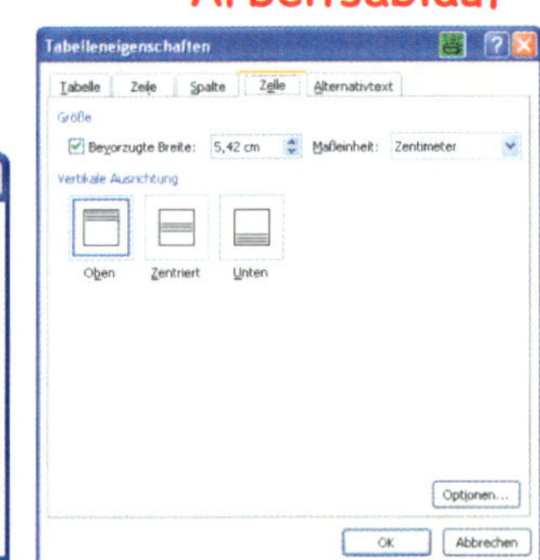

Arbeitsanweisung:

Passen Sie für die Tabelle der Übung 8 die Abstände zwischen Schrift und Rahmenlinien an, indem Sie die Zellenbegrenzungen **Oben** und **Unten** auf 0,05 cm und **Rechts** und **Links** auf 0,25 cm einstellen. Die Überschrift und den vertikalen Text lassen Sie unformatiert.

<table>
<tr><td rowspan="7">Filiale Herne</td><td colspan="4" align="center">Nachlieferung</td></tr>
<tr><td>Artikel</td><td align="center">Bestand</td><td align="center">Anzahl</td><td align="right">€</td></tr>
<tr><td>Monitor</td><td align="center">8</td><td align="center">5</td><td align="right">399,00</td></tr>
<tr><td>Tastatur</td><td align="center">3</td><td align="center">10</td><td align="right">24,50</td></tr>
<tr><td>Funkmaus</td><td align="center">12</td><td align="center">25</td><td align="right">19,99</td></tr>
<tr><td>Scanner</td><td align="center">5</td><td align="center">5</td><td align="right">89,90</td></tr>
<tr><td>Drucker</td><td align="center">12</td><td align="center">2</td><td align="right">128,50</td></tr>
</table>

7.6.9 Tabelle zentrieren

Um eine gesamte Tabelle zwischen den Seitenrändern zu zentrieren, markieren Sie die Tabelle (einschließlich der Zeilenendemarken!) und wählen Sie in der Registerkarte **Start** die Ausrichtung „Zentriert".

Übung 10

Arbeitsanweisung:
Zentrieren Sie die Tabelle aus der Übung 9.

Nachlieferung			
Artikel	Bestand	Anzahl	€
Monitor	8	5	399,00
Tastatur	3	10	24,50
Funkmaus	12	25	19,99
Scanner	5	5	89,90
Drucker	12	2	128,50

(Filiale Herne)

7.6.10 Tabelleninhalt sortieren

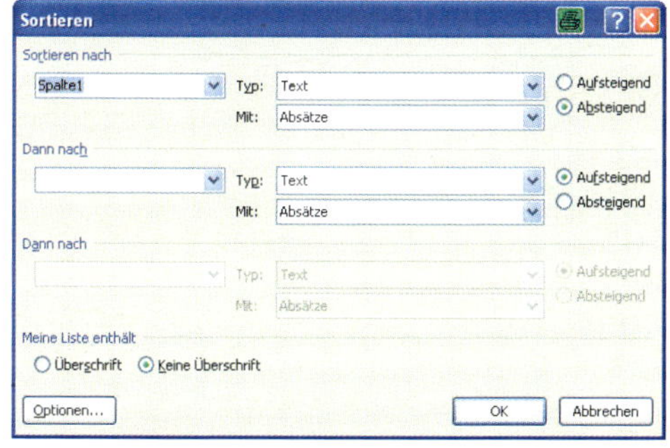

Tabellen können nach verschiedenen Kriterien sortiert werden: **alphabetisch**, **numerisch** oder **chronologisch**, d. h. nach Text, Zahl oder Datum.

Sie haben ferner die Wahl, in aufsteigender oder absteigender Reihenfolge zu sortieren.

Markieren Sie die Spalte, die maßgeblich für das Sortieren sein soll. Klicken Sie in den **Tabellentools** auf die Registerkarte **Layout**

Arbeitsablauf

- **Daten/Sortieren**

Im Bereich „Sortieren nach" wird der Sortierschlüssel bereits angezeigt. Legen Sie unter Typ fest, ob es sich um Text, Zahl oder Datum handelt. Geben Sie an, ob „Aufsteigend" oder „Absteigend" sortiert werden soll. Außerdem geben Sie an, ob die Spalte eine Überschrift enthält, damit diese von der Sortierung ausgenommen wird.

Vorsicht!
Die Spaltenüberschriften dürfen nicht markiert werden!

Arbeitsanweisungen:
1. Erfassen Sie die folgende Tabelle.
2. Sortieren Sie die Spalte **Ort** alphabetisch in aufsteigender Reihenfolge.
3. Üben Sie das Sortieren in absteigender Reihenfolge bei der **PLZ**.
4. Zuletzt sortieren Sie die **Namen** alphabetisch in **aufsteigender** Reihenfolge.

Namensliste			
Name	**Vorname**	**PLZ**	**Ort**
Wagner	Fabian	69123	Heidelberg
Rother	Jens	72511	Bingen
Neumann	Pascal	38239	Salzgitter
Kreisel	Robin	28219	Bremen
Fiedler	Martin	54636	Hamm
Altmann	Finn	69123	Heidelberg
Lange	Arno	80331	München

7.6.11 Rechnen in Word

Sie können in den **Tabellentools** der Registerkarte **Layout** unter

- **Daten/Formel**

auch kleine Berechnungen durchführen.

Stellen Sie den Cursor an die Stelle im Dokument, an die Sie das Ergebnis einfügen möchten. Klicken Sie auf das Icon „Formel" und MS Word schlägt Ihnen eine Formel vor. Das Zahlenformat müssen Sie wählen. Sie können ganze Zahlen, Eurobeträge, Prozentzahlen oder auch die Stellen hinter dem Komma auswählen. Schlägt MS Word kein passendes Zahlenformat vor, können Sie das Feld „Zahlenformat" leer lassen.

Klicken Sie auf OK.

Arbeitsanweisungen:
1. Erstellen Sie folgende Tabelle.
2. Führen Sie die Berechnung für die Menge und den Gesamtpreis durch.

Artikel	Einzelpreis €	Menge	Gesamtpreis €
Schreibmaschinenpapier	5,50	10	55,00
Schnellhefter, blau	0,75	100	75,00
Ordner A4	4,75	20	19,00
Gesamtsumme			

Arbeitsanweisungen:

1. Erstellen Sie folgende Tabelle.
2. Tragen Sie alle Hauptstädte ein.
3. Sortieren Sie alphabetisch aufsteigend nach den **Bundesländern**.
4. Üben Sie dann das Sortieren nach der **Fläche**.
5. Berechnen Sie die Einwohnerzahl und die Gesamtfläche der Bundesrepublik Deutschland.

Nr.	Bundesland	Einwohner (Millionen)	Fläche (in 1000 km²)	Hauptstadt
1.	Nordrhein-Westfalen	18,0	34,1	
2.	Bayern	12,2	70,6	
3.	Baden-Württemberg	10,5	35,8	
4.	Niedersachsen	7,9	47,6	
5.	Hessen	6,1	21,1	
6.	Rheinland-Pfalz	4,0	19,8	
7.	Sachsen-Anhalt	2,6	20,4	
8.	Schleswig-Holstein	2,8	15,7	
9.	Berlin	3,3	0,9	
10.	Brandenburg	2,6	29,5	
11.	Thüringen	2,4	16,2	
12.	Mecklenburg-Vorpommern	1,8	23,2	
13.	Sachsen	4,5	18,4	
14.	Saarland	1,1	2,6	
15.	Hamburg	1,7	0,8	
16.	Bremen	0,7	0,4	
		=	=	

7.6.12 Text in Tabelle umwandeln

Sie können auch bereits vorhandenen Text nachträglich in eine Tabelle umwandeln. Nicht nur, dass Tabellen leichter zu formatieren sind, Sie können auch die Tabellentools zum Organisieren der Informationen nutzen.

Dazu verfahren Sie wie folgt:
Die einzelnen Bestandteile der Liste müssen innerhalb einer Zeile durch Tabulator, Semikolon oder ein anderes Sonderzeichen getrennt sein.
Die Zeilen sollten durch Absatzmarken (Return) abgeschlossen sein.
Markieren Sie die gesamte Liste, die umgewandelt werden soll.

Klicken Sie auf der Registerkarte **Einfügen** auf

- **Tabelle/Text in Tabelle umwandeln**   Text in Tabelle umwandeln...

Geben Sie die Spaltenanzahl an, und wählen Sie in dem geöffneten Dialogfenster das zum Anordnen der Spalten verwendete Trennzeichen aus. Nach Bestätigen mit OK wird die Liste in eine Tabelle umgewandelt.

14 Mühlmeyer ISBN 978-3-8120-0772-6

Arbeitsanweisungen:

1. Erfassen Sie die folgende Aufstellung mit Tabstopps.
2. Übernehmen Sie die Position und die Ausrichtung der Tabstopps der Liste.
3. Wandeln Sie die Liste in eine Tabelle um.
4. Ändern Sie das angezeigte Gitternetz durch eine Rahmenlinie Ihrer Wahl.
5. Nehmen Sie weitere Formatierungen vor.

Tabstopps:	3,5 cm links	7 cm links	13 cm rechts
Arena	**Ort**	**Eröffnung**	**Kapazität**
Westfalenhalle I	Dortmund	1925	14 000
Halle Münsterland	Münster	1926	6 500
Grugahalle	Essen	1957	10 002
KöPiArena	Oberhausen	1996	13 000
Kölnarena	Köln	1998	18 500
Veltins-Arena	Gelsenkirchen	2001	78 437
KönigPalast	Krefeld	2004	8 100
LTU-Arena	Düsseldorf	2005	51 500
Dome in Rath	Düsseldorf	2006	13 400

Handlungssituation:

Die Auszubildende Moni Tor konnte wegen Krankheit den Unterricht in Textverarbeitung am Berufskolleg nicht besuchen. Gill Bates zeigt seiner Mitschülerin den Ablauf einer Tabelle in wenigen Schritten. Üben Sie mit.

Arbeitsanweisung:

Führen Sie die einzelnen Arbeitsschritte aus.

1. Tabelle mit 5 Spalten und 4 Zeilen einfügen
2. Daten eingeben:

Filiale	Mai	Juni	Juli	August
Herne	30.500	34.250	35.150	32.600
Bottrop	38.400	37.200	36.480	34.800
Essen	18.725	20.100	16.240	17.400

3. Andere Rahmenlinie wählen
4. Am Anfang eine Spalte hinzufügen und Nummerierung eingeben: Nr. 1 – 2 – 3
5. Am Ende eine Zeile hinzufügen
   Text eintragen: 4 – Wesel – 12.275 – 13.800 – 14.500 – 13.150
6. Spalten verkleinern
7. Zentrieren der Tabelle
8. Überschriften in Schriftschnitt: Fett und schattieren
9. Zeilenhöhe auf 0,7 cm vergrößern
10. Überschrift 2-zeilig und € zentriert in die zweite Zeile hinzufügen
11. Filialen alphabetisch aufsteigend sortieren
12. Am Ende eine Zeile hinzufügen
13. Endergebnis ermitteln
14. Summenabschlussstrich in 2 ¼ p Breite/Doppelstrich
15. Am Anfang eine weitere Zeile hinzufügen, Zellen verbinden und die Überschrift „Umsatzzahlen" zentriert, fett und mit größerer Schrift eintragen

Kapitel 8 Vorlagen

8.1 Dokumentvorlage

Um in der Textverarbeitung die ständig wiederkehrenden Arbeiten zu erleichtern, wird eine **Dokumentvorlage** erstellt. Sie ist die Vorlage für ein Dokument, in der Einstellungen, feststehende Texte usw. gespeichert werden.

Ein Dokument kann also als fertiger Vordruck geöffnet werden, damit die Einstellungen, das Logo und eventuelle Texte nicht immer erneut eingegeben werden müssen.

Geschäftsbriefe lassen sich mit Dokumentvorlagen rationell erstellen. Aber auch Berichte, Protokolle, Briefe, Faxe oder Lebensläufe können durch eine Dokumentvorlage mit geringem Arbeitsaufwand auf die eigenen Bedürfnisse angepasst werden.

MS Word verfügt über eine breite Palette von vorgefertigten Dokumentvorlagen. Wenn keine dieser Vorlagen Ihren Ansprüchen gerecht wird, erstellen Sie Ihre eigene Dokumentvorlage.

Erstellen und speichern einer Dokumentvorlage

Öffnen Sie zuerst ein neues Dokument und klicken auf die Registerkarte

Arbeitsablauf

* **Datei/Neu/Leeres Dokument/Erstellen**

Gestalten Sie Ihre Dokumentvorlage nach eigenen Wünschen. Legen Sie das Format, die Schriftart und die Schriftgröße fest, stellen Sie Seitenränder ein und fügen Sie evtl. ein Logo für den Briefkopf hinzu.

Die erstellte Datei bzw. das Dokument speichern Sie mit einem aussagekräftigen Dateinamen z. B. Protokoll ab. Das Suffix .dotx statt .docx wird automatisch zugefügt.

Sie speichern in **Vertrauenswürdige Vorlagen**. Dabei öffnet sich automatisch der Ordner **„Templates"**. Als Dateityp wählen Sie die **Word-Vorlage**. Ihre gespeicherte Datei erkennen Sie an einem gelben Balken.

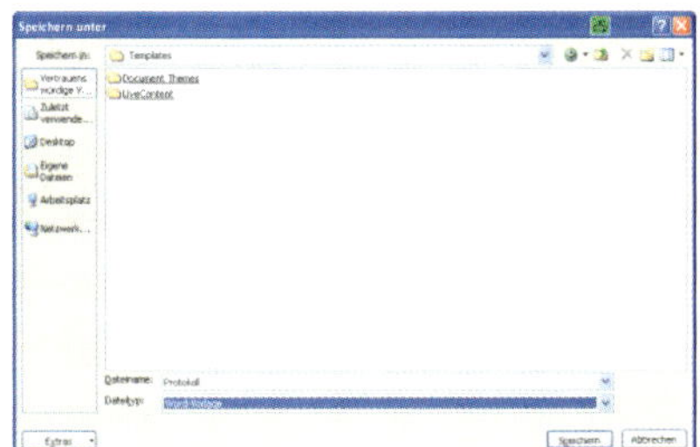

Protokoll

Öffnen einer Dokumentvorlage

Öffnen Sie ein Word-Dokument und wählen Sie unter der Registerkarte

Arbeitsablauf

* **Datei/Neu/Meine Vorlagen**

Öffnen Sie die Vorlage, die Sie ausfüllen möchten und bestätigen Sie mit OK.

Unter dem Punkt **„Neu erstellen"** kann ausgewählt

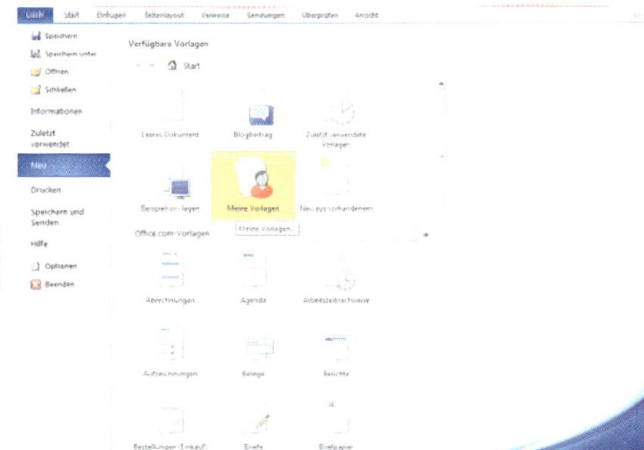

werden, ob eine bereits bestehende Dokumentvorlage neu bearbeitet werden soll, d. h. abgeändert werden soll. Dann muss der Punkt **Vorlage** angeklickt werden.

Wird der Punkt **Dokument** gewählt, kann die Vorlage bearbeitet, d. h. ausgefüllt werden. Das ausgefüllte neue Dokument kann später als Word-Dokument abgespeichert werden. Somit bleibt die Dokumentvorlage unverändert erhalten.

Eine andere Möglichkeit, um die Dokumentvorlage zu öffnen, finden Sie unter der Registerkarte

Arbeitsablauf

- **Datei/Öffnen/Vertrauenswürdige Vorlagen**

Als Dateityp wählen Sie die Word-Vorlagen. Klicken Sie die gewünschte Datei an und bestätigen Sie mit Öffnen.

Die von MS Word vorgefertigten Dokumentvorlagen finden Sie unter der Registerkarte

Arbeitsablauf

- **Datei/Neu/Beispielvorlagen**

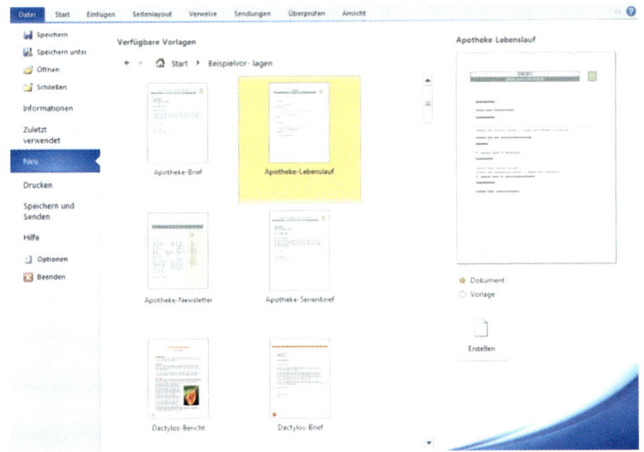

Hier findet man bereits fertige Briefe und Faxe, Memos, Berichte, Publikationen und andere spezielle Dokumentvorlagen, die ausgewählt werden können. Bestätigen Sie Ihre Auswahl mit „Erstellen". Nun können Sie die gewählte Vorlage ausfüllen. Die bearbeitete Vorlage speichern Sie unter einem Dateinamen als Word-Dokument ab. So bleibt Ihnen die Vorlage erhalten.

Die installierte Vorlagen-Sammlung kann jederzeit erweitert werden.

8.2 Protokolle

Das **Protokoll** ist eine gegliederte Übersicht, die bei Sitzungen, Besprechungen, Meetings, Konferenzen, Diskussionen etc. geschrieben wird. Es soll über das Ergebnis bzw. den Verlauf informieren und kann rechtlich als Beweismittel dienen.

Es gibt für Protokolle keine speziellen Schreib- oder Gestaltungsregeln nach DIN 5008, sondern es gelten die allgemeinen Schreibregeln der Textgestaltung. Trotz der unverbindlichen Norm haben Protokolle ein einheitliches Gestaltungsbild.

Protokollarten

Verlaufsprotokoll	Das **kurze Verlaufsprotokoll** enthält nur die wesentlichen Beiträge sowie das Ergebnis. Das **ausführlichere Verlaufsprotokoll** enthält hingegen alle Beiträge sowie das Ergebnis. Wichtige Punkte dieses Protokolls werden in wörtlicher Rede geschrieben. Das Verlaufsprotokoll wird in chronologischer Reihenfolge verfasst. Es wird in indirekter Rede und im Präsens geschrieben.
Ergebnisprotokoll	Bei dieser Protokollart wird nur das Ergebnis und nicht der Verlauf der Beiträge wiedergegeben. Es dient der schnellen Information. Das Protokoll wird in indirekter Rede und im Präsens geschrieben.
Wörtliches Protokoll	Das wörtliche Protokoll besitzt die höchste Beweiskraft, weil es fast wortwörtlich mitgeschrieben wird. Dieses Protokoll wird z. B. bei Gericht oder bei Parlamentssitzungen geschrieben. Es wird ausschließlich die direkte Rede verwandt.

Das Protokoll kann man in drei Abschnitte gliedern:

A. Protokollkopf
Folgende Inhalte muss der Protokollkopf enthalten:
- ✓ Name des Veranstalters
- ✓ Art des Protokolls
- ✓ Thema der Veranstaltung
- ✓ Ort der Veranstaltung
- ✓ Datum der Veranstaltung
- ✓ Dauer der Veranstaltung
- ✓ Vorsitz der Veranstaltung
- ✓ Protokollführer
- ✓ Teilnehmer der Veranstaltung
- ✓ Tagesordnung

B. Protokollkern
Der Protokollkern enthält einen sachlichen und neutralen Bericht über die einzelnen Tagesordnungspunkte. Er wird im Präsens, d. h. in der Gegenwartsform geschrieben. Die Tagesordnungspunkte sollten mit einer Überschrift versehen werden, da das Wort „TOP 1" nicht aussagekräftig ist.

C. Protokollschluss
Das Protokoll endet mit den Unterschriften des Protokollführers und des Sitzungsleiters sowie Ort und Datum der Erstellung. Die Namen sind maschinenschriftlich zu wiederholen. Soll das Protokoll an weitere Personen verteilt werden, sind die Personen im Verteilvermerk aufzuführen. Enthält das Protokoll Anlagen, sollte ein Anlagenvermerk folgen und die Anlagen einzeln aufgelistet werden.

Übung

Arbeitsanweisungen:
Die Auszubildende der DIAL GmbH Moni Tor soll bei einer Besprechung zur Planung des Firmenjubiläums ein Ergebnisprotokoll schreiben. Moni hat keine Ahnung, ob sie das Protokoll richtig geschrieben hat. Deshalb bittet sie ihren Mitazubi Gill Bates um Hilfe.

1. Erstellen Sie die Reinschrift für das Ergebnisprotokoll.
2. Achten Sie dabei auf sachliche, formale und inhaltliche Fehler.

Ergebnisprotokoll

Thema:	Planung des Firmenjubiläums
Datum:	20xx-09-05
Vorsitzender:	Torsten Tollkühn
Teilnehmer:	Bernhard Diener, Clara Fall, Frank N. Stein, Nick Olaus, Hella Wahnsinn

Ablauf:
Die Jubiläumsfeier findet am 11. März 20xx statt. Bis 10:45 Uhr läuft der normale Geschäftsbetrieb, um 11:00 Uhr versammeln sich alle Mitarbeiter im großen Versammlungsraum. Dort wird zunächst ein Festvortrag gehalten. Anschließend lädt das Festkomitee zu einem Sektempfang ein. Gegen 13:00 Uhr erwartet die Mitarbeiter ein Spezialitätenbuffet.

Zur Vorbereitung der Feierlichkeit übernimmt Frau Clara Fall die Gestaltung und Verteilung der Einladungskarten sowie die Rückmeldung der Mitarbeiter einschließlich der Anwesenheitsliste.
Herr Bernhard Diener organisiert den Sektempfang.
Frau Hella Wahnsinn kümmert sich um die Dekoration und die Gestaltung des großen Versammlungsraums.
Herr Frank N. Stein übernimmt die Organisation des Buffets.
Herr Nick Olaus plant das sonstige Rahmenprogramm und kümmert sich um die Festredner.

Die nächste Sitzung des Festkomitees findet am 22. November statt. Dann kann über die bisherigen Ergebnisse berichtet werden und ggf. können weitere Aufgaben verteilt werden.

Moni Tor

8.3 Haltepunkte

Haltepunkte (oder auch Anspringmarken, Haltestopps, Stoppcodes genannt) sind Lesezeichen, die im Text gesetzt werden, um bei der Bearbeitung des Dokuments die entsprechenden Textstellen schneller zu finden und Einfügungen vornehmen zu können.

Um bestimmte Positionen im Dokument anspringen zu können, müssen die Haltepunkte zunächst an die betreffende Stelle gesetzt werden. Dieses geschieht mit dem Shortcut: Strg + F9. Auf dem Bildschirm erscheint { }. Danach verlässt man die Klammern mit der Ende-Taste, um weiterzuschreiben.

Sollen die Haltepunkte sichtbar bzw. unsichtbar gemacht werden, muss die folgende Tastenkombination gedrückt werden: Alt + F9. Sie sind nicht gelöscht, sondern nur unsichtbar!

Liegt ein Dokument mit Haltepunkten vor, kann man die einzelnen Punkte anspringen, indem man den Cursor an den Dokumentanfang setzt und F11 drückt. Der Cursor springt immer den nächsten Haltepunkt an. Falls man zum vorherigen Haltepunkt zurück möchte, kann man Shift + F11 drücken.

Mit dem Hinspringen zu den Haltepunkten werden Sie automatisch markiert. Nun können Sie den Haltepunkt einfach durch Inhalt ersetzen.

In die gesetzten Klammern können als Hilfe Orientierungswörter geschrieben werden. Ein Problem gibt es beim Ausdrucken. Wenn man die Klammern nicht mit einem Schrägstrich versieht, erscheint auf dem Ausdruck „Fehler! Textmarke nicht definiert". Dieses Problem kann gelöst werden, indem man entweder vor oder hinter dem Orientierungswort zwischen die geschweiften Klammern einen Schrägstrich setzt. Dieses kann entweder mit Shift + 7 oder mit Alt Gr + ß erfolgen.

{ Thema\ }   { Ort/ }

Übung

Arbeitsanweisung:
Erstellen Sie für die DIAL GmbH einen Protokollkopf mit Haltepunkten, den Sie als Dokumentvorlage abspeichern!

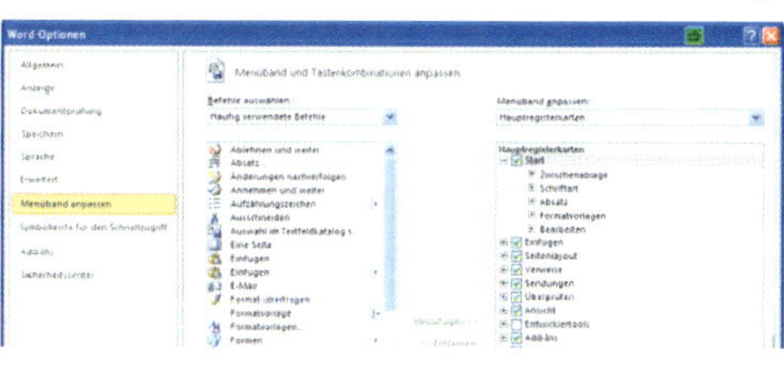

DIAL GmbH
Bürobedarf

Ergebnisprotokoll

Thema: { }

Ort: { }

Datum: { }

Uhrzeit: { }

Vorsitzende/r: { }

Protokollführer/in: { }

Teilnehmer: { }

Tagesordnung: { }

Besprechungspunkte:

TOP 1: { }
{ }

8.4 Formularfelder

Formulare lassen sich mit Tabellen und Rahmen sowie den bekannten Zeichen- und Absatzformatierungen gestalten. Dabei werden beschreibbare und nicht beschreibbare Bereiche geschaffen. Mithilfe sogenannter **Formularfelder** kann Platz für Eintragungen geschaffen werden. So kann der Anwender, der das Formular ausfüllen will, die feststehenden Textpassagen des Formulars nicht ändern. Sinnvoll ist es, die Formulare als Dokumentvorlage abzuspeichern.

Um Formularfelder in ein Dokument einzufügen muss WORD dafür eingerichtet werden. Es muss die Registerkarte „Entwicklertools" im Menüband angezeigt werden. Dazu gehen Sie auf die Registerkarte

Arbeitsablauf

* **Datei/Optionen/Menüband anpassen/Entwicklertools**

Machen Sie in das Kontrollkästchen einen Haken und bestätigen Sie mit [OK]. In Ihrem Menüband befindet sich nun eine Registerkarte „Entwicklertools". Wichtig für die Formularerstellung ist darin die Gruppe „Steuerelemente".

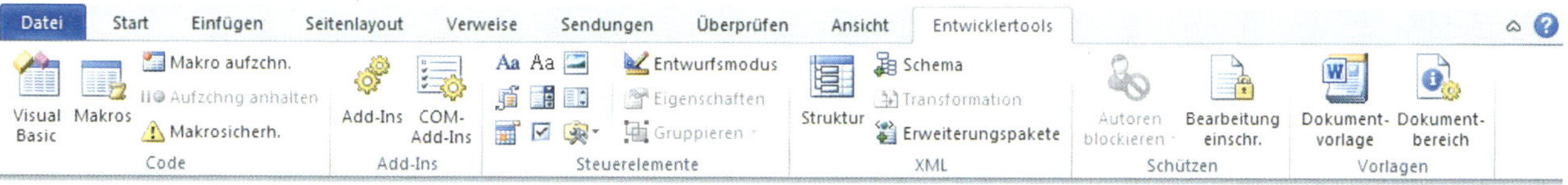

Formularfelder erstellen

Rufen Sie nun die Registerkarte **Entwicklertools** auf.
Klicken Sie auf die Gruppe **Steuerelemente**.
Wählen Sie das Symbol „Vorversionstools".

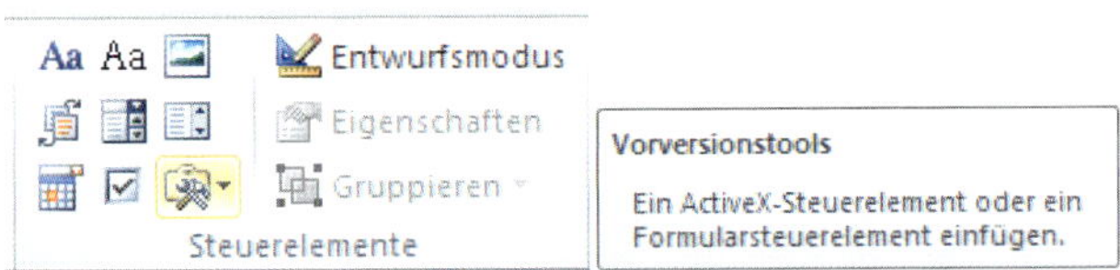

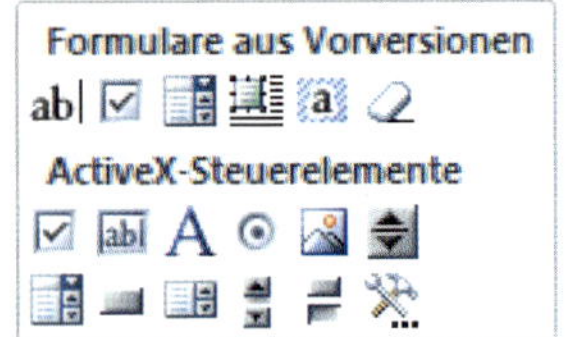

Es öffnet sich ein Fenster, das u. a. drei verschiedene Formularfelder anzeigt.

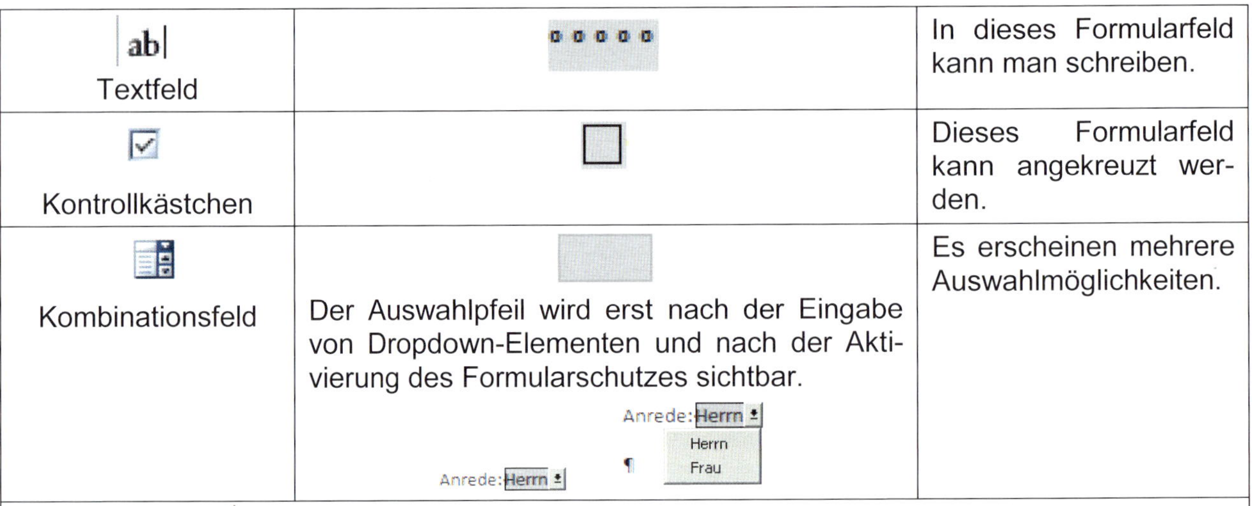

ab Textfeld		In dieses Formularfeld kann man schreiben.
☑ Kontrollkästchen		Dieses Formularfeld kann angekreuzt werden.
Kombinationsfeld	Der Auswahlpfeil wird erst nach der Eingabe von Dropdown-Elementen und nach der Aktivierung des Formularschutzes sichtbar.	Es erscheinen mehrere Auswahlmöglichkeiten.

Formularfelder sind bei Eingabe grau schattiert. Soll diese Schattierung herausgenommen werden, kann das Symbol in den Legacytools angeklickt werden.

Um ein Formularfeld einzufügen, muss der Cursor an der Stelle im Text oder in der Tabelle stehen, an der das Formularfeld eingefügt werden soll. Klicken Sie das gewünschte Formularfeld an und es wird automatisch eingefügt.

8.4.1 Textformularfeld

Klickt man in der Gruppe **Steuerelemente/Vorversionstools** auf das Symbol **ab** für das Textformularfeld, wird dieses eingefügt. Hier kann beliebiger Text, der aus Zeichen oder Zahlen besteht, eingegeben werden. Alle Kästchen, die Sie in ein Formular einfügen, sind grau hinterlegt und an den fünf kleinen Kreisen gut zu erkennen. Mit einem Doppelklick in das Formularfeld öffnen Sie das Dialogfenster **Optionen für Textformularfelder**.

Folgende Einstellungen sind hier möglich:

<u>Typ</u>: In dieser Auswahlliste kann festgelegt werden, ob das Formularfeld einen normalen Text, eine Zahl, ein Datum usw. enthalten soll.

<u>Standardtext</u>: In dieses Listenfeld kann ein bestimmter Text (z. B. Datum) geschrieben werden. Der Text wird automatisch als Vorgabe im Formularfeld angezeigt und kann überschrieben werden. Der Anwender hat so einen Anhaltspunkt, welche Eingaben erwartet werden.

<u>Maximale Länge</u>: Hier kann man bestimmen, wie viele Zeichen maximal in das Textfeld geschrieben werden dürfen. Beim Ausfüllen kann nur die zulässige Zeichenzahl eingegeben werden. Standardmäßig ist „Unbegrenzt" vorgegeben.

<u>Textformat:</u> Hier bestimmt man das Format für den Inhalt des Textfeldes: Großbuchstaben, Klein-buchstaben, Satzanfang groß, Erster Buchstabe groß. Die Option der Einstellung wechselt und hängt von dem Textfeldtyp ab.

<u>Textmarke:</u> Jedes Formularfeld erhält standardmäßig einen Textmarkennamen mit einer Nummer. Eine Änderung ist möglich.

Bestätigen Sie mit [OK].

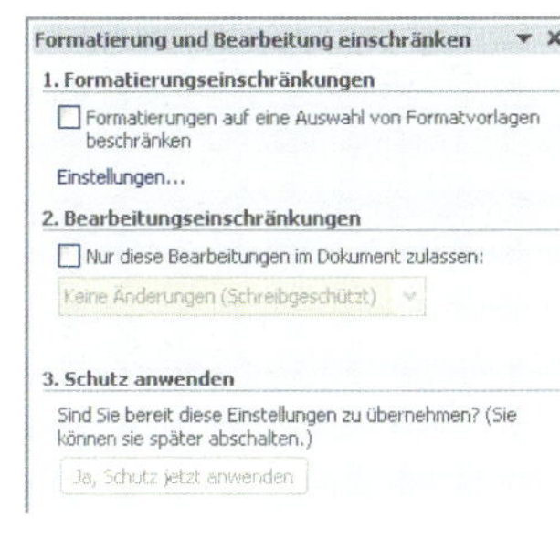

Um die eingefügten Formularfelder zur Eingabe nutzen zu können, muss das Formular gesperrt werden. Solange das Formular gesperrt ist, sind keine Änderungen an Text oder Layout möglich. Deshalb sollte dieser Schritt erst ganz zum Schluss durchgeführt werden. Wenn das Formular später nochmals bearbeitet werden soll, kann die Sperrung im Dokument einfach wieder aufgehoben werden.

Stellen Sie sicher, dass Sie sich nicht bei den Entwick-lertools im Entwurfsmodus befinden. Klicken Sie auf der Registerkarte Entwicklertools in der Gruppe Schützen auf **„Bearbeitung einschränken"**. Es wird der Aufgabenbereich „Formatierung und Bear-beitung einschränken" angezeigt. Aktivieren Sic unter „2. Bearbeitungs-beschränkungen" das Kontrollkästchen **„Nur diese Bearbeitungen im Dokument zulassen"** und wählen Sie in der dazugehörigen Liste der Bearbeitungsbeschränkungen die Option **„Ausfüllen von Formularen"** aus. Klicken Sie dann auf die Schaltfläche **„Ja, Schutz jetzt anwen-den"**. Geben Sie ein Kennwort ein. Dieses brauchen Sie, wenn Sie spä-ter das Formular wieder entsperren möchten. Nun kann das Formular ausgefüllt, aber nicht geändert werden.

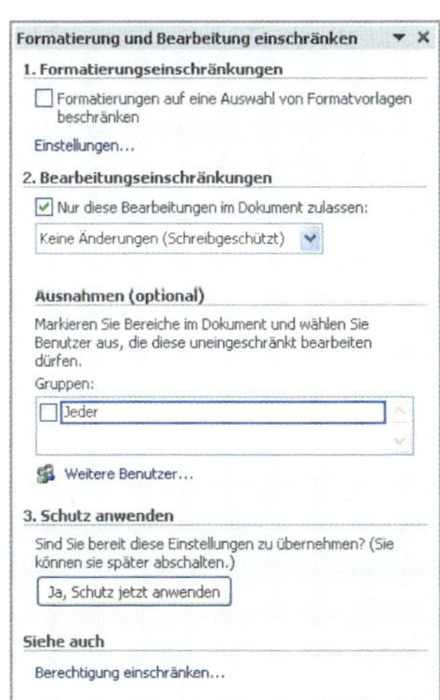

Übung

Arbeitsanweisung:

Geben Sie folgende Text-Formularfelder ein.

Bankverbindung	
○ ○ ○ ○ ○	
Kto.-Nr.	BLZ
○ ○ ○ ○ ○	○ ○ ○ ○ ○
Ort:	Datum:
○ ○ ○ ○ ○	○ ○ ○ ○ ○
Unterschrift	

15 Mühlmeyer ISBN 978-3-8120-0772-6

8.4.2 Kontrollkästchen-Formularfeld

Klickt man in der **Gruppe Steuerelemente/Vorversionstools** auf das Symbol ☑ wird das Kontrollkästchen eingefügt.

Um die **Optionen für Kontrollkästchen-Formularfelder** zu öffnen, muss das Feld doppelt angeklickt werden.

Folgende Möglichkeiten stehen zur Auswahl:

<u>Kontrollkästchengröße:</u> Die Einstellung „Automatisch" bei Kontrollkästchengröße besagt, dass das Kästchen der Schriftgröße angepasst wird. Aktiviert man „Genau", muss daneben im Eingabefeld die genaue Größe eingetragen werden.

<u>Standardwert:</u> „Deaktiviert" bedeutet, das Kontrollkästchen ist leer. Beim Ausfüllen von Onlineformularen kann durch Mausklick auf das Kontrollkästchen das Ankreuzen erfolgen. „Aktiviert" bedeutet, das Kontrollkästchen ist angekreuzt.

Bestätigen Sie mit [OK].

Um die Formularfelder verwenden zu können, muss das Formular wie auch bei den Textformularfeldern gesperrt/geschützt werden.

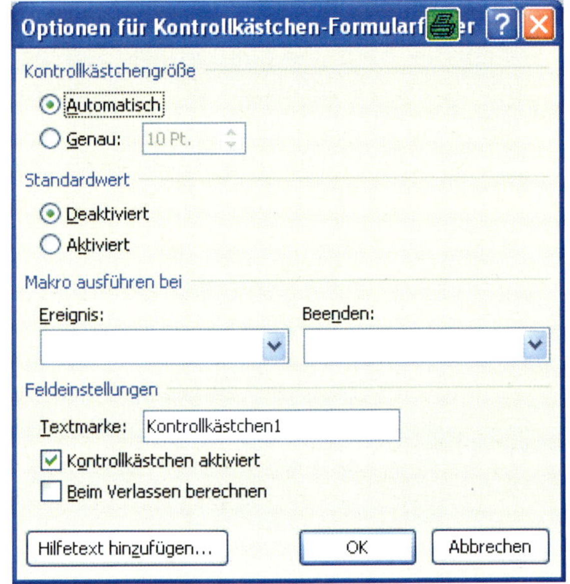

Übung

Arbeitsanweisung:

Geben Sie folgende Kontrollkästchen-Formularfelder ein.

Mit der Bitte um

☐ Kenntnisnahme   ☐ weitere Veranlassung

☐ Bestätigung   ☐ Entscheidung

☐ Prüfung   ☐ ____________________

8.4.3 Kombinationsfeld/Dropdown-Formularfeld

Klickt man in der Gruppe **Steuerelemente/Vorversionstools** auf das Symbol  wird das Kombinationsfeld eingefügt. Dieses Feld wählen Sie, wenn Sie mehrere Auswahlmöglichkeiten beim Ausfüllen des Vordrucks haben.

Um die **Optionen für Dropdown-Formularfelder** zu öffnen, muss das Feld doppelt angeklickt werden. Es öffnet sich das Fenster zur Eingabe des Auswahltextes. Geben Sie Ihren Text unter **Dropdownelement**: ein und klicken auf „Hinzufügen". Soll ein Dropdownelement gelöscht werden, markieren Sie das Element in der Liste und klicken anschließend auf „Entfernen".

Über die Schaltfläche „Verschieben" kann die Reihenfolge der Dropdownelemente verändert werden. Hierzu markieren Sie das betreffende Element und klicken auf die entsprechende Pfeiltaste bis das Element an der gewünschten Position steht.

Um die Formularfelder verwenden zu können, muss das Formular wie auch bei den Textformularfeldern gesperrt/geschützt werden. Erst dann wird der Auswahlpfeil sichtbar. Wird beim Ausfüllen des Formulars dieser Pfeil angeklickt, kann die betreffende Eintragung gewählt werden.

Übung

 **Arbeitsanweisungen:**
1. Geben Sie das folgende Dropdown-Formularfeld mit der Auswahl Frau und Herr ein.
2. Fügen Sie anschließend die Tabelle mit den Text-Formularfeldern ein.

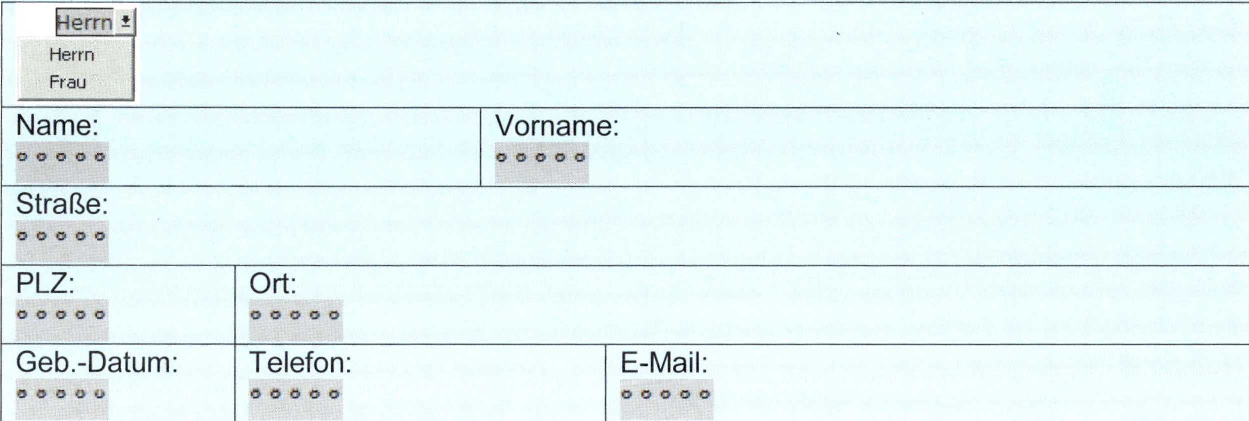

8.5 Formulare

Arbeitsanweisung:
Erstellen Sie die nachfolgenden Formulare.

DIAL GmbH
Bürobedarf

Angenommen von: ____

Datum: ____

Uhrzeit: ____

Telefonnotiz

Gesprächspartner:

von Firma:

Anschrift:

Telefon:

☐ hat angerufen
☐ ruft nochmals an
☐ erbittet Rückruf
☐ wünscht Besuch
☐ wünscht ein Treffen
☐ war hier
☐ zur Kenntnisnahme
☐ zur Bearbeitung

Nachricht:

____
____
____
____
____

Betreff:

☐ Telefon   ☐ Telefax   ☐ E-Mail
☐ Besuch   ☐ Gespräch   ☐ Brief

DIAL GmbH
Bürobedarf

DIAL GmbH Bürobedarf – Franz-Beckenbauer-Allee 33 a – 46236 Bottrop

Ihr Zeichen:
Ihre Nachricht vom:
Unser Zeichen:
Unsere Nachricht vom:

Name:
Telefon:
Telefax:
E-Mail:

Datum:

Kurzmitteilung:

Mit der Bitte um:

☐ Kenntnisnahme ☐ Stellungnahme ☐ Weiterleitung

☐ Rücksprache ☐ Zur Erinnerung ☐ Ergänzung

☐ Erledigung ☐ Aufbewahrung ☐ Entscheidung

☐ Prüfung ☐ ______________________

Bemerkungen:
____
____
____
____
____
____
____

Mit freundlichen Grüßen

Anlage

DIAL GmbH Bürobedarf

DIAL GmbH Bürobedarf
Franz-Beckenbauer-Allee 33 a
46236 Bottrop

Telefaxnotiz

An:

Von:

Seitenzahl mit Deckblatt:

Datum:

Telefaxnummer:

Mit der Bitte um

- [ ] Kenntnisnahme
- [ ] Erledigung
- [ ] Stellungnahme
- [ ] Rückgabe
- [ ] Rückruf
- [ ] Sonstiges

Betreff:

Nachricht:

Arbeitsanweisungen:

Gill Bates ist im Moment in der Personalabteilung der DIAL GmbH eingesetzt. Sein Vorgesetzter Torsten Tollkühn beauftragt ihn ein Formular für eine interne Hausmitteilung zu entwerfen.

1. Erstellen Sie für Herrn Bates das Formular. Es soll mit dem Firmenkopf versehen werden und standardmäßige Informationen über Name und Abteilung des Absenders und des Empfängers, das Datum und Bearbeitungshinweise enthalten.
2. Verwenden Sie für den Firmenkopf ein WordArt-Objekt und eine Grafik.
3. Fügen Sie in das Formular geeignete Formularfelder ein.

Handlungssituation:

Während seiner Ausbildungszeit in der Personalabteilung wird bei der DIAL GmbH eine Stelle zum/zur Sachbearbeiter/in für die Provisionsabrechnung ausgeschrieben. Gill Bates wird von seinem Vorgesetzten Torsten Tollkühn beauftragt einen Personalbogen zu entwerfen, um die zukünftigen Bewerber/innen besser aufnehmen zu können.

Arbeitsanweisungen:

1. Entwerfen Sie einen Personalbogen mit den wichtigsten Inhalten.
2. Nutzen Sie dafür Haltepunkte und Formularfelder.
3. Speichern Sie das Dokument als Dokumentvorlage.
4. Füllen Sie anschließend die Dokumentvorlage für einen neuen Bewerber aus.

Kapitel 9 Briefgestaltung

9.1   Schreibregeln DIN 5008 in Verbindung mit integrierter DIN 676

Kalenderdaten	Das Kalenderdatum können Sie numerisch oder alphanumerisch schreiben. Das Briefdatum und die Kalenderdaten im Geschäftsbrief sind jedoch immer numerisch anzugeben. Wenn keine Missverständnisse entstehen, darf auch die Schreibung in der Reihenfolge Tag-Monat-Jahr angegeben werden. 04.12.20xx oder 04.12.xx	Numerische Schreibweise: Jahr-Monat-Tag mit Mittestrich Die Jahreszahl soll vierstellig angegeben werden. 20xx-05-03 Alphanumerische Schreibweise: Der Monatsname wird in Buchstaben geschrieben und darf nicht mehr abgekürzt werden. Die Jahreszahl soll bei alphanumerischer Schreibung stets vierstellig angegeben werden. Einstellige Tage erhalten keine Null. 5. August 20xx
Uhrzeiten	Nichtdezimale Teilungen wie die Angabe der Uhrzeit kennzeichnet man mit einem Doppelpunkt. Bei der Angabe der Stunden, Minuten und Sekunden ist jede Einheit mit zwei Ziffern zu schreiben.	08:15 Uhr 00:05 Uhr 12:04:48 Uhr 10:00 − 12:00 Uhr 8 Uhr (als Schreibweise ohne Minutenangabe möglich)
Zahlen	Zahlen mit mehr als drei Stellen links oder rechts des Kommas sollten durch je einen Leerschritt in dreistellige Gruppen gegliedert werden. Aus Sicherheitsgründen wird empfohlen, Geldbeträge mit mehr als drei Stellen mit Punkt (statt mit Leerzeichen) zu gliedern.	50 000 km 105 200 Einwohner 27,834 28 t 4 014,5 kg Rechnungsbetrag 5.525,00 € 0,67 € oder EUR bei runden Zahlen: 48.000 € Einkommen Preis: ungefähr 8 €
Telefon- und Telefaxnummern	Die einzelnen Funktionen (Anbieter, Landesvorwahl, Ortsnetzkennzahl, Einzelanschluss, bzw. Durchwahlnummer) werden durch je ein Leerzeichen gegliedert. Innerhalb eines Funktionsblocks erfolgt keine Gliederung und der Block wird nicht von Klammern umschlossen. Die Durchwahlnummer wird nach einem Mittestrich ohne Leerzeichen angefügt.	Telefonnummer: Einzelanschluss 02041 26870 Zentrale 02041 26875-0 Durchwahlanschluss 02041 26875-32 International +49 001 76548 Telefaxnummer: Einzelanschluss 030 987654 Durchwahlanschluss 0731 5502-341 International +49 61 903361
Bankleitzahlen	Bankleitzahlen werden von links beginnend nach rechts zweimal Dreiergruppe, einmal Zweiergruppe ohne Klammern gegliedert. Die internationale IBAN (International Bank Account Number) wird von links nach rechts beginnend fünfmal Vierergruppe, einmal Zweiergruppe gegliedert.	BLZ 424 320 56 IBAN DE89 3704 0044 0532 0130 00
Postfachnummern	Postfachnummern werden in Zweiergruppen von rechts gegliedert.	Postfach 2 76 Postfach 36 58
Postleitzahlen	Postleitzahlen sind 5-stellig ohne Gliederung zu schreiben.	46236 Bottrop

9.2 Schreibweise Straßennamen

Trotz klarer Regeln werden Straßennamen häufig falsch geschrieben. Wer Briefe schreibt, muss auch die Straßennamen richtig schreiben können. Die meisten Straßennamen sind zusammengesetzt aus Bestimmungswort und Grundwort.

Es gibt im Deutschen zahlreiche Benennungen, die an die Stelle des Wortes **Straße** treten können. Hier einige Beispiele: Allee, Anlage, Brücke, Chaussee, Damm, Feld, Gasse, Graben, Hof, Platz, Kreuz, Markt, Pfad, Promenade, Ring, Steg, Tor, Ufer, Wald, Weg, Wiese, Winkel, Zeile.

Regel 1: *Straßennamen bestehend aus Bestimmungswort (Substantiv oder Name) und Grundwort schreibt man zusammen.*

```
Das Geschäftshaus Bahnhofstraße 18 - 20 gehörte der Firma Wallmann & Co.
Die Familie Spickermann hat gestern den Neubau im Windmühlenweg gekauft.
Das Malergeschäft ist im letzten Jahr zur Goethestraße 1 verlegt worden.
Die Maybachstraße ist voraussichtlich bis kommenden Donnerstag gesperrt.
Die Linie 111 hält alle 20 Minuten an der Königsallee und am Steinplatz.
```

Regel 2: *Straßennamen bestehend aus mehreren Bestimmungswörtern und dem Grundwort werden durch Bindestriche (ohne Leerschritte) verbunden.*

```
Die Hans-Sachs-Straße soll im nächsten Jahr ganz neu umgestaltet werden.
Herr Mühle wohnt seit April nicht mehr in der Ernst-Moritz-Arndt-Straße.
Die Kapitän-Lehmann-Straße ist in Bottrop und nicht in Dortmund-Zentrum.
Der Berliner-Tor-Platz soll ab Anfang Februar zweispurig befahrbar sein.
Das Seminar „Das Verkaufsgespräch" findet in der Max-Planck-Allee statt.
```

Regel 3: *Getrennt schreibt man Straßennamen, die von Orts- oder Ländernamen abgeleitet sind und auf -er oder -isch enden.*

```
Die Filiale Essener Straße hat im letzten Jahr auch hohe Umsätze erzielt.
Der Altbau am Westfälischen Ring 15 wird doch noch vor Ostern abgerissen.
Am Düsseldorfer Platz finden im Oktober keine Veranstaltungen mehr statt.
Der Marathonlauf im kommenden Jahr beginnt an der Westfälischen Chaussee.
Gestern ereigneten sich auf dem Kölner Ring zwei schwere Verkehrsunfälle.
```

Regel 4: *Endet das Bestimmungswort bei Orts- oder Ländernamen bereits auf -er oder -isch schreibt man den Straßennamen zusammen.*

```
Wussten Sie, dass Frau Simmes seit 1. August auf der Münsterstraße wohnt?
Der Speyerweg ist ab gestern für den gesamten Durchgangsverkehr gesperrt.
Am Eschweilerdamm in Aachen sollte auch ein neuer Radweg angelegt werden.
```

Regel 5: *Straßennamen, die aus einem Adjektiv und dem Grundwort gebildet werden, schreibt man zusammen.*

Getrennt schreibt man dagegen, wenn das Adjektiv eine Beugungsendung erhält.

```
Die Neustraße in Mainz ist wegen Kanalarbeiten für den Verkehr gesperrt.
Die Neue Straße wird voraussichtlich im Mai nächsten Jahres asphaltiert.
Am Altmarkt findet heute auf dem kleinen Platz eine Maikundgebung statt.
Am Alten Markt kann ab nächsten September auch kostenlos geparkt werden.
Die Hochstraße in Gelsenkirchen-Buer hat eine sehr breite Fußgängerzone.
Alle Blumenkübel in der Hohen Straße in Köln werden heute neu bepflanzt.
```


16 Mühlmeyer ISBN 978-3-8120-0772-6

Das Parken auf der Straße Am Langen Damm ist nur für Anlieger gestattet.
Die Anschrift der Firma DeGu lautet: 46244 Bottrop, Am Alten Sägewerk 8.
Das Textilfachgeschäft Weber & Reimers eröffnet Unter den Drei Birken 1.
Die alte Jugendherberge befindet sich Am Alten Bahnhof in Bad Salzuflen.
An der Krummen Lanke in Berlin treffen sich sehr oft ausländische Gäste.

Am Freitag wurde ein Fachgeschäft Ecke Koch- und Bergstraße neu eröffnet.
Der Neubau Ecke Wittmann- und Oberhausener Straße wurde bereits verkauft.
Heute ereignete sich Ecke Bahnhof- und Friedrich-Ebert-Straße ein Unfall.
An der Ecke Bottroper und Steinstraße stießen soeben zwei Wagen zusammen.
Jetzt musste auch die Firma Ecke Hans-Sachs- und Essener Straße aufgeben.

Schreibweise Hausnummern

Burgstraße 10 – 12   oder   Burgstraße 10/12
Essener Straße 24 a   oder   Essener Straße 24 A
Parkallee 14 // W 176   = Nummer der Wohnung im Haus Nr. 14
Gladbecker Straße 75 // 2. Stock   = 2. Etage im Haus Nr. 75

Herr Weitersmann hat im September das Haus Hamburger Straße 17 a bezogen.
Das Fachwerkhaus Hermannstraße 17 B wird von Familie Jagerhausen bewohnt.
Das Geschäftshaus Bogenstraße 11 – 13 hat jetzt sechs große Schaufenster.
Die Eigentumswohnung Am Alten Markt 150 // W 376 ist zz. nicht vermietet.
Die Wohnung Schulstraße 150 // 3. Stock bewohnt jetzt Herr Wim Reichwein.

Übung 1

Arbeitsanweisung:
Schreiben Sie nachfolgende Straßennamen richtig.
Vorsicht! Vielleicht sind ja auch einige richtig geschrieben.

Bahnhof Straße, Heinrich-Heine-Ufer, Am langen Burgtor, Hannoverstraße, Berlinerplatz, Unter den Linden, Kurz Gasse, Kurzegasse, Dr. Weber-Weg, Am alten Feld, Beethoven-Straße, Kölnerring, Neuer Markt Platz, Lang Straße, Lange Straße, Brüner Straße, Bonnersteg, Schillerplatz, Dürer-Chaussee, Lessing-Weg.

Übung 2

Arbeitsanweisung:
Schreiben Sie nachfolgende Straßennamen richtig.
Vorsicht! Vielleicht sind ja auch einige richtig geschrieben.

Kölnerstraße, Breites Feld, Pfarrer Kneipp Ufer, Hinter dem neuen Platz, Burggasse, Kleist Straße, an Der Meierei, Strom Weg, Dänischersteg, Händel Allee, An der steilen Treppe, Neues Eck, Kurgarten Chaussee, Alexander von Humboldt Platz, Braunschweigerring, Ludwig Uhland-Straße, Neuer Pfad, Von-Galen-Straße.

9.3 Anschriftfelder

Das Anschriftfeld besteht aus insgesamt neun Zeilen. Maße und Position des Anschriftfeldes ist in DIN 676 festgelegt. Anschriften werden im Anschriftfeld aller Schriftstücke und auf Briefhüllen in gleicher Anordnung geschrieben.

Personenanschriften

Die ersten drei Zeilen sind für postalische Vermerke und Zusätze vorgesehen. Diese Zone ist so zu beschriften, dass keine Leerzeile zwischen ihr und der Anschriftzone entsteht. Ab der vierten Zeile beginnt die Empfängerbezeichnung.	• Zusatz- • und • Vermerkzone • • • Anschriftzone • • •	• • • Frau Simone Kraft Essener Straße 17 42011 Wuppertal • •
Berufs- und Amtsbezeichnungen stehen neben der Anrede, akademische Grade vor dem Namen. Hinter dem Namen werden Bachelor- und Mastergrade angegeben z. B. Bachelor of Arts (B. A.) Master of Science (M. Sc.) Master of Laws (LL. M.).	• • • Herrn Rechtsanwalt Frank Guttmann LL. M. Am Alten Brauhaus 20 45650 Recklinghausen • •	• • • Herrn Dr. Udo Fleischer Neue Gasse 17 a 44329 Dortmund • •
Anschrift an Ehepaare Bei Lebensgemeinschaften werden beide Namen aufgeführt. Die Anrede steht jeweils vor dem Namen.	• • • Eheleute Mara und Robin Klar Hermann-Löns-Weg 7 70563 Stuttgart • •	• • • Frau Svenja Sturm Herrn Max Groß Am Wasserturm 16 A 12207 Berlin • •
Wohnt der Empfänger zur Untermiete, wird der Name des Vermieters unter den Namen des Empfängers gesetzt. Postalische Vermerke stehen in der 3. Zeile. Bei mehreren Vermerken wird auch die zweite und die erste Zeile genutzt.	• • • Frau Viola Reimers bei Westermann Münsterstraße 23 33699 Bielefeld •	• Einschreiben mit Rückschein Herrn Fabian Sievers Marienplatz 1 99099 Erfurt • •
Die Stockwerk- und Wohnungsangaben folgen der Hausnummer getrennt durch zwei Schrägstriche. Vor und nach den Schrägstrichen ist ein Leerzeichen einzugeben.	• • • Frau Rita Raster Bahnhofstraße 1 // 2. Stock 46373 Bocholt • •	• • • Herrn Roland Scherz Bachstraße 8 // W 10 36039 Fulda • •

Arbeitsanweisungen:

1. Gestalten und ordnen Sie folgende Anschriften normgerecht.
2. Erstellen Sie eine 3-spaltige Tabelle und kennzeichnen Sie die Leerzeilen durch einen Punkt •.

a) 63073 Offenbach – Goethestraße 16 b – Persönlich – Elke Reichmann – Frau – B. A. (Bachelor of Arts)
b) Studienrat – Manfred Sieger – Lerchenweg 23 – 79115 Freiburg – Herrn
c) bei Metzler – Frau – Silke Freitag – 45501 Hattingen – Bahnhofstraße 76 // 4. Stock
d) Herrn Thilo Netzer – Frau Rita Alt – Express - 45276 Essen – Hauptstraße 2
e) Direktor – Herrn – Alfons Klein – Henry-Ford-Straße 10 // W 7 – 68740 Saarlouis
f) 46446 Emmerich – Frau – Dr. – Luise Ortmann – Rheinufer 3 a – Einschreiben

Firmen- und Behördenanschriften

Soll eine Sendung eine(n) Mitarbeiter(in) erreichen, wird der Name unter der Firma genannt. Bei Firmenanschriften steht der Geschäftszweig (Branche) an erster Stelle; statt der Straße wird das Postfach aufgeführt.	• • • Papierfabrik Fritz Stöcker OHG Frau Marga Ohm Postfach 17 35 89522 Heidenheim •	• • • Metallwarenfabrik Hartmann & Sohn Postfach 3 25 60448 Frankfurt • •
Bei der linken Anschrift wird der Brief von der Poststelle geöffnet und an Herrn Lessing zur Bearbeitung weitergeleitet. Bei der rechten Anschrift handelt es sich um einen Privatbrief, der ungeöffnet an Herrn Lessing weitergeleitet wird.	• • • Buchhandlung Küpper & Schrey KG Herrn Hubert Lessing Postallee 1 – 3 38108 Braunschweig •	• • • Herrn Hubert Lessing Buchhandlung Küpper & Schrey KG Postallee 1 – 3 38108 Braunschweig
Enthält die Anschrift sowohl einen Ansprechpartner als auch einen Firmennamen, ist zuerst der Personenname zu nennen und erst dann die Abteilung.	• • • Buchhandlung Küpper & Schrey KG Herrn Hubert Lessing Abteilung Personal Postallee 1 – 3 38108 Braunschweig	• • • Herrn Hubert Lessing Küpper & Schrey KG Abteilung Personal Postallee 1 – 3 38108 Braunschweig
Privat- und Firmenpost soll erkennbar sein. Geht aus dem Firmennamen hervor, dass es sich um eine Firma handelt (z. B. e. Kfm. = eingetragener Kaufmann, OHG, KG ...), entfällt das Wort Firma in der Anschrift.	• • • Firma Hans Gerber Hauptstraße 17 95444 Bayreuth • •	• • • Domino GmbH Postfach 23 47137 Duisburg • • •

Bei Großempfängeranschriften sollte weder das Postfach noch die Straße angegeben werden. Der Empfänger hat eine eigene Postleitzahl.	• • • Stadtverwaltung Bottrop Ordnungsamt 46200 Bottrop • • •	• • • Finanzamt Köln Kraftfahrzeugsteuer 50672 Köln • • •

Zusätze wie „An die" oder „An das" sind veraltet und entfallen.
Der Zusatz z. Hd. oder z. H. („zu Händen") ist ebenfalls veraltet und entfällt.

Übung 2

Arbeitsanweisungen:
1. Gestalten und ordnen Sie folgende Anschriften normgerecht.
2. Erstellen Sie eine 3-spaltige Tabelle und kennzeichnen Sie die Leerzeilen durch einen Punkt •.

a) 94469 Nürnberg – Grundbuchamt – Amtsgericht Nürnberg
b) 83646 Bad Tölz – Postfach 3 21 – Motorenwerke – Peter Neumann KG
c) Norddeutsche Versicherung – 14469 Potsdam – Jens Kleinschmidt – Postfach 36 80
d) Hermann Grüter GmbH – 55122 Mainz – Hüttenweg 18
e) Frau Dr. Rüffer – Postfach 22 - Abt. Verkauf – Hartmann & Stein – 58593 Iserlohn – Bürohaus
f) Ruge & Zeck GmbH & Co. – Kleiderfabrik – 56068 Koblenz – Am Weinberg 3 – 5

Auslandsanschriften

In Auslandsanschriften werden Bestimmungsort und Bestimmungsland in Großbuchstaben geschrieben. Die Anordnung der Bestandteile sind der Absenderangabe zu entnehmen.	• • • Lossos Ltd. 28 Solonos Street 10967 ATHEN GRIECHENLAND • •	• • Luftpost Mrs Ruth Meyers 254 Belleair Av. Apt. 56 CLEARWATER FLORIDA 2153-56 USA
Der Bestimmungsort ist nach Möglichkeit in der Sprache des Bestimmungslandes anzugeben.	• • • Monsicur Andrè Gérard 19 rue Alexis Carrel 31000 STRASBOURG FRANKREICH •	• • • Guiseppe Bertoni Ltd. Via Dante 212 20100 MILANO ITALIEN • •

Arbeitsanweisungen:

1. Gestalten und ordnen Sie folgende Anschriften normgerecht.
2. Erstellen Sie eine 3-spaltige Tabelle und kennzeichnen Sie die Leerzeilen durch einen Punkt •.

a) 0130 Oslo – Oscarsgate 22 – Christian Johannson – Norwegen – Mega-Products
b) Mr Johnny Walker – Großbritannien – Edinburgh EH2 4PY – 26 Regentstreet
c) Seefeldstraße 89 – 6006 Luzern – Herrn Metzgermeister Sepp Zwingli – Schweiz

Aufgabe

**Handlungssituation:**

Moni Tor, die Auszubildende, arbeitet in der Poststelle und hat die Aufgabe übernommen, Briefhüllen mit Anschriften zu versehen.

Arbeitsanweisungen:

1. Schreiben Sie folgende Anschriften normgerecht.
2. Kennzeichnen Sie die Leerzeilen durch einen Punkt •.

a) Herr Christian Weller studiert in 80807 München und wohnt zur Untermiete bei Familie Riemer in der Mozartgasse 17.
b) Die Eheleute Celina und Justin Klug wohnen im 3. Stockwerk des Hauses Gartenstraße 17 in 48135 Münster.
c) Frau Heidi Klamp und Herr Ralf Meinert bewohnen gemeinsam eine Wohnung in 70333 Stuttgart, Am Langen Eck 17 a.
d) Sie haben eine Anfrage an die Deutsche Bahn AG, Verwaltungsstelle Bonn, Rheinufer 17 – 19, 53111 Bonn.
e) Sie schicken dem Bürobedarf Meyer & Scholz, Bahnstraße 56 b in 04347 Leipzig ein Angebot zu. Der Ansprechpartner in der Einkaufsabteilung ist Herr Timo Reuter.
f) Sie sollen Ihrem Arzt, Herrn Dr. Walter Neumann, 44141 Dortmund, Neue Straße 35 A, einen Befund vom Krankenhaus zuschicken. Damit er nicht verloren geht, wählen Sie Einschreiben Einwurf.
g) Sie möchten Ihrem Architekten, Herrn Rüdiger Mauer, Master of Engineering (M. Eng.), schnell einige Sonderwünsche mitteilen. Sie wählen Express. Herr Mauer wohnt im 2. Stock der Kurt-Schumacher-Straße 16 in 18146 Rostock.
h) Schicken Sie Frau Ina Kramer, Sachbearbeiterin der Firma Seidelmann GmbH, Postfach 2 88 in 07745 Jena eine Preisliste Ihrer neuen Produkte.
i) Sie müssen dem Grundbuchamt des Amtsgerichts in 79100 Freiburg eine Urkunde zuschicken.
j) Die Schweizer Firma Bürodesign Hütli & Storck wünscht Unterlagen Ihres neuen Computermodells LP. Die Firma hat eine Niederlassung in 3685 Zürich, Wilhelm-Tell-Gasse 60 – 62.
k) Sie bewerben sich bei der Rheinbank EG in 46825 Borken, Marktplatz 38. In der Personalabteilung ist Herr Uwe Rettkowski für Neueinstellungen zuständig.
l) Ihre Freundin Anke Zimmer macht Urlaub in Großbritannien. Sie schreiben ihr eine Ansichtskarte. Sie wohnt im Towerhotel, Zimmer 633, in London N1, 312 Towerbridge Street.
m) Eine Büchersendung wird Dr. Hermann Glocke bei der Uhrenfabrik GmbH, Parkstraße 18 a in 23662 Lübeck zugeschickt.
n) Frau Jamie Kohn bewohnt in einem Apartmenthaus die Wohnung Nr. 12, Neue Gasse 23 in 10963 Berlin.
o) Herr Dipl.-Kfm. Ole Ruck ist der Ansprechpartner der Firma für Computerzubehör Reichert & Sohn KG. Er erwartet eine Kopie von der DIAL GmbH. Reichert & Sohn KG hat ihren Sitz in 24143 Kiel, Postfach 3 80.

9.4 Privatbrief

Bei Privatbriefen handelt es sich um Briefe, die von Privatpersonen verschickt werden.

Regeln für den Briefaufbau bei formlosen Briefen

Seite einrichten	Datei „Seite einrichten"; Links 2,5 cm und Rechts 2 cm Der obere und untere Seitenrand werden nicht mehr vorgeschrieben.
Schriftart und -größe	Der Brief wird in der Schriftart Times New Roman in 12 p oder der Schriftart Arial in 11 p geschrieben.
Kopfzeile	Der Briefkopf kann in der Kopfzeile (5 cm) frei gestaltet werden. Er enthält die Absenderangaben. Zu den privaten Absenderangaben gehören Vorname und Name, Straße mit Hausnummer bzw. Postfach und Postleitzahl mit Ort. Bei internationalem Schriftverkehr wird noch das Land ergänzt. Die Informationen können aber auch durch Telefon, Mobil, E-Mail etc. ausgeweitet werden. Diese Angaben müssen nicht linksbündig angeordnet werden, sondern können auch zentriert oder rechtsbündig geschrieben werden. Sie dürfen auch für den Briefkopf eine andere Schriftart und -größe wählen. Zur Gestaltung können Linien, Rahmen oder Raster verwendet werden.
Anschriftfeld	Das Anschriftfeld beginnt direkt unter dem Briefkopf und besteht aus 9 Zeilen.
Datum	Nach dem Anschriftfeld werden zwei Leerzeilen gelassen. Danach folgt rechtsbündig das Datum in numerischer Schreibweise.
Betreffangabe	Im Betreff wird der Inhalt des Briefes kurz umrissen. Er folgt mit zwei Leerzeilen Abstand vom Datum. Auf einen Schlusspunkt wird verzichtet. Die Betreffangabe wird durch Fettdruck hervorgehoben.
Anrede	Zwei Leerzeilen nach dem Betreff (d. h. es wird dreimal geschaltet) folgt die Anrede. Nach der Anrede wird in der Regel ein Komma gesetzt, um in den Brieftext überzuleiten. Ist der Ansprechpartner bekannt, wird er direkt mit seinem Namen angesprochen. Ansonsten wird eine allgemeine Anrede verwandt, wie z. B. „Sehr geehrte Damen und Herren".
Text	Nach der Anrede wird zweimal geschaltet, d. h. es erscheint eine Leerzeile. Die Absätze im Brieftext sind durch je eine Leerzeile zu gliedern.
Grußformel	Der Brief endet mit einem Gruß, der eine Leerzeile vom Brieftext abgesetzt ist. Zwischen Brieftext und Grußformel sollte kein inhaltlicher Zusammenhang bestehen. Im Allgemeinen werden neutrale aber freundliche Grußformeln verwandt (z. B. „Mit freundlichem Gruß"). Bei Briefen mit negativem Inhalt (z. B. Mahnungen) sollte eine distanzierte Grußformel angewandt werden (z. B. „Hochachtungsvoll").
Anlage	Wird dem Brief eine Anlage beigefügt, z. B. ein ärztliches Attest, so muss dies am Ende des Briefes vermerkt werden. Nach der Grußformel wird viermal geschaltet. Es bleiben also drei Leerzeilen, bis das Wort Anlage vermerkt wird.

Alternativ kann auch für den privaten Brief ein Informationsblock verwendet werden. Dazu setzen Sie bei einer Tabstoppposition von 10 cm auf Höhe des Anschriftfelds folgende Leitwörter:

Ihr Zeichen: Ihre Nachricht vom: Telefon: Telefax: E-Mail: Datum:

Beachten Sie im nachfolgenden Beispiel die Leerzeilen. Ausgefüllt werden die Angaben nach einem Leerschritt. Nach dem Anschriftfeld bleiben zwei Leerzeilen, danach folgt der Betreff.

Moni Tor
Prosperstraße 25
46236 Bottrop
Telefon: 02041 705260
E-Mail: moni.tor@aol.com

Berufskolleg der Stadt Bottrop
Schulleitung
An der Berufsschule 20
46236 Bottrop

20xx-08-21

Antrag auf Beurlaubung vom Unterricht

Sehr geehrte Damen und Herren,

am 12. Oktober d. J. finden in Köln die deutschen Tennismeisterschaften statt.

Da ich mich für diesen Wettbewerb qualifizieren konnte, darf ich daran teilnehmen. Deshalb bitte ich Sie, mich für diesen Tag vom Unterricht freizustellen.

Für einen positiven Bescheid, den ich meiner Klassenlehrerin zur Kenntnis geben werde, bin ich Ihnen dankbar.

Mit freundlichen Grüßen

Moni Tor

Anlage
1 Teilnahmebescheinigung

Moni Tor
Prosperstraße 25
46236 Bottrop

Ihr Zeichen: KM 6175
Ihre Nachricht vom: 20xx-08-11

VDK-Versicherung
Herrn Karsten Müller
Hamburger Straße 88
04129 Leipzig

Telefon: 02041 705260
Telefax: 02041 705261
E-Mail: moni-tor@aol.com

Datum: 20xx-08-21

•

•

Antrag KFZ-Versicherung

•

•

Sehr geehrter Herr Müller,

•

vielen Dank für die Zusendung Ihrer Vertragsunterlagen und Tarifbestimmungen.

•

Da mir einige Vertragsbestimmungen noch unklar sind, wäre ich Ihnen dankbar, wenn mich ein Kundenberater besuchen könnte.

•

Um einen Besuchstermin zu vereinbaren, bitte ich um Ihren Anruf abends ab 18:00 Uhr.

•

Mit freundlichem Gruß

•

• *Moni Tor*

•

Arbeitsanweisung:

Fertigen Sie für sich selbst anhand der folgenden Angaben ein Entschuldigungsschreiben an.

Empfänger: Berufskolleg der Stadt Bottrop, An der Berufsschule 20, 46236 Bottrop
Betreff: **Entschuldigung für mein Fernbleiben vom Unterricht**
Klassenlehrer: Herr Franke
Briefschluss: Mit freundlichen Grüßen – **Anlage** – 1 Attest

Sehr geehrter Herr Franke, bitte entschuldigen Sie mein Fehlen am Mittwoch, dem 15. Februar 20xx. (Absatz) Schon in der letzten Nacht hatte ich starke Zahnschmerzen, sodass ich morgens zum Zahnarzt gehen musste. Es wurde mir ein Zahn gezogen. Deshalb konnte ich anschließend nicht zur Schule kommen. (Absatz) Eine Bescheinigung füge ich bei.

Arbeitsanweisung:

Fertigen Sie anhand der folgenden Angaben eine Kündigung des Abos an.

Absender: Ines Fischer, Dorstener Straße 67, 45657 Recklinghausen, Tel. 02361 98438
E-Mail: ines-fischer@gmx.de
Datum: 17. März 20xx
Empfänger: Gesundheitsforum, Frau Dr. Anke Seidler, Max-Schwarze-Weg 29, 47443 Moers
Betreff: Kündigung des Abos
Anrede: (selbst wählen)
Briefschluss: Freundliche Grüße

Da ich für längere Zeit beruflich im Ausland tätig bin, kündige ich das Abo für Ihre Zeitschrift zum nächsten Termin. Gleichzeitig widerrufe ich die Ihnen erteilte Einzugsermächtigung für mein Konto. Ich habe gern Ihre Zeitschrift gelesen. Sie ist sehr informativ und aufschlussreich. Bei meiner Rückkehr werde ich mich wieder an Sie wenden. Bitte bestätigen Sie mir die Kündigung schriftlich.

**Handlungssituation:**

Gill Bates, der Auszubildende, ist gleichzeitig Schriftführer im Fußballclub der Firmenmannschaft 1. FC DIAL. Er verfasst einen formlosen Brief an seine Sportfreunde. Die einzelnen Briefe werden danach an die Empfänger in der Firma verteilt.

**Arbeitsanweisung:**

Gestalten Sie diesen Brief ebenfalls norm- und formgerecht. Für die Übersichtlichkeit gliedern Sie den Text in Absätze.

Absender: 1. FC DIAL
                        Schriftführer
Datum: 15. Juni 20xx
Empfänger: An alle Mitglieder des Fußballclubs der DIAL GmbH
Betreff: Terminplan für die neue Saison
Anrede: Hallo Sportfreunde,
Briefschluss: Mit sportlichem Gruß
Anlage: 1 Terminplan

Hiermit erhaltet Ihr den Terminplan für die Hinspiele des 1. FC DIALS bis Ende des Jahres. Über eventuelle Abweichungen informiert Euch bitte in der örtlichen Presse. Wie bisher praktiziert, treffen wir uns eine halbe Stunde vor Spielbeginn im Vereinshaus; bei einem Pokalspiel 45 Minuten vorher. Ich bitte nochmals nachdrücklich um etwas mehr Engagement gerade bei schlechtem Wetter. In der letzten Saison waren bei Regen immer zu wenig Spieler anwesend. Im Übrigen wird es Zeit, wieder einmal ein gemütliches Beisammensein zu veranstalten. Selbstverständlich erwarten wir auch Eure Frauen oder Freundinnen und Eure Kinder. Eure Wünsche: „Wann? Wo? Wie?" teilt mir bitte umgehend mit. Mein Team und ich werden sich bemühen, eine schöne Veranstaltung zu organisieren. Über ein reges Interesse freue ich mich schon heute.

Aufgabe 2

**Handlungssituation:**

Gill Bates liest am Samstag, dem 22. Januar 20xx in der Zeitung folgende Stellenanzeige:

Wir suchen für unser Unternehmen eine/einen engagierte/n

Kaufmann/Kauffrau für Bürokommunikation

<u>Wir erwarten:</u> Teamfähigkeit, gute kommunikative Fähigkeiten und sicheren Umgang mit den neuen Medien.

<u>Wir bieten:</u> eine vielseitige und zukunftsorientierte Tätigkeit und einen krisenfesten Arbeitsplatz.

Wenn Sie mind. die FOR besitzen, Freude am Umgang mit Menschen haben und gute Kenntnisse in der EDV vorweisen können, so senden Sie bitte Ihre vollständigen Bewerbungsunterlagen bis zum 15.06.20xx an:

Büro 3000, Kanalstraße 2 – 4, 45138 Essen

Über Gehalt und Nebenleistungen sprechen wir am besten persönlich.

Da er im nächsten Sommer seine Ausbildung bei der DIAL GmbH beendet, bewirbt er sich auf diese Anzeige.

**Arbeitsanweisung:**

Schreiben und gestalten Sie eine normgerechte Bewerbung an die Firma Büro 3000, Kanalstraße 2 – 4, 45138 Essen

Betreff: Bewerbung um die Stelle zum Kaufmann für Bürokommunikation
Anrede: Sehr geehrter Herr Müller
Briefabschluss: Mit freundlichen Grüßen
Anlagen: 1 Lebenslauf mit Lichtbild, 2 Zeugniskopien

Sie suchen eine tüchtige und engagierte Fachkraft, die nach erfolgter Einarbeitungszeit in der Lage ist, für den kaufmännischen Bereich anfallende Arbeiten selbstständig zu erledigen. Sie soll kooperativ sein und sich in ein bestehendes Team einfügen können. Ich bin der Meinung, dass ich aufgrund meiner Fähigkeiten und meiner breit gefächerten erworbenen Erfahrungen in meinem Ausbildungsbetrieb und in der Berufsschule Ihren Anforderungen entspreche. Ich bin 20 Jahre jung, ledig, lernfähig, flexibel und dabei ehrgeizig – die besten Voraussetzungen, um den Grundstein meiner beruflichen Karriere bei Ihnen zu legen. Meine Stärken sehe ich in dem Bereich der neuen Technologien. Ich arbeite gern kreativ mit verschiedenen Programmen am Computer – jetzt brenne ich darauf, mein Wissen in Ihrem Unternehmen einzusetzen. Über eine Einladung zu einem Vorstellungsgespräch freue ich mich.

Lebenslauf

Der Lebenslauf in Tabellenform hat für die Personalabteilung eines Unternehmens erhebliche Vorteile: Alle wichtigen persönlichen Daten sind in geordneter, übersichtlicher Weise dargestellt.

Vor allem bei einer großen Zahl von Bewerbern um einen Ausbildungsplatz kann die Einstellungsentscheidung ohne großen Zeitaufwand erfolgen und doch kann jeder Bewerber mit seinem persönlichen Umfeld berücksichtigt werden.

Übung

Arbeitsanweisungen:
1. Fertigen Sie den folgenden Lebenslauf an.
2. Erstellen Sie einen Lebenslauf mit Ihren persönlichen Daten.

L e b e n s l a u f

ANGABEN ZUR PERSON

Name:	Gill Bates
Anschrift:	Buchenstraße 17 a, 46240 Bottrop
geboren:	31. März 1989 in Bottrop
Nationalität:	deutsch

SCHULBILDUNG

August 1995 – Juli 1999	Grundschule Bottrop
August 1999 – Juli 2005	Realschule Bottrop (Abschluss: Fachoberschulreife)
August 2005 - Juni 2007	Höhere Berufsfachschule für Wirtschaft und Verwaltung in Bottrop (Abschluss: Fachhochschulreife)
August 2007 – Juli 2010	Ausbildung zum Kaufmann für Bürokommunikation bei der DIAL GmbH Bottrop

PRAKTIKUM

Juli 2008	Computerhaus Comptec, Essen

BESONDERE KENNTNISSE

März 2009	Englisch-Zertifikat Gute EDV-Kenntnisse in den Programmen WORD für Windows, EXCEL, Access, Power-Point, Internet

Bottrop, 25. Januar 20xx

9.5 Bestandteile Geschäftsbrief

Regeln für den Briefaufbau bei Geschäftsbriefen

Man unterscheidet bei den Vorlagen zwei unterschiedliche Formen:
Form A (hochgestelltes Anschriftfeld)   DIN 5008-A-A4-BZ (Geschäftsbrief mit Bezugszeichenzeile)
  DIN 5008-A-A4-IB (Geschäftsbrief mit Informationsblock)
Form B (tiefgestelltes Anschriftfeld)   DIN 5008-B-A4-BZ
  DIN 5008-B-A4-IB

Richten Sie zunächst die Seite ein!				
Seitenränder Form A: Oben: 2,7 cm	Unten: 2,5 cm	Rechts: 2,0 cm		Links: 2,5 cm
Seitenränder Form B: Oben: 4,5 cm	Unten: 2,5 cm	Rechts: 2,0 cm		Links: 2,5 cm
Zeile	1	Hier werden die **Rücksendeangaben** eingegeben. Die Absenderangaben werden durch einen Mittestrich oder ein beliebiges Symbol getrennt. Vor und hinter dem Mittestrich/Symbol kommt jeweils ein Leerzeichen. Die Absenderangaben werden maximal in Schriftgröße 8 p geschrieben. Die Unterstreichung der Rücksendeangabe fällt weg, da sie veraltet ist.		
Zeile bis Zeile	2 10	In Zeile 2 beginnt das 9-zeilige **Anschriftfeld**.		
Zeile und Zeile	11 12	Beide Zeilen bleiben frei.		
Zeile und Zeile	13 14	Hier stehen die Leitwörter der **Bezugszeichenzeile**. Dafür müssen die Tabstopppositionen eingegeben werden. Die Leitwörter werden in Schriftgröße 8 p geschrieben.		
Zeile	15	In diese Zeile kommen die **Angaben der Bezugszeichenzeile**.		
Zeile und Zeile	16 17	Beide Zeilen bleiben frei.		
Zeile	18	Hier wird der **Betreff** in Fettschrift eingegeben.		
Zeile und Zeile	19 20	Beide Zeilen bleiben frei.		
Zeile	21	In dieser Zeile steht die **Anrede**.		
Zeile	22	Diese Zeile bleibt frei.		
Zeile	23	In dieser Zeile beginnen Sie mit der **Texteingabe**. Absätze im Brieftext werden durch eine Leerzeile voneinander getrennt.		
		Durch eine Leerzeile vom Text getrennt folgt die **Grußformel**. Nach einer weiteren Leerzeile wird dann der **Briefabschluss** eingegeben.		

Nach der neuen Norm DIN 5008 von April 2011 kann das Anschriftfeld auch auf 11 Zeilen ausgeweitet werden. Dazu wird die Zusatz- und Vermerkzone um zwei Zeilen ergänzt, sodass fünf Zeilen zur Verfügung stehen. Diese Zeilen werden für Zusätze, wie z. B. Einschreiben oder elektronische Frankiervermerke, wie z. B. STAMPIT genutzt. Dabei wird die Rücksendeangabe in die Zusatz- und Vermerkzone integriert. Hierfür verwenden Sie eine kleinere Schriftgröße als in der Anschriftzone, nämlich Times New Roman 8 p.

5

4

3

2 DIAL GmbH – Franz-Beckenbauer-Allee 33 a – 46236 Bottrop

1 Einschreiben

1 Herrn

2 Wilhelm Steinmann

3 Essener Str. 39

4 46236 Bottrop

5

6

Muster: Geschäftsbrief mit Bezugszeichenzeile

- verkleinert –

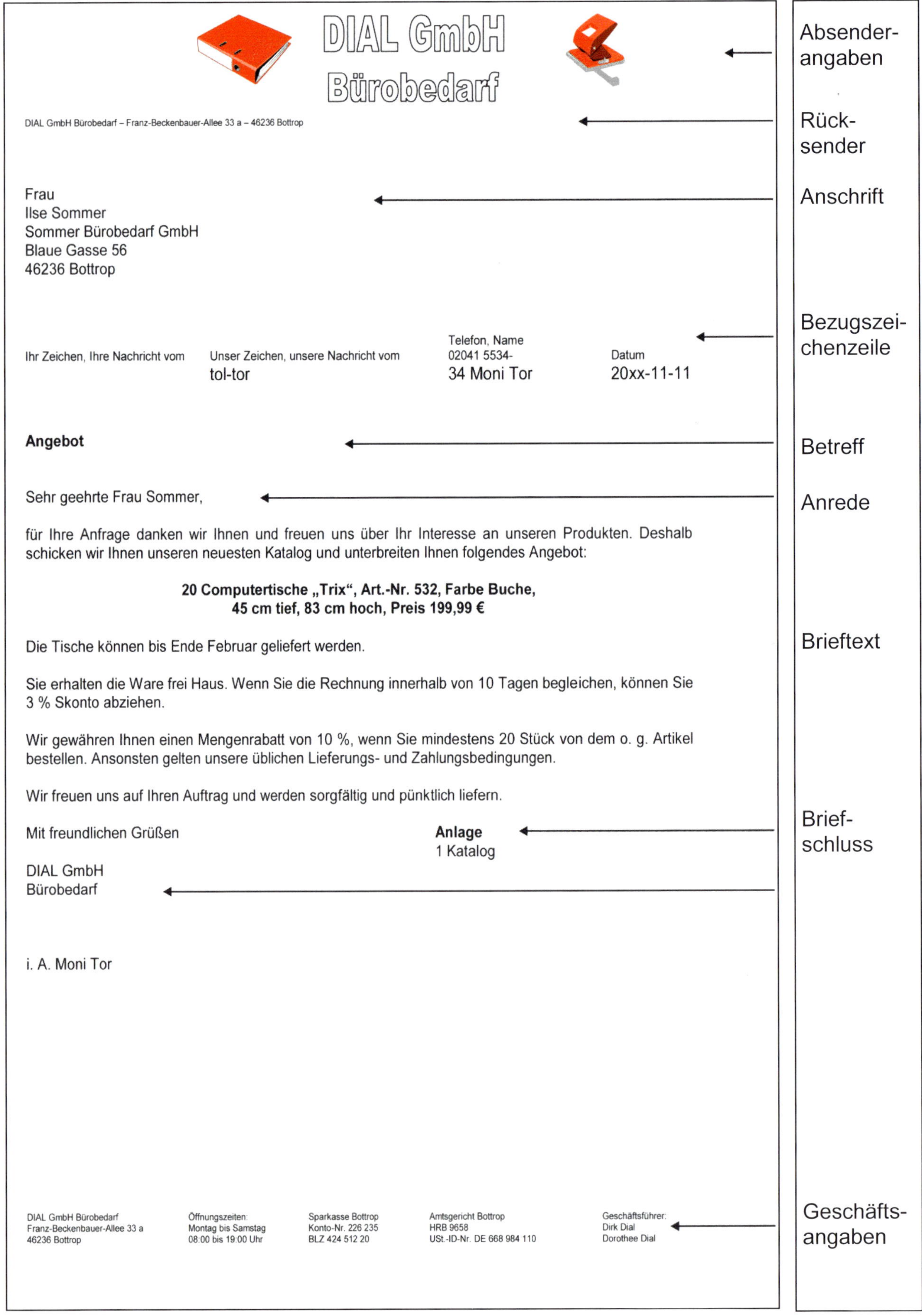

Muster: Geschäftsbrief mit Informationsblock

- verkleinert –

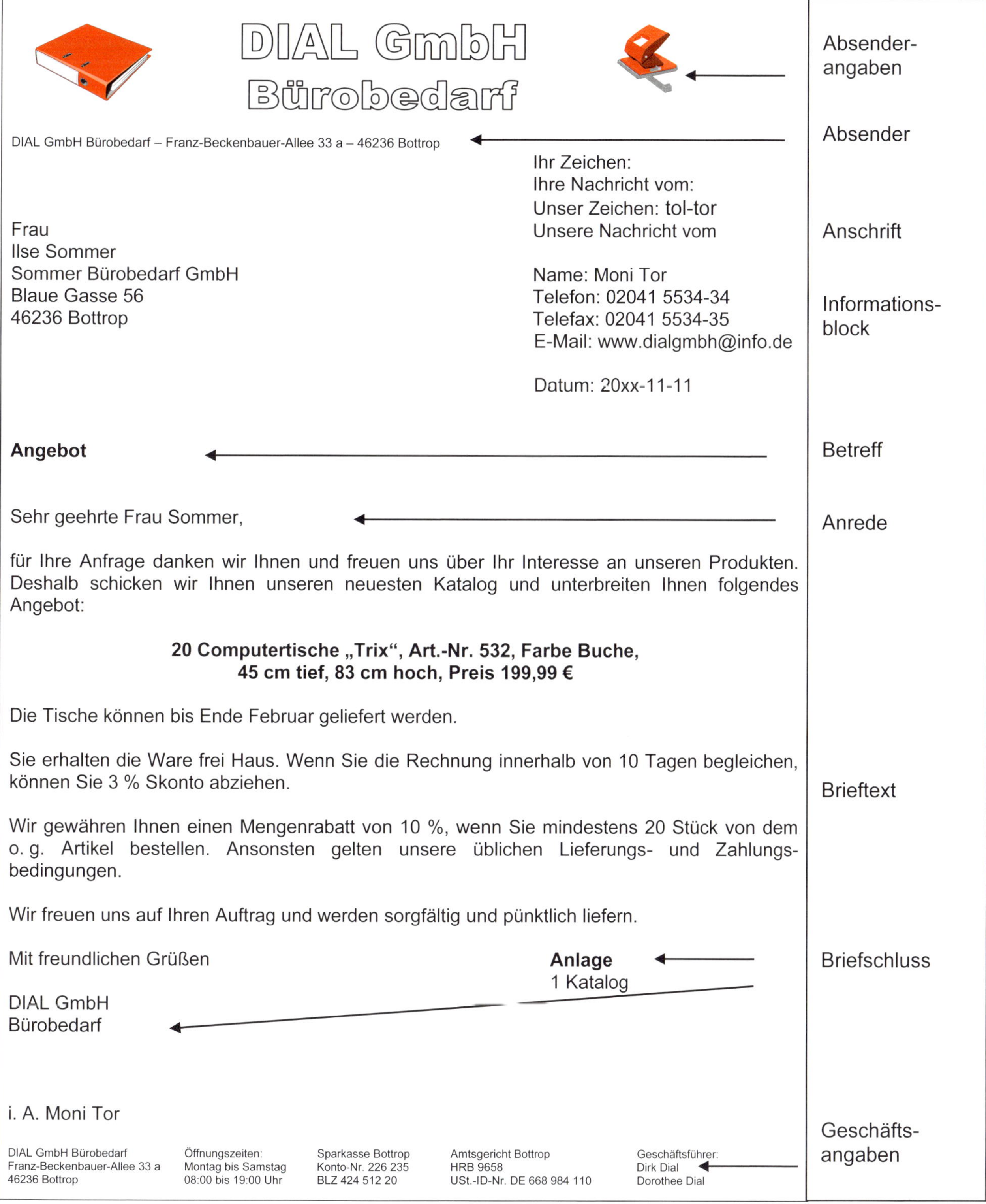

9.6 Briefabschlüsse

Nach DIN 5008 beginnt der Gruß an der Fluchtlinie und wird vom Brieftext durch eine Leerzeile abgesetzt.

Mögliche Grußformeln: Mit freundlichen Grüßen
Freundliche Grüße
Mit freundlichem Gruß

Beispiele:

Zum Abschluss eines Briefes gehört neben der Grußformel, die durch eine Leerzeile vom Text abgesetzt wird, die Bezeichnung der Firma. Vor der maschinenschriftlichen Angabe der Unterzeichner stehen in der Regel drei Leerzeilen. Sie sind für die handschriftliche Unterschrift vorgesehen.	Mit freundlichen Grüßen ¶ Schneider & Co GmbH ¶ ¶ ¶ Torben Schneider
Längere Firmennamen werden bei Bedarf sinngemäß auf zwei Zeilen aufgeteilt. Zusätze, zum Beispiel i. V. (in Vollmacht), i. A. (im Auftrag), ppa. (per procura) stehen zwischen der Bezeichnung des Unternehmens und der maschinenschriftlichen Namenswiedergabe mit je einer Leerzeile.	Mit freundlichem Gruß ¶ DIAL GmbH Bürobedarf ¶ i. V. ¶ Moni Tor
Die Zusätze können jedoch auch vor der Namenswiedergabe in derselben Zeile angeordnet sein. Dann sind für die handschriftliche Unterschrift drei Leerzeilen Platz zu lassen. Unterschreiben zwei Personen, werden die Namen so nebeneinander angeordnet, dass jede Person genügend Platz für die Unterschrift hat.	Mit freundlichem Gruß ¶ DIAL GmbH Bürobedarf ¶ ¶ ¶ ppa. Frank N. Stein i. V. Gill Bates
Damit der Empfänger feststellen kann, ob dem Brief Unterlagen beigefügt wurden, ist ein Anlagenvermerk zu schreiben. Dieser Anlagenvermerk folgt der maschinenschriftlichen Angabe der Unterzeichner nach einer Leerzeile. Er kann durch Fettschrift hervorgehoben werden. Unter dem Wort „Anlage" können die einzelnen Anlagen aufgeführt werden.	Freundliche Grüße ¶ Metallwarenfabrik Grüter & Lanfermann KG ¶ ¶ ¶ i. A. Weber ¶ **Anlage** 1 Preisliste
Besteht der Briefabschluss nur aus Grußformel und Anlagenvermerk, so sollte der Mindestabstand drei Leerzeilen betragen. Die im Brief genannten Anlagen müssen nicht einzeln aufgeführt werden. Es ist auch möglich, die Anlagen verkürzt aufzuführen.	Mit freundlichem Gruß ¶ ¶ ¶ **2 Anlagen**

Die Regeln des Anlagenvermerks gelten auch für den Verteilvermerk. Bekommt ein weiterer Empfänger eine Kopie des Briefes zur Kenntnisnahme, so folgt der Verteilvermerk dem Anlagenvermerk oder der Unterschriftswiederholung nach einer Leerzeile. Bei Platzmangel darf die Leerzeile entfallen. Fehlt der Anlagenvermerk, so tritt der Verteilvermerk an seine Stelle.	Mit freundlichen Grüßen ¶ Computertechnik Mausklick GmbH ¶ i. V. ¶ Meiser ¶ **Anlagen** 2 Kontoauszüge ¶ **Verteiler** Rechnungsabteilung
Bei langen Schriftstücken kann der Anlagen- und Verteilvermerk auch rechts neben dem Gruß bei 10 cm vom linken Rand beginnen.	Freundliche Grüße **Anlage** (10 cm) ¶ 1 Prospekt Möbelfabrik Kampmann & Co. **Verteiler** ¶ Frau Reiß ¶ ¶ i. V. Hartmann
Wird der Behördenbrief nicht eigenhändig unterzeichnet, schließt er in der Regel mit einem Beglaubigungsvermerk ab. Der Zusatz zur Unterschrift „im Auftrag" hat in der öffentlichen Verwaltung eine andere rechtliche Bedeutung als im kaufmännischen Schriftverkehr. Die Abkürzung i. A. ist beim Behördenbrief nicht üblich.	Mit freundlichem Gruß ¶ im Auftrag Malzahn ¶ Beglaubigt (Siegelabdruck) ¶ ¶ ¶ Freiberger Verwaltungsangestellte

Arbeitsanweisung:

Gestalten Sie folgende Briefabschlüsse normgerecht:

1. In den nächsten Tagen werden wir uns bei Ihnen melden. Mit freundlichem Gruß, Fachgeschäft für Büromaschinen Kleine & Sohn GmbH, Frank Schöne
2. Wir erwarten Sie am kommenden Dienstag um 09:00 Uhr in unserem Hauptgeschäft in Ulm. Freundliche Grüße, Autohaus PALMER & Co. KG, i. A. Siegburg, i. V. Meister
3. Bitte vereinbaren Sie mit uns einen Termin. Freundliche Grüße, Elektrogroßhandel Jens Weiße, Anlage 1 Prospekt
4. Wir sichern Ihnen eine schnelle Abwicklung zu. Mit freundlichem Gruß, Maschinenfabrik Hartmann KG, ppa. Schulte-Kellinghaus, Anlage 1 Preisliste, Verteiler Verkaufsabteilung
5. Die Waren werden Ihnen in der nächsten Woche zugestellt. Mit freundlichen Grüßen, Björn Kleine KG, 2 Anlagen
6. Der Leiter unserer Zweigstelle in Essen berät Sie gern. Mit bester Empfehlung, Im- und Export Dieter Steinke, i. A. Schulz, Verteiler Abt. Werbung
7. Unser Vertreter, Herr Urban, wird sich bei Ihnen telefonisch melden. Mit freundlichen Grüßen, Versicherungsagentur Fritz Möllmann, Anlage 1 Schadenmeldung

18 Mühlmeyer ISBN 978-3-8120-0772-6

**Handlungssituation:**
Moni Tor macht sich mit den Briefabschlüssen vertraut. Sie schreibt am Montag eine Klassenarbeit. Gill Bates überprüft sorgfältig.

**Arbeitsanweisung:**
Fertigen auch Sie die folgenden Briefabschlüsse an:

1. Sollten noch offene Fragen sein, stehen wir Ihnen jederzeit zur Verfügung. Mit freundlichen Grüßen, (Unterzeichner) Dr. Hans Wagner, Stellvertretender Leiter
2. Wir freuen uns, wenn Sie sich mit uns in Verbindung setzen. Mit bester Empfehlung, Hotel Sonne, i. A. Gerda Sonne, Anlagen 1 Hausprospekt, 1 Preisliste
3. Über eine positive Nachricht von Ihnen freue ich mich. Freundliche Grüße, Anlagen 1 Lebenslauf, 1 Lichtbild, 3 Zeugniskopien, 1 Urkunde in Kopie
4. Im Voraus besten Dank für die baldige Erledigung. Mit freundlichem Gruß, Rechtsanwaltskanzlei Dr. Monika Ross & Partner, i. V. Uwe Tront Rechtsanwalt
5. Für eine rasche Zusendung Ihres Angebots danken wir Ihnen schon jetzt. Mit freundlichen Grüßen, Storck & Baumann Papiergroßhandlung, i. A. Kurt Anholt

9.7 Geschäftsbrief mit Bezugszeichenzeile

Unter dem Anschriftfeld befindet sich beim Geschäftsbrief die Bezugszeichenzeile.

Die Bezugszeichenzeile enthält 4 Leitwörter:
        Ihr Zeichen, Ihre Nachricht vom
        Unser Zeichen, unsere Nachricht vom
        Telefon, Name
        Datum

Zwischen dem Anschriftfeld und der Bezugszeichenzeile werden beim Geschäftsbrief zwei Leerzeilen eingefügt. Die Leitwörter werden in der Schriftart Times New Roman, Größe 8 p oder in Arial 7 p geschrieben.

Die einzelnen Positionen der Bezugszeichenzeile sind in DIN 676 genau festgelegt. Hierfür sind exakte Tabulatorstopps zu setzen.

Bezugszeichen, Durchwahlmöglichkeit, Name und Ausfertigungsdatum des Briefes werden eine Zeile unter den vorgedruckten Leitwörtern, jeweils unter den Anfangsbuchstaben des ersten Leitwortes, in Schriftgröße 12 p in Times New Roman oder 11 p in Arial angegeben. Falls erforderlich, werden sie in zwei Zeilen aufgeteilt. Mehrere Bezugsangaben zu einem Leitwort dürfen auch durch ein Komma getrennt werden. In der Bezugszeichenzeile werden z. B. Kurzzeichen des Diktanten und des Schreibers – zwei oder drei Kleinbuchstaben des Vornamens oder Nachnamens und Mittestrich – aufgeführt (mü-ser).
Durch diese Angaben wird die Bearbeitung des Schriftverkehrs erleichtert und auch beschleunigt.

0 cm	5 cm	10 cm	15 cm
		Telefon, Name	
Ihr Zeichen, Ihre Nachricht vom	Unser Zeichen, unsere Nachricht vom	02041 123-	Datum
mü-ser	hm 20xx-04-13	456 Hans Meier	20xx-05-05

Die Leitwörter einer Bezugszeichenzeile können ergänzt, weggelassen oder verändert werden.

Sachbearbeiter	Aktenzeichen	Zimmer	Datum
Hans Meier	hm-VI 20xx-04-13	A304	20xx-05-05

Für die Eingabe der Leitwörter müssen die gesetzten Tabulatorstopps mit der Tabulatortaste angesprungen werden.

In der Bezugszeichenzeile können Haltepunkte (siehe Lektion 8.3) optimal genutzt werden.

<u>Beispiel zur Bezugszeichenzeile eines Briefwechsels:</u>

Die DIAL GmbH, Bottrop richtet eine Anfrage an die Büromaschinenfabrik Baumann KG in Essen. Herr Tollkühn (Kurzzeichen: tol) diktiert am 18. September 20xx einen Brief, der von Gill Bates (Kurzzeichen: bat) geschrieben wird. Die Durchwahlnummer lautet: 67.

Ihr Zeichen, Ihre Nachricht vom	Unser Zeichen, unsere Nachricht vom	Telefon, Name 02041 12345-	Datum
	tol-bat	67 Herr Tollkühn	20xx-09-18

Die Büromaschinenfabrik Baumann KG in Essen beantwortet die Anfrage und unterbreitet der Firma DIAL GmbH ein Angebot. Frau Heimann-Immenhoff (Kurzzeichen: hei) diktiert und Frau Normann (no) schreibt den Brief am 21. September 20xx. Telefon-Durchwahl der Firma Baumann lautet: 264.

Ihr Zeichen, Ihre Nachricht vom	Unser Zeichen, unsere Nachricht vom	Telefon, Name 0201 56789-	Datum
tol-bat 20xx-09-18	hei-no	264 Frau Heimann-Immenhoff	20xx-09-21

Die Firma DIAL GmbH nimmt das Angebot an und bestellt die angebotenen Büromaschinen am 24. September 20xx. Herr Tollkühn diktiert die Bestellung und Herr Bates schreibt sie.

Ihr Zeichen, Ihre Nachricht vom	Unser Zeichen, unsere Nachricht vom	Telefon, Name 02041 12345-	Datum
hei-no 20xx-09-21	tol-bat 20xx-09-18	67 Herr Tollkühn	20xx-09-24

Baumann KG kann einige Büromaschinen nicht fristgerecht liefern. Die Verkaufsleiterin Frau Heimann-Immenhoff diktiert am 30. September 20xx Frau Normann einen Brief an die DIAL GmbH.

Ihr Zeichen, Ihre Nachricht vom	Unser Zeichen, unsere Nachricht vom	Telefon, Name 0201 56789-	Datum
tol-bat 20xx-09-24	hei-no 20xx-09-21	264 Frau Heimann-Immenhoff	20xx-09-30

Bezugszeichenzeile mit Tabellenfunktion

Alternativ können Sie auch die Bezugszeichenzeile mithilfe der Tabellenfunktion – bestehend aus vier Spalten und zwei Zeilen – einrichten.
Klicken Sie in der Registerkarte **Einfügen** auf

Arbeitsablauf

- **Gruppe Tabellen**/Schaltfläche **Tabelle einfügen**

Geben Sie die Anzahl der erforderlichen Spalten und Zeilen an.

Klicken Sie mit der rechten Maustaste in die Tabelle und wählen Sie „Tabelleneigenschaften". Öffnen Sie die Registerkarte „Spalte". Bei „Bevorzugte Breite" der Spalte 1 geben Sie 5 cm ein. Verfahren Sie ebenso bei Spalte 2 und 3. Für Spalte 4 geben Sie 2,5 cm ein.

Die Rahmenlinien sind nach dem Beschriften auszublenden: Dazu markieren Sie die Tabelle und klicken Sie auf

- **Start/Gruppe Absatz**/Schaltfläche **Rahmen/Kein Rahmen**

Ihr Zeichen, Ihre Nachricht vom	Unser Zeichen, unsere Nachricht vom	☎ Name 02041 12345-	Datum
	tol-bat	67 Herr Tollkühn	20xx-12-16

Arbeitsanweisung:

Erstellen Sie die folgenden Bezugszeichenzeilen.

a) Der Abteilungsleiter, Herr Tollkühn, der Firma DIAL GmbH diktiert Frau Clara Fall (fa) am 5. November 20xx einen Brief an die Firma Schumann & Söhne. Die Telefon-Durchwahlnummer von Herrn Tollkühn ist 67.

b) Herr Schumann (sch) diktiert seiner Sekretärin, Frau Riemer (rie) am 10. November 20xx einen Antwortbrief an die Firma DIAL GmbH. Die Telefon-Durchwahlnummer von Herrn Schumann ist 345.

c) Frau Fall bearbeitet selbstständig den Schriftverkehr mit der Firma Schumann. Sie antwortet am 18. November 20xx. Sie hat die Telefon-Durchwahlnummer 68.

**Handlungssituation:**

Moni Tor, die Auszubildende der DIAL GmbH, bringt immer wieder die Bezugszeichen der Geschäftsbriefe durcheinander. Gill Bates, ihr Arbeitskollege, übt mit ihr die Gestaltung mithilfe der unten stehenden Angaben.

Arbeitsanweisung:

Fertigen Sie folgende Bezugszeichenzeilen normgerecht an.

1. Herr Frank N. Stein (st), Geschäftsführer der DIAL GmbH, diktiert Frau Clara Fall (fa) am 20. Oktober 20xx einen Brief an die Firma Mausklick Computerservice. Herr Stein hat die Telefon-Durchwahlnummer 60.

2. Frau Gebauer (ge), Sachbearbeiterin der Firma Mausklick Computerservice, Oberhausen erhält den Brief. Sie diktiert am 25. Oktober 20xx Frau Maler (ma) einen Antwortbrief an DIAL. Frau Gebauer hat die Telefon-Durchwahlnummer 444.

3. Herr Frank N. Stein beauftragt Frau Fall am 2. November 20xx dieses Schreiben zu beantworten und den Geschäftsfall abzuschließen.

**Handlungssituation:**

Zurzeit gehen in der Personalabteilung der DIAL GmbH sehr viele Bewerbungen ein. Aus Krankheitsgründen seiner Kollegin muss Torsten Tollkühn einer Bewerberin (Erika Jahn, Overbeckstraße 16 b aus 45147 Essen) einen Termin für ein Vorstellungsgespräch zukommen lassen. Er übergibt den Brief der Auszubildenden Moni Tor.

**Arbeitsanweisungen:**

1. Erstellen Sie für Moni einen Geschäftsbrief mit Bezugszeichenzeile form- und normgerecht.
2. Nehmen Sie im Brieftext die Absätze vor.
3. Speichern Sie den Geschäftsbrief unter dem Dateinamen „Geschäftsbrief mit Bezugszeichenzeile" ab.

Betreff: Einladung zum Vorstellungsgespräch
Brieftext: Sehr geehrte Frau Jahn
Besten Dank für Ihre Bewerbung vom 1. März 20xx. Ihre Unterlagen haben unser Interesse geweckt. Wir wollen Sie gerne in einem Vorstellungsgespräch näher kennenlernen. Für dieses Gespräch haben wir den 8. April 20xx um 10:30 Uhr terminiert. Bitte seien Sie rechtzeitig bei uns. Das Gespräch soll in unseren Geschäftsräumen stattfinden: *(Absatz)*
DIAL GmbH Bürobedarf
Franz-Beckenbauer-Allee 33 a
46236 Bottrop
(Absatz)
Bitte melden Sie sich bei Herrn Tollkühn. *(Absatz)*
Schon jetzt müssen wir Sie darauf aufmerksam machen, dass wir keinerlei Kosten erstatten. Hierzu zählen auch Reisekosten und Verdienstausfall. *(Absatz)*
Sollten Sie an dem genannten Termin verhindert sein, setzen Sie sich bitte telefonisch mit uns in Verbindung, damit wir einen anderen Termin abstimmen können. *(Absatz)*
Mit freundlichem Gruß

9.8 Absender- und Geschäftsangaben

Die obere Randeinstellung für das Briefblatt A4 Form B sieht für die Gestaltung der Absenderangaben 4,5 cm vor. Die untere Randeinstellung beträgt 2,5 cm und steht für die Eingabe der Geschäftsangaben zur Verfügung. Die Gestaltung erfolgt über die Kopf- und Fußzeile.

Über die Registerkarte **Einfügen**

- **Gruppe Kopf- und Fußzeile**/Schaltfläche **Kopfzeile**

wird der Befehl aufgerufen.

In der **Kopfzeile** können nun die **Absenderangaben** gestaltet werden. Die Absenderangaben bestehen meistens aus dem Namenszug des Unternehmens als WordArt und einem ClipArt.

Die **Fußzeile** steht für die **Geschäftsangaben** zur Verfügung. Die Angaben werden in der Schriftgröße 8 p geschrieben. Zu den Geschäftsangaben gehören Anschrift, Öffnungszeiten und Bankverbindung. Bei Kapitalunternehmen kommen gesellschaftliche Angaben wie Handelsregistereintrag, USt-ID-Nr. und Geschäftsführer hinzu. Die dazugehörigen Tabstopps können beliebig verteilt werden.

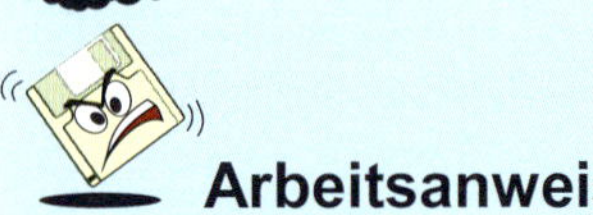

Übung

Arbeitsanweisung:
Gestalten Sie für die DIAL GmbH die oben abgebildete Kopf- und Fußzeile mit den Absender- und Geschäftsangaben.

9.9 Geschäftsbrief mit Kommunikationsangaben

Sind neben dem Telefon weitere Kommunikationsangaben, wie z. B. Telefax, E-Mail oder Mobil vorhanden, können diese zusätzlich in einer Kommunikationszeile aufgenommen werden. Diese steht rechts neben dem Anschriftfeld, beginnend in Höhe der letzten ausgefüllten Zeile des Anschriftfelds. Das erste Leitwort steht in der gleichen Höhe wie das dritte Leitwort der Bezugszeichenzeile, d. h. bei einer Tabstoppposition von 10 cm. Auch diese Leitwörter werden in Schriftgröße 8 p Times New Roman geschrieben. Die Angaben selber in Schriftgröße 12 p Times New Roman.

		Telefax 02041 1234- **57**	E-Mail schueler@web.de
Ihr Zeichen, Ihre Nachricht vom **20xx-10-13**	Unser Zeichen, unsere Nachricht vom **re-go 20xx-10-01**	Telefon, Name 02041 1234- **56 Herr Gerke**	Datum **20xx-10-22**

Übung

Arbeitsanweisung:
Erstellen Sie die folgende Kommunikationsangabe einschließlich des Anschriftfeldes und der Absenderangaben.

Der Auszubildende Gill Bates soll am 22. Februar 20xx für seinen Vorgesetzten Torsten Tollkühn einen Brief an die Bank schreiben.
Anschrift der Bank: Bankhaus „Kohlen und Reibach", Frau Rita Ratlos, Essener Str. 84, 46236 Bottrop
Anschrift der DIAL GmbH: DIAL GmbH Bürobedarf, Franz-Beckenbauer-Allee 33 a, 46236 Bottrop, Telefon: 02041 12345-67, Telefax: 02041 12345-68, E-Mail: dialgmbh@info.de

**Handlungssituation:**

In diesem Jahr findet in Hamburg die Interorga, die Fachmesse für Büroartikel, vom 10. bis 17. Mai 20xx statt. Der Auszubildende der DIAL GmbH, Gill Bates, darf mit seinem Vorgesetzten Torsten Tollkühn zwei Tage die Interorga besuchen. Dazu brauchen die beiden aber ein Hotel zum Übernachten. Gill Bates wird am 15. Januar beauftragt, zwei Einzelzimmer zu reservieren. Er recherchiert im Internet nach einem zentralen Hotel und den Zimmerpreisen. Gill findet das Messehotel Holiday, Borsteler Chaussee 27 – 29 in 20144 Hamburg. Daraufhin schreibt er folgenden Geschäftsbrief, in dem er um die Reservierung der Zimmer bittet.

**Arbeitsanweisungen:**

1. Gestalten Sie für Gill Bates mithilfe der nachfolgenden Informationen einen Geschäftsbrief mit Kommunikationsangaben form- und normgerecht.
2. Setzen Sie im Brieftext geeignete Absätze.
3. Speichern Sie den Brief unter dem Dateinamen „Geschäftsbrief mit Kommunikationsangaben" ab.

Betreff:
Zimmerreservierung für den 12. Mai 20xx
Brieftext:
Sehr geehrte Damen und Herren, vom 10. bis 17. Mai 20xx findet in Hamburg die Interorga, die Fachmesse für Büroartikel, statt. Deshalb bitten wir um eine Reservierung von zwei Einzelzimmern für den 12. Mai 20xx. Den Informationen im Internet konnten wir entnehmen, dass es sich um ein 3-Sterne-Hotel der Economy Class handelt. Liegt das Hotel zentral neben den Messehallen? Der Preis für ein Einzelzimmer beläuft sich auf 65,00 € pro Übernachtung. Darin ist auch das Frühstück enthalten. Falls Sie für diesen Termin ausgebucht sind, teilen Sie uns doch bitte einen möglichen Ersatztermin mit. Bitte bestätigen Sie die Zimmerreservierung bis zum 15. Februar 20xx per Fax. Wir freuen uns von Ihnen zu hören. Mit freundlichen Grüßen DIAL GmbH Bürobedarf

9.10 Geschäftsbrief mit Teilbetreff

Besteht ein Geschäftsbrief aus unterschiedlichen Abschnitten mit unterschiedlichem Inhalt, können diese Abschnitte im Brieftext übersichtlich dargestellt werden, indem sie an den Anfang des Absatzes gesetzt werden. Bei einem Teilbetreff handelt es sich um eine stichwortartige Zusammenfassung eines Briefabschnitts. Der Teilbetreff endet mit einem Punkt. Der Teilbetreff und der Punkt werden fett formatiert. Es kann auch eine Farbe gewählt werden. Wenn es der Übersichtlichkeit dient, können die Teilbetreffe auch nummeriert werden.

**Arbeitsanweisungen:**

1. Übernehmen Sie den folgenden Brieftext.
2. Überlegen Sie sich für den zweiten, dritten, vierten und fünften Absatz einen passenden Teilbetreff.

Sehr geehrte Frau Meier,

wir zählen Sie zu unseren ältesten und treuesten Kunden, denn Sie beziehen seit vielen Jahren Ihre Artikel für Ihr Büro von uns.

Für die Aufbewahrung Ihrer Ordner bieten wir Ihnen heute eine Ordner-Drehsäule an. Die Säule besticht durch ihr elegantes Design und bietet genügend Möglichkeiten, Ihr Büro übersichtlich zu gestalten. Man kann sie überall gut aufstellen, sodass sie in allen Abteilungen sehr einfach als Ablage verwendet werden kann.

Sie können wählen zwischen ca. 80 cm oder 100 cm Etagendurchmesser. Die Säule ist sehr standfest auf einem stabilen Metalldrehfuß montiert. Zwei eingebaute Kugellager sorgen für leichten und geräuschlosen Lauf. Die große Säule besitzt eine hohe Standfestigkeit von Säule und Ordnern durch eine 6er-Teilung der Etagen. Die Ordner-Drehsäule kann in den Farben Buche, Ahorn oder in Silber geliefert werden.

Wir können Ihnen dieses hervorragende Organisationsmittel zu einem Vorzugspreis von 299,00 € ohne Umsatzsteuer bieten. Bei einer Abnahme von drei Drehsäulen erhalten Sie einen Mengenrabatt von 15 %. Die Lieferung erfolgt innerhalb einer Woche nach Auftragserteilung frei Haus. Die Zahlung erbitten wir innerhalb von 10 Tagen nach Rechnungsdatum mit 2 % Skonto oder innerhalb von 30 Tagen ohne Abzug.

In der nächsten Zeit planen wir in unseren Geschäftsräumen eine Ausstellung, in der Sie sich unsere Ordner-Drehsäulen ansehen und ausprobieren dürfen.

Wir freuen uns auf Ihre Bestellung.

Mit freundlicher Empfehlung

i. A. Moni Tor

Aufgabe

 **Handlungssituation:**
Torsten Tollkühn möchte der Büromöbelfabrik Seifert & Korn, Postfach 23 57 in 44148 Dortmund ein neues Produkt vorstellen.

 **Arbeitsanweisungen:**
1. Schreiben Sie für Torsten Tollkühn den Geschäftsbrief mit Kommunikationsangaben entsprechend der Angaben norm- und formgerecht.
2. Gestalten Sie die Teilbetreffe normgerecht.
3. Speichern Sie die Datei unter dem Namen „Geschäftsbrief mit Teilbetreff".

<u>Betreff:</u> Designer-Drehstuhl „Champion"
<u>Brieftext:</u> Bei uns können Sie problemlos einkaufen. Natürlich können Sie auch vor Ort Probesitzen und sich von uns fachlich und kompetent beraten lassen. Produktangebot. Unsere Palette reicht vom praktischen Stapelstuhl bis zum exklusiven Chefdrehsessel. Heute bieten wir Ihnen den **Designer-Drehstuhl „Champion" Art.-Nr. 624631-1 für nur 129,00 €** an. Produktvorstellung. Der Drehstuhl ist auf fünf gebremsten Sicherheitsdoppellaufrollen verschiebbar. Er besitzt eine stufenlose Sitzhöhenverstellung. Er hat einen ergonomisch breiten Muldensitz und eine ergonomisch geformte, höhenverstellbare Rückenlehne. Auch die Sitztiefe ist durch einen Schiebesitz höhenverstellbar. Der Drehstuhl ist in sechs verschiedenen Stofffarben erhältlich. Lieferungsbedingungen. Die Lieferung erfolgt deutschlandweit frei Haus. Zahlungsbedingungen. Bei Kaufpreiszahlung innerhalb von 10 Tagen gewähren wir 2 % Skonto. Ab einer Absatzmenge von 10 Stück können wir Ihnen einen Sonderrabatt von 10 % einräumen. Und nun wünschen wir Ihnen viel Spaß beim Shoppen. Mit freundlichem Gruß

9.11 Geschäftsbrief mit Informationsblock

Als Alternative zur Bezugszeichen- und Kommunikationszeile kann auch ein Informationsblock genutzt werden. Dieser hat sich in der Praxis verstärkt durchgesetzt. Der Informationsblock wird rechts neben der Empfängeranschrift geschrieben, beginnend in Höhe der ersten Zeile des Anschriftfelds, bei einer Tabstoppposition von 10 cm (dieses entspricht dem dritten Leitwort).

Die Leitwörter des Informationsblocks heißen:
Ihr Zeichen, Ihre Nachricht vom, Unser Zeichen, Unsere Nachricht vom, Name, Telefon, Telefax, E-Mail, Datum.

Alle Angaben werden durch je eine Leerzeile in drei Blöcke aufgeteilt:
1. Block: Ihr Zeichen: – Ihre Nachricht vom: – Unser Zeichen: – Unsere Nachricht vom:
2. Block: Name: – Telefon: – Telefax: – E-Mail:
3. Block: Datum:

Die Leitwörter beginnen mit einem Großbuchstaben und enden mit einem Doppelpunkt. Nach dem Doppelpunkt wird ein Leerschritt gesetzt. Die Angaben setzen Sie unmittelbar hinter das Leitwort, in der im Brief verwendeten Schriftart und –größe.

Die angegebene Reihenfolge ist unbedingt zu beachten und einzuhalten. Der zweite Block kann durch zusätzliche Angaben beliebig erweitert werden. Nach zwei Leerzeilen folgt die Betreffangabe, beginnend an der Fluchtlinie.

DIAL GmbH Bürobedarf – Franz-Beckenbauer-Allee 33 a – 46236 Bottrop

¶	Ihr Zeichen: ger-man
¶	Ihre Nachricht vom: 20xx-12-12
¶	Unser Zeichen: tol-bat
Form & Schön OHG	Unsere Nachricht vom: 20xx-12-04
Frau Dr. Helga Schneider	¶
Postfach 11 22 33	Name: Gill Bates
46236 Bottrop	Telefon: 02041 12345-67
	Telefax: 02041 12345-68
	E-Mail: dialgmbh@info.de
	¶
	Datum: 20xx-12-14

¶
¶
Ihre Bestellung
¶
¶
Sehr geehrte Frau Dr. Schneider,
¶
für Ihre Bestellung bedanken wir uns recht herzlich.

Alternativ können die Leitwörter auch in einer kleineren Schriftgröße geschrieben werden. Für die Leitwörter dieses Informationsblocks muss bei der Schriftart Times New Roman mindestens die Schriftgröße 8 p gewählt werden. Die Angaben werden aber in Schriftgröße 12 p Times New Roman geschrieben. Sie werden in einer Fluchtlinie untereinander gesetzt. Orientieren Sie sich dabei am längsten Wort.

19 Mühlmeyer ISBN 978-3-8120-0772-6

DIAL GmbH Bürobedarf – Franz-Beckenbauer-Allee 33 a – 46236 Bottrop

¶
¶
¶
Form & Schön OHG
Frau Dr. Helga Schneider
Postfach 11 22 33
46236 Bottrop

Ihr Zeichen:	ger-man
Ihre Nachricht vom:	20xx-12-12
Unser Zeichen:	tol-bat
Unsere Nachricht vom:	20xx-12-04
¶	
Name:	Gill Bates
Telefon:	02041 12345-67
Telefax:	02041 12345-68
E-Mail:	dialgmbh@info.de
¶	
Datum:	20xx-12-14

¶
¶
Ihre Bestellung
¶
¶
Sehr geehrte Frau Dr. Schneider,
¶
für Ihre Bestellung bedanken wir uns recht herzlich.

Neben dem **Standardinformationsblock** haben Sie auch die Möglichkeit, einen **gestalteten Informationsblock** zu verwenden.
Bei einem gestalteten Informationsblock fehlen die Leitwörter „Ihr Zeichen:", „Ihre Nachricht vom:", „Unser Zeichen:" und „Unsere Nachricht vom:". Dafür sind die Leitwörter „Ihr Geschäftspartner:" und „Abteilung:" als variable Leitwörter aufgenommen worden. Leitwörter dürfen ergänzt, weggelassen oder verändert werden. Sie dürfen den Informationsblock nach Ihren Bedürfnissen gestalten. Die Angaben sollten mit einer Leerzeile gruppiert werden. Die Leitwörter haben eine kleinere Schriftgröße als der übrige Geschäftsbrief. Die Angaben hinter den Leitwörtern haben die gleiche Schriftart und Schriftgröße wie der übrige Geschäftsbrief. Einzelne Angaben, wie z. B. die E-Mail- oder Internetadresse, dürfen in einer kleineren Schriftgröße gesetzt werden. Es sollte aber mindestens eine Schriftgröße von 8 p gewählt werden.
Die Angaben hinter den Leitwörtern werden in einer Fluchtlinie untereinander gesetzt. Orientieren Sie sich dabei am längsten Wort.

DIAL GmbH Bürobedarf – Franz-Beckenbauer-Allee 33 a – 46236 Bottrop

•
•
•
Zeitschriftenvertrieb
Meyer & Krause KG
Postfach 1 58 53
46373 Bocholt
•
•

Ihr Sachbearbeiter:	Karsten Kaufmann
Abteilung:	Verkauf
Telefon:	02041 2429-61
Telefax:	02041 2429-62
E-Mail:	kaufmann-zeitschrift@web.de
Internet:	www.zeitschriften-meyer-krause.com
Datum:	20xx-06-06

Die Leitwörter des Informationsblocks dürfen auch rechtsbündig angeordnet werden. Diese Alternative funktioniert aber nur, wenn Sie die Leitwörter in einer Tabelle gestalten. Die Erklärung dazu folgt nach der Übung.

DIAL GmbH Bürobedarf – Franz-Beckenbauer-Allee 33 a – 46236 Bottrop

•	Ihr Sachbearbeiter:	Karsten Kaufmann
•	Abteilung:	Verkauf
•		•
Zeitschriftenvertrieb	Telefon:	02041 2429-61
Meyer & Krause KG	Telefax:	02041 2429-62
Postfach 1 58 53	E-Mail:	kaufmann-zeitschrift@web.de
46373 Bocholt	Internet:	www.zeitschriften-meyer-krause.com
•		•
•	Datum:	20xx-06-06

Arbeitsanweisung:

Fertigen Sie folgende Informationsblöcke einschließlich der Anschriftfelder normgerecht an.

a) Herr Frank N. Stein (st), Geschäftsführer der DIAL GmbH, diktiert seiner Sekretärin Frau Clara Fall (fa) am 28. Januar 20xx einen Brief an Herrn Robert Techmann bei der Bürotec GmbH. Herr Stein hat die Telefonnummer 02041 12345-60, die Telefaxnummer 02041 12345-61 und die E-Mail-Anschrift dialgmbh@info.de. Die Bürotec ist auf der Hohenzollernstraße 44 – 48 in 45128 Essen ansässig.

b) Frau Cordula Zum Brink (bri) ist Sachbearbeiterin bei der Firma Bürotec GmbH in Essen und erhält den Brief. Ihr Chef, Herr Robert Techmann (tec), diktiert ihr am 2. Februar 20xx einen Antwortbrief. Herr Techmann hat die Telefonnummer 0201 89624-12 und die Faxnummer 0201 89624-14. Seine E-Mail-Anschrift lautet techmann@bürotec.de.

c) Herr Stein beauftragt Frau Fall am 11. Februar 20xx das Schreiben von Herrn Techmann zu beantworten und den Geschäftsfall abzuschließen.

Informationsblock mit Tabellenfunktion

Alternativ können Sie auch den Infoblock mithilfe der Tabellenfunktion – bestehend aus zwei Spalten und neun Zeilen – einrichten. Dabei kann sich die Zeilenanzahl erhöhen, wenn mehr Leitwörter benötigt werden.

Auf der Registerkarte **Einfügen**

- **Gruppe Tabellen**/Schaltfläche **Tabelle/Tabelle einfügen**

geben Sie zwei Spalten und neun Zeilen ein. Möchten Sie bei einem gestalteten Informationsblock die Leitwörter rechtsbündig anordnen, arbeiten Sie mit 3 Spalten.

Klicken Sie mit der rechten Maustaste in die Tabelle, und wählen Sie „Tabelleneigenschaften". Öffnen Sie die Registerkarte „Spalte". Bei „Bevorzugte Breite" der Spalte 1 geben Sie 10 cm ein, damit die Spalte 2 bei 10,01 cm beginnen kann.

Die Rahmenlinien sind nach dem Beschriften auszublenden:
Markieren Sie die Tabelle und klicken Sie auf

- **Start/Gruppe Absatz/**Schaltfläche **Rahmen/Kein Rahmen**

		Ihr Zeichen:
		Ihre Nachricht vom:
Einschreiben		Unser Zeichen: tol-bat
Bürotec GmbH		Unsere Nachricht vom:
Herrn Robert Techmann		
Hohenzollernstr. 44 – 48		Name: Torsten Tollkühn
45128 Essen		Telefon: 02041 12345-67
		Telefax: 02041 12345-68
		E-Mail: dialgmbh@info.de
		Datum: 20xx-02-14

Arbeitsanweisung:
Erstellen Sie den oben abgebildeten Informationsblock mit Tabellenfunktion.

Handlungssituation:
Die DIAL GmbH plant im nächsten Monat die Anschaffung eines Firmenwagens. Um die Kosten besser einplanen zu können, soll die Auszubildende Moni Tor am 21. Januar 20xx den Versicherungsvertreter Herrn Theo Staubig von der KUK Coburg auf der Gutenbergstraße 5 in 96450 Coburg anschreiben, um sich genauere Informationen über die Kfz-Haftpflichtversicherung und eine Vollkaskoversicherung zukommen zu lassen.

Arbeitsanweisungen:
1. Helfen Sie Moni und schreiben Sie mithilfe der unten stehenden Angaben einen Geschäftsbrief mit Informationsblock form- und normgerecht.
2. Nehmen Sie geeignete Absätze vor.
3. Speichern Sie den Brief unter dem Dateinamen „Geschäftsbrief mit Informationsblock" ab.

Betreff:
Information über Vollkaskoversicherung
Brieftext:
Sehr geehrter Herr Staubig, vor ca. zwei Wochen erhielten wir von Ihnen eine Informationsbroschüre über Ihr Versicherungspaket. Da wir uns in den nächsten Wochen einen Firmenwagen anschaffen werden, überlegen wir, diesen bei Ihnen versichern zu lassen. Dazu bitten wir Sie, uns neben der Kfz-Haftpflichtversicherung auch Informationen für eine Vollkaskoversicherung zukommen zu lassen. Zudem sind bei uns diesbezüglich noch einige offene Fragen. Wovor schützt die Vollkaskoversicherung? Welche Ersatzansprüche ergeben sich aus der Vollkaskoversicherung? Bitte schicken Sie uns die aktuellen Beiträge und beantworten Sie unsere offenen Fragen. Vielen Dank im Voraus. Mit freundlichen Grüßen DIAL GmbH Bürobedarf

9.12 Geschäftsbrief mit Fortsetzungsblatt

Wenn der Text eines Briefs nicht mehr auf eine Seite passt, sollte eine zweite Seite begonnen werden. Passt der Briefschluss nicht mehr auf eine Seite, sollten auch mindestens zwei Zeilen Text auf die zweite Seite übernommen werden. Die Rückseite eines Briefblattes wird nicht beschrieben. Für die Gestaltung eines **Fortsetzungsblatts** haben Sie zwei Möglichkeiten:

Alternative A:
Auf der ersten Seite wird nach dem Text eine Leerzeile gelassen. In der Zeile darunter werden rechtsbündig drei Punkte gesetzt. Danach erfolgt ein Seitenumbruch, den eine gepunktete Linie anzeigt, wenn man auf der Registerkarte Start das Symbol „einblenden" aktiviert hat. Wird ein Fortsetzungsblatt mit einem Briefkopf gewählt, lässt man auf der zweiten Seite zunächst eine Leerzeile. Darunter in der Zeile setzt man zentriert die Seitenzahl - 2 -. Die folgende Zeile bleibt leer und darunter geht der Brieftext weiter. Wird ein Fortsetzungsblatt ohne Briefkopf verwandt, sollen vier Leerzeilen eingefügt werden. In der fünften Zeile wird dann die Seitenzahl - 2 - zentriert gesetzt. Danach folgt wieder eine Leerzeile.

Beispiel:

Brieftext, Brieftext, Brieftext, Brieftext, Brieftext, Brieftext, Brieftext, Brieftext, Brieftext, Brieftext, Brieftext, Brieftext.
¶

                                                                                    ...

---------------------Seitenumbruch---------------------¶

¶
\- 2 -
¶
Brieftext, Brieftext, Brieftext, Brieftext, Brieftext, Brieftext, Brieftext, Brieftext, Brieftext.

Alternative B:
Die Seitennummerierung „Seite x von y" sollte vorzugsweise in der Fußzeile stehen und rechtsbündig formatiert werden. Die Nummerierung sollte sowohl auf der ersten Seite als auch auf allen folgenden Seiten stehen. Davor muss mindestens eine Leerzeile bleiben. Die drei Punkte für die Folgeseiten entfallen ebenso wie der Hinweis oben auf der zweiten Seite. Der Brieftext auf der zweiten Seite beginnt nach einer Leerzeile.

Beispiel:

Brieftext, Brieftext, Brieftext, Brieftext, Brieftext, Brieftext, Brieftext, Brieftext, Brieftext, Brieftext, Brieftext, Brieftext.
¶

Fußzeile

Seite·1·von·2¶

¶
Brieftext, Brieftext, Brieftext, Brieftext, Brieftext, Brieftext, Brieftext, Brieftext, Brieftext, Brieftext, Brieftext, Brieftext.

Fußzeile

Seite·2·von·2¶

Arbeitsanweisung:
Machen Sie aus dem folgenden Textauszug einen Geschäftsbrief mit Fortsetzungsblatt.

…

Die Preise verstehen sich ab Werk Bochum. Gegen einen Aufpreis von 6 % auf den Zieleinkaufpreis liefern wir Ihnen die Ware gern frei Haus. Ab einer Bestellmenge von 1.000 Stück bieten wir Ihnen 2,5 % Rabatt auf den Nettowarenwert.

Unsere Zahlungsbedingungen lauten: 14 Tage ab Rechnungsdatum 2 % Skonto, 30 Tage netto.

Da wir das Holz ständig auf Lager haben, können wir auch kurzfristig liefern.

Über einen Auftrag von Ihnen freuen wir uns.

Mit freundlichen Grüßen

Handlungssituation:
Torsten Tollkühn möchte die Kundin der DIAL GmbH, Frau Dr. Helga Schneider, auf die Kollektion der Bürostühle aufmerksam machen. Frau Schneider betreibt ein Marketingbüro mit dem Namen Form & Schön OHG in 46236 Bottrop (Postfach 11 22 33). Sie bezieht als Stammkundin ihre Büroartikel von der DIAL GmbH. Gill Bates bekommt den Brieftext von Herrn Tollkühn vorgegeben und soll den Geschäftsbrief erstellen.

Arbeitsanweisungen:
1. Erstellen Sie mithilfe der folgenden Angaben einen Geschäftsbrief mit Informationsblock form- und normgerecht.
2. Nehmen Sie geeignete Absätze vor.
3. Speichern Sie den Geschäftsbrief unter dem Dateinamen „Geschäftsbrief mit Fortsetzungsblatt" ab.

Betreff: Die richtigen Bürostühle
Brieftext: Noch immer arbeiten sehr viele Berufstätige in Deutschland auf schlechten Bürostühlen. Zu diesem Ergebnis kommt das deutsche Büromöbel-Forum und die Initiative „Neue Qualität der Büroarbeit" in einer aktuellen Untersuchung. Das Wichtigste für den richtigen Büroarbeitsplatz sind die Bürostühle. Immerhin haben bereits 85 % aller Unternehmen und öffentlichen Verwaltungen die durch die Bildschirmverordnung vorgeschriebenen Auflagen für einen idealen Büroarbeitsplatz veranlasst. Das sind 20 % mehr als noch vor 2 Jahren. Warum achten aber nur sehr wenige auf den komfortablen Sitzkomfort für unsere Berufstätigen? Auf folgende Punkte sollten Sie bei Ihrer Büroeinrichtung achten: Richtige Schreibtischhöhe. Um Haltungsschäden und Rückenschmerzen vorzubeugen, sollte sich die Arbeitsfläche des Schreibtisches je nach Körpergröße zwischen 19 cm und 28 cm über der Sitzflächenhöhe befinden. Ausreichend Tischfläche. Damit jeder an seinem Büroarbeitsplatz genug Raum zum Arbeiten und Denken hat, sollte die Tischfläche mindestens 160 x 80 cm groß sein. Bei dieser Größe kann man bequem arbeiten, ohne ständig Gefahr zu laufen, die Unterlagen vom Schreibtisch zu fegen. Tastatur mit Neigungswinkel. Für ergonomisches Arbeiten sollte die Tastatur des Computers maximal 30 mm hoch sein und in einer geringeren Neigung als 15 Grad auf der Arbeitsfläche aufliegen. Beinfreiheit. Laut Bildschirmverordnung sollte die Höhe des Schreibtisches mindestens 65 cm, die Breite 58 cm und die Tiefe 60 cm betragen. Kommen wir nun zu den Bürostühlen! Um am Büroarbeitsplatz richtig zu sitzen, sollte

die Lehne des Schreibtischstuhls bis zu den Schulterblättern reichen und der Stuhl flexibles Sitzen zulassen. Diesen Vorzug bieten z. B. unsere Produkte „Chefsessel Master", „Bürodrehstuhl Pro 2005" und der Bürostuhl „Queen 1". Unsere Besonderheit: Mit dem Bürostuhl „Queen 1" haben wir auch einen Bürostuhl im Programm, der auf die Bedürfnisse von Frauen am Büroarbeitsplatz zugeschnitten ist. Prüfen Sie doch einfach einmal den Sitzkomfort Ihrer Angestellten. Denn nur zufriedene und gesunde Mitarbeiter können vernünftige Arbeit leisten! Ein Prospekt über unsere Bürostühle legen wir diesem Schreiben bei.

9.13 Geschäftsbrief mit Haltepunkten

Um sich die Mühe zu ersparen, jeden einzelnen Brief immer neu zu erstellen, kann man die Textpassagen, die identisch sind, als Dokumentvorlage speichern. Diese Vorlage kann mit Haltepunkten versehen und später mit individuellem Text ergänzt werden. So können Geschäftsbriefe rationell genutzt werden. In der nachfolgenden Tabelle finden Sie die Befehle zum Arbeiten mit den Haltepunkten.

Ausführliche Erklärungen zu den Dokumentvorlagen und Haltepunkten finden Sie in der Lektion 8.

Arbeitsanweisungen:

1. Erstellen Sie den nachfolgenden Geschäftsbrief an die Büromöbelfabrik Seifert & Korn, Postfach 23 57, 44148 Dortmund form- und normgerecht.
2. Geben Sie die Haltepunkte ein.
3. Speichern Sie diesen Brief als Dokumentvorlage unter dem Dateinamen „Zahlungserinnerung" ab.
4. Steuern Sie die einzelnen Haltepunkte an und füllen Sie diese mit den folgenden Angaben aus.
5. Danach speichern Sie unter „Zahlungserinnerung Seifert" ab.

① = Damen und Herren   ② = 376   ③ = 17. Nov. 20xx   ④ = 17. Dez. 20xx
⑤ = 2.725,00 €   ⑥ = Torsten Tollkühn

{ \Empfänger } = Textmarke in das Anschriftfeld eingeben

Zahlungserinnerung

Sehr geehrte { \① },

sicher haben Sie übersehen, unsere Rechnung Nr. { \② } vom { \③ } zu begleichen. Die beigefügte Rechnungskopie zeigt Ihnen, dass die Zahlung bereits am { \④ } fällig war.

Wir bitten Sie, den Betrag von

{ \⑤ }

umgehend zu überweisen.

Sollten Sie zwischenzeitlich bereits gezahlt haben, sehen Sie dieses Schreiben bitte als gegenstandslos an.

Freundliche Grüße   **Anlage**
                                      1 Rechnungskopie

DIAL GmbH
Bürobedarf

{ \⑥ }

Arbeitsanweisungen:

1. Öffnen Sie die Dokumentvorlage „Zahlungserinnerung", denn die Firma Bürodesign Helmut Hartmann, Hanauer Landstraße 334, 60314 Frankfurt hat ebenso die Rechnung nicht beglichen.
2. Füllen Sie die Haltepunkte aus speichern sie unter „Zahlungserinnerung Hartmann" ab.

① = r Herr Hartmann   ② = 381   ③ = 19. Nov. 20xx   ④ = 19. Dez. 20xx
⑤ = 3.250,00 €   ⑥ = Torsten Tollkühn

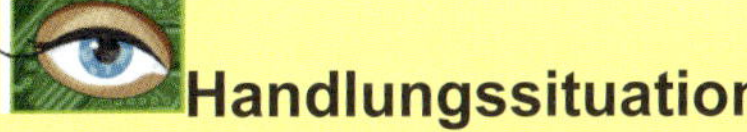

Handlungssituation:

Sie sind Mitarbeiter(in) der DIAL GmbH und arbeiten in der Rechnungsabteilung. Ihr Vorgesetzter, Herr Tollkühn, beauftragt Sie, an alle Kunden mit Außenständen eine Zahlungserinnerung zu schreiben. Nutzen Sie hierfür den Standardbrief mit variablen Textstellen.

Arbeitsanweisungen:

1. Erstellen Sie den nachfolgenden Geschäftsbrief form- und normgerecht an die Firma Schreibwaren Gisela Hürter, Kantstraße 1 a, 59069 Hamm.
2. Geben Sie die Haltepunkte ein.
3. Speichern Sie den Urtext als Dokumentvorlage „Messebesuch", damit Sie ihn mehrfach verwenden können.
4. Füllen Sie danach die folgenden Haltepunkte aus:

① = Frau Hürter   ② = Hängeregistratur   ③ = Montag, 15. Mai 20xx

④ = 09:30 Uhr   ⑤ = Tollkühn   ⑥ = Bates

{ \Empfänger } = Textmarke in das Anschriftfeld eingeben

Ihr Messebesuch

Sehr geehrte { \① }, vielen Dank für Ihren Besuch an unserem Messestand in Düsseldorf. Sie haben Interesse an unserer { \② } gezeigt und um eine nähere Erklärung in unserem Unternehmen gebeten. Ihr Terminvorschlag sagt uns zu. Wir erwarten Sie am <u>{ \③ } um { \④ }</u>,* damit wir Ihnen unsere Produkte und deren Anwendungsmöglichkeiten demonstrieren können. Unser Mitarbeiter, Herr { \⑤ }, steht Ihnen für weitere Fragen jederzeit zur Verfügung. Wir freuen uns auf Ihren Besuch. Mit bester Empfehlung DIAL GmbH Bürobedarf, i. A. { \⑥ }

*) den unterstrichenen Textteil bitte zentrieren

Die Firma Maximilian Reitmann GmbH, Dorstener Straße 76, 45657 Recklinghausen soll ebenfalls zur Vorstellung der Produkte nach dem Besuch der Messe eingeladen werden. Erstellen Sie auch diesen Brief.

① = r Herr Reitmann   ② = Computeranlage   ③ = Mittwoch, 17. Mai 20xx

④ = 10:30 Uhr   ⑤ = Bates   ⑥ = Torsten Tollkühn

20 Mühlmeyer ISBN 978-3-8120-0772-6

Kapitel 10 Textformulierungen

Auch wenn es bei einem Geschäftsbrief um geschäftliche Belange geht und nicht um persönliche Dinge, steht der Empfänger im Mittelpunkt des Briefes. Um den Empfänger auch persönlich anzusprechen, gelten einige Grundregeln für den Briefaufbau sowie für die Formulierung.

10.1 Briefaufbau

Den Brief kann man aufteilen in

Briefanfang/ Brieferöffnung	Der Anfang eines Briefes sollte empfängerfreundlich gestaltet werden. Sie sollten mit positiven Gedanken einsteigen und die Gedanken des Briefpartners aufnehmen. Der Brief sollte höflich geschrieben werden. Sie sollten direkt zur Sache kommen.
Briefkern	Der eigentliche Briefinhalt sollte in einige Absätze gegliedert werden. Pro Absatz ist ein Gedanke ausreichend. Die Argumente sollten klar und verständlich formuliert sein.
Briefschluss	Der Brief sollte mit einem Aktionssatz beendet werden. Man kann seinen Geschäftspartner freundlich zum Handeln auffordern.

Zunächst einmal müssen Sie über den Sachverhalt nachdenken. Erst dann kann Ihnen klar werden **Was** Sie im Brief sagen wollen und **Wie** Sie es am besten formulieren. Der Inhalt des Briefes ist abhängig von der **Absicht des Verfassers** und der **Wirkung**, die erzielt werden soll.

Folgende Fragen sollen Sie sich stellen:
- An wen schreibe ich den Brief?
- Aus welchem Grund schreibe ich den Brief?
- Was muss der Brief mitteilen?
- Welche Fragen müssen durch den Brief beantwortet werden?
- Welchen Sachverhalt muss der Brief klären?
- Welche Informationen müssen dem Empfänger mitgeteilt werden?
- Welche Lösung bietet der Brief an?

Nach Fertigstellung eines Briefes sollte dieser noch einmal kritisch überarbeitet werden. Lesen Sie sich den Entwurf laut vor und prüfen Sie ihn auf Klang und Wirkung. Prüfen Sie, ob alle Inhalte in der richtigen Reihenfolge vorhanden sind, ob die Länge des Briefes in Ordnung ist oder ob Sie treffender formulieren können. Vor allem prüfen Sie die Rechtschreibung und die Grammatik Ihres Briefes.

Übung

Arbeitsanweisungen:
1. Stellen Sie sich vor, Sie sind der Empfänger des Briefes. Welche Wirkung lösen die folgenden Formulierungen bei Ihnen aus?
2. Unterbreiten Sie Vorschläge, wie Sie diese Formulierungen angemessener formulieren können! Streichen Sie überflüssige Formulierungen bzw. überflüssige Wörter!

Formulierung	Mögliche Wirkung	Verbesserung
1. Mahnung		
… bei Durchsicht unserer Unterlagen konnten wir leider den Eingang der Zahlung für die von uns an Sie gelieferte Ware noch nicht feststellen.		

Nachdem vereinbarungsgemäß die Zahlung der Ware bereits zur 2. Kalenderwoche fällig wurde, bitten wir um Überweisung bis spätestens zum 20. Januar 20xx.		
Sie können dazu unser beiliegendes Formular verwenden oder bar in unserem Büro zahlen.		
Sollte ein Irrtum unsererseits vorliegen, bitten wir um telefonische Klärung.		

10.2 Tipps für einen guten Briefstil

In den kaufmännischen Briefen gibt es eine Reihe von stilistischen und sprachlichen Mängeln, die sich durch eine erstaunliche Langlebigkeit auszeichnen.

Deshalb hier einige sprachliche Grundregeln:

Der Sie-Stil
Reden Sie Ihren Geschäftspartner mit dem „Sie"-Stil an. So stellt man den Geschäftspartner in den Vordergrund und geht persönlich auf seine Wünsche ein. Man entwickelt leichter ein Gefühl dafür, was der Kunde braucht. Der Sie-Stil wirkt persönlich und kundenorientiert.

schlecht	Verbesserungen
Wir übersenden Ihnen …	Sie erhalten …
Wir bieten Ihnen an …	Sie interessieren sich für …

Höflichkeitsfloskeln
In Geschäftsbriefen findet man häufig Wendungen, wie z. B: „Ich erlaube mir …" oder „Wir möchten Sie darauf hinweisen, dass …". Diese Floskeln sind anstrengend und aufgrund ihres formelhaften Gebrauchs klingen sie auch nicht höflich und bescheiden. Zudem sind sie für den Briefinhalt überflüssig. Auf solche umständlichen Floskeln sollte verzichtet werden. Auch das Wort „möchte" sollte nur in seiner eigentlichen Bedeutung, bei einem Wunsch verwendet werden.

schlecht	Verbesserungen
Wir möchten Sie darauf hinweisen, dass …	Wir weisen Sie darauf hin …
Ich erlaube mir …	Wir/Ich bitte/n Sie …
Hinsichtlich Ihre Angebots würden wir vorschlagen …	Zu Ihrem Angebot machen wir folgenden Vorschlag …
Leider müssen wir Ihnen zu unserem Bedauern mitteilen, dass …	Wir teilen Ihnen mit, dass …

Füllwörter
In der Umgangssprache stören Füllwörter kaum, im kaufmännischen Schriftverkehr sollten Sie vermieden werden. Solche Füllwörter lauten:
dann, natürlich, ja, auch, gewissermaßen, aber, so, nun, denn, doch, natürlich, selbstverständlich, jedoch, eben, sozusagen, eigentlich, wirklich, übrigens.
Dazu zählen auch „Unseres Erachtens" oder „Unter Umständen".

schlecht	Verbesserungen
Wir bitten Sie außerdem, uns ein Zahlungsziel von 8 Wochen einzuräumen.	Wir bitten Sie, uns ein Zahlungsziel von 8 Wochen einzuräumen.
Zum Schluss sei übrigens noch daran erinnert, dass wir die von Ihnen zugesagten Prospekte leider immer noch nicht erhalten haben.	Zum Schluss erinnern wir Sie daran, dass wir die Prospekte noch nicht erhalten haben.

Positiv schreiben

Auch Unerfreuliches kann man positiv formulieren. Bei aller sachlichen Kürze: freundliche Worte oder Bitten, die Bereitschaft der Zusammenarbeit nimmt jeden Leser für sich ein. Freundlichkeit und Offenheit fördern das Geschäftsklima.

schlecht	Verbesserungen
Sie haben noch nicht bezahlt!	Sicher haben Sie unsere Rechnung vergessen. Bitte zahlen Sie bis zum …
Leider müssen wir Ihre Bewerbung ablehnen.	Vielen Dank für Ihre Bewerbung. Wir haben einem anderen Bewerber den Vorzug gegeben.

keine Doppelungen

Vermeiden Sie Doppelausdrücke. Unnötige Adjektive zur Charakterisierung blähen den Brief unnötig auf. Beispiele hierfür sind: „runder Kreis", „erstes Vorgespräch", „alter Greis", „weißer Schimmel", „rotes Blut", „falsche Fehler", „wegrationalisieren", „zusammenaddieren".

schlecht	Verbesserungen
Wir erwarten Ihre Rückantwort.	Wir erwarten Ihre Antwort.
Wir haben unsere Bottroper Verkaufsräume neu renoviert.	Wir haben unsere Bottroper Verkaufsräume renoviert.
Die Preise wurden um 2 % herabgemindert.	Die Preise wurden um 2 % gemindert.

verstaubte Wörter und Floskeln

Bei einigen Wörtern handelt es sich um veraltete Floskeln, die überflüssig sind. Sie sollten deshalb nicht verwendet werden. Dazu gehören die Wörter: „anlässlich", „diesbezüglich", „gemäß", „hinsichtlich", „in Anbetracht" „zwecks" etc.
Schreiben Sie Ihren Brief nicht in Beamtendeutsch!

schlecht	Verbesserungen
Von Seiten des Herstellers ist …	Von den Herstellern …
Zu Ihrem Angebot machen wir folgenden Vorschlag …	Wir schlagen Ihnen vor …
Ihrerseits ist beanstandet worden …	Sie haben beanstandet …

Verben benutzen

Verben prägen den Briefstil. Verben wirken lebendig, anschaulich und verständlich. Ausdrucksweisen wie z. B. „Zum Verbleib" oder „Notwendigkeit" sind unpersönlich. Besser klingen die Verben wie z. B. „verbleiben" oder „notwendig".

schlecht	Verbesserungen
… in Rechnung stellen …	… berechnen …
Im Falle der Nichtbezahlung …	Falls Sie nicht zahlen …

Substantive und Substantivierungen vermeiden

Ebenfalls sollen Substantive mit den Endungen „-ung", -„ion", „-ismus", „-heit", „-keit", „-schaft" oder „-nahme" vermieden werden. Der Brief wirkt lebendiger!

schlecht	Verbesserungen
Wir sind zu der Erkenntnis gekommen, dass …	Wir haben erkannt, dass …
In Beantwortung Ihres oben genannten Schreibens.	Wir beantworten Ihr Schreiben.
Diese Angelegenheit fällt nicht in unseren Zuständigkeitsbereich.	Wir sind nicht zuständig.
Wir haben Preissenkungen vorgenommen.	Wir haben die Preise gesenkt.

Satzbau

Je länger der Satz ist, desto kompliziert ist er zu lesen. Deshalb sollten lange, umständliche Sätze vermieden werden. Ein Satz mit ca. 20 Wörtern gilt dabei als schwer verständlich. Dies gilt auch für die sogenannten Schachtelsätze. Sie entstehen, wenn noch weitere Nebensätze hinzugefügt werden. Der Inhalt wird dadurch unverständlich. Schreiben Sie lieber zwei kurze Sätze.

schlecht	Verbesserungen
Unser Fachgeschäft, das hier schon lange gefehlt hat, weil es hier an Räumlichkeiten mangelte, die aber nun zur Verfügung stehen, wird am 1. April eröffnen.	Unser Fachgeschäft hat hier vor Ort schon lange gefehlt. Bisher mangelte es an den Räumlichkeiten, die jetzt verfügbar sind. Wir eröffnen am 1. April.
Eine Entschädigung für den an Ihrem PKW entstandenen Schaden ist von unserer Versicherungsseite nicht vorgesehen.	Ihr PKW ist beschädigt worden. Unsere Versicherung entschädigt Sie dafür nicht.

Indikativ (Gegenwartsform/Wirklichkeitsform) kein Konjunktiv (Möglichkeitsform)

Der Konjunktiv führt zu umständlichen Formulierungen. Deshalb sollten Sie den Konjunktiv vermeiden.

schlecht	Verbesserungen
Die Lieferung dürfe nicht so lange dauern.	Die Lieferung darf nicht so lange dauern.
Wir würden die neue Filiale gerne um 10:00 Uhr eröffnen.	Wir eröffnen die neue Filiale um 10:00 Uhr.

Aktivsätze statt Passivsätze

Das Aktiv wirkt anschaulich und lebendig. Zudem ist das Aktiv die gebräuchlichste Ausdrucksform im täglichen Leben. Das Passiv wirkt unpersönlich und ist häufig umständlich.

schlecht	Verbesserungen
Der Betrag wird von uns überwiesen.	Wir überweisen den Betrag.
Es wird Ihnen von uns garantiert, dass …	Wir garantieren Ihnen, dass …
Bei Zahlung innerhalb von 10 Tagen wird 3 % Skonto eingeräumt.	Wir räumen bei Zahlung innerhalb von 10 Tagen 3 % Skonto ein.
Es wird gebeten, …	Bitte …

Fremdwörter und Abkürzungen

Man sollte Fremdwörter grundsätzlich nur anwenden, wenn man auch die Bedeutung kennt. Häufig kann man mit dem deutschen Begriff das gleiche ausdrücken. Vermeiden Sie Fremdwörter, wenn sie annehmen, dass der Empfänger sie nicht versteht. Verwenden Sie nicht zu viele Fremdwörter! Es sollten auch nur die Fach- und Fremdwörter benutzt werden, die in der jeweiligen Branche üblich sind, damit jeder versteht, was gemeint ist.

schlecht	Verbesserungen
Für unsere Akquise …	Für unsere Kundenneuwerbung …
Aufgrund des Outsourcings unserer Datenverarbeitung …	Aufgrund der Auslagerung unserer Datenverarbeitung …

Umgangssprache

Da Sie im Auftrag des Unternehmens schreiben und nicht für sich privat, sollen Sie sich auch dem Stil des Unternehmens anpassen. Benutzen Sie keine Ausdrücke und Modewörter, die Sie auch privat nutzen würden.

schlecht	Verbesserungen
Unser Unternehmen findet es voll geil, wenn Sie …	Unser Unternehmen findet es sehr nett, wenn Sie …
Wir bieten Ihnen ein cooles Produkt an.	Wir bieten Ihnen ein attraktives Produkt an.

direkte Fragetechnik

Die indirekte Fragetechnik verlangt häufig den Konjunktiv. Da Sie diesen vermeiden sollen, wenden Sie die direkte Fragetechnik an.

schlecht	Verbesserungen
Unser Kundenberater fragt, wann sie liefern könnten?	Unser Kundenberater fragt: „Wann können Sie liefern?"
Es wäre interessant zu wissen, wann die Lieferung in Bottrop eintrifft.	Wann trifft die Lieferung in Bottrop ein?

Ich und Wir

„Ich-Sätze" wirken auf den Kunden sehr persönlich und vertraulich. Der Kunde fühlt sich verstanden und man kümmert sich persönlich um ihn. Wenn im Brief das Unternehmen oder die Abteilung repräsentiert wird, fühlt sich der Kunde beim „Wir-Satz" persönlich gut aufgehoben.

schlecht	Verbesserungen
Man garantiert Ihnen …	Wir garantieren Ihnen …
Man wird Ihnen versichern, dass die Ware bis Ende des Monats geliefert wird.	Ich versichere Ihnen, dass die Ware bis Ende des Monats geliefert wird.

Übung

Arbeitsanweisung:

Formulieren Sie besser.

Formulierung	Verbesserung
1. Eine Übereinstimmung der an beiden Maschinen festgestellten Beschädigungen ist nicht gegeben.	
2. Es wird gebeten, uns die fehlenden Unterlagen zuzusenden.	
3. Die Lieferung können wir erst in 3 Wochen durchführen.	
4. Dann würde uns keine andere Wahl bleiben, als auf den Auftrag zu verzichten.	
5. Die Leitung der Frankfurter Filiale haben wir Frau Weber übertragen. Sie hat eine Nutzfläche von 280 m^2.	
6. Ich weise Sie ausdrücklich darauf hin, dass unsere bisherigen Preislisten am 30. d. M. ihre Gültigkeit verlieren.	
7. Wir unterbreiten Ihnen den Vorschlag, dass diese Entwürfe auch dem Außendienst übermittelt werden.	
8. Natürlich können Sie die Unterlagen erforderlichenfalls auch einsehen.	
9. Der Kunde hat bereits schon früher häufig reklamiert.	
10. In Bezug auf Ihre Reklamation haben wir festgestellt, dass die Kritik berechtigt ist.	
11. Anbei erhalten Sie unsere neuen Lieferungs- und Zahlungsbedingungen.	
12. Aufgrund der Änderung der Öffnungszeiten …	
13. Sind Sie in der Lage zu bestellen?	
14. Wann werden Sie unsere Bestellung in Auslieferung bringen?	
15. Wir bestätigen dankend den Erhalt Ihres Schreibens.	
16. Die Waren konnten von uns nicht abgeschickt werden.	
17. Ihrer baldigen Antwort entgegensehend verbleiben wir …	
18. Sie werden Ihren Betrag zurückerstattet bekommen.	
19. Leider haben wir … übersehen und bitten um Entschuldigung.	

10.3 Tipps für den Briefanfang und den Briefschluss

Versuchen Sie die Einleitungs- und Schlusssätze in Dialogform zu gestalten. Einleitungssätze beginnen mit der Information und Schlusssätze dienen als Steuerungsinstrument für die Schlussinformation. Sie sollen nicht kompliziert, aber anspruchsvoll sein.

Briefanfang
Diese Einleitungssätze sollten Sie **vermeiden**:
- ☹ bezugnehmend auf Ihr o. g. Schreiben …
- ☹ mit diesem Schreiben teilen wir Ihnen mit, dass ...
- ☹ in Beantwortung Ihres o. g. Schreibens …
- ☹ wir bestätigen dankend den Eingang Ihres Schreibens …
- ☹ anbei senden wir Ihnen …
- ☹ beigefügt überreichen wir Ihnen …
- ☹ mit Bezug auf Ihr Schreiben …
- ☹ Sie wollen bitte Kenntnis nehmen, dass …
- ☹ leider müssen wir Ihnen zu unserem Bedauern mitteilen, dass …

Diese Formulierungen sind weder zeitgemäß noch kundenorientiert. Sie verschenken den guten Eindruck, den Sie zu Beginn des Briefes machen könnten und „schläfern" den Empfänger ein!

Vorschläge für **gelungene** Einleitungssätze:
- ☺ vielen Dank für Ihre Anfrage vom 10. Januar 20xx …
- ☺ haben Sie vielen Dank für Ihren Brief vom …
- ☺ Sie erhalten heute Informationsmaterial …
- ☺ Sie hatten um schnelle Antwort gebeten – kein Problem!
- ☺ Sie haben Recht – die Rechnung war schon beglichen …
- ☺ Versprochen ist versprochen … Sie erhalten heute …
- ☺ für Ihr Interesse an unseren Produkten bedanken wir uns und senden Ihnen ...

Briefschluss
Diese Schlusssätze sollten Sie **vermeiden**:
- ☹ In der Hoffnung, Ihnen mit diesen Ausführungen gedient zu haben …
- ☹ Bedauerlicherweise können wir Ihnen keine andere Nachricht geben …
- ☹ Hiermit bitten wir um Kenntnisnahme …
- ☹ Für heute verbleiben wir …
- ☹ Ihrer baldigen Antwort entgegensehend verbleiben wir …
- ☹ Wir hoffen auf Ihr Verständnis und verbleiben …
- ☹ Ihrem geschätzten Auftrag entgegensehend …
- ☹ Wann dürfen wir mit einer Antwort von Ihnen rechnen?
- ☹ Wir bedauern, Ihnen keinen besseren Bescheid geben zu können …

Diese Formulierungen sind veraltet und aussagelos! Würden Sie sich von solchen Floskeln angesprochen fühlen?

Vorschläge für **gelungene** Schlusssätze:
- ☺ Wünschen Sie noch weitere Informationen? Dann rufen Sie uns einfach an.
- ☺ Ich freue mich auf Ihren Anruf.
- ☺ Schon heute danken wir für Ihre Unterstützung.
- ☺ Falls Sie noch weitere Unterlagen benötigen, rufen Sie uns bitte an.
- ☺ Haben Ihnen diese Angaben weitergeholfen? Dann freuen wir uns.
- ☺ Sie haben noch Fragen? Rufen Sie uns an! Ihre Kundenberaterin, Frau Petra Schneider, berät Sie gerne.
- ☺ Haben wir Ihr Interesse geweckt?
- ☺ Sind Sie mit diesem Vorschlag einverstanden? Bitte rufen Sie uns an.

10.4 Die Anfrage

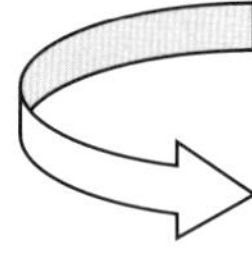

Die Anfrage **bahnt** zunächst die Geschäftsverbindung **an**. Sie soll den Lieferer auffordern ein Angebot abzugeben.

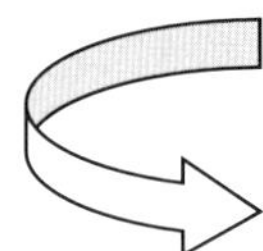

Die Anfrage ist **rechtlich unverbindlich**.

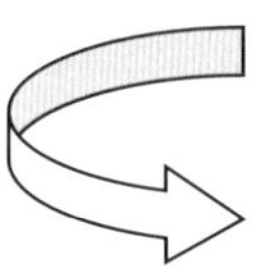

Man unterscheidet:

bestimmte Anfrage: Wenn ein Kunde konkrete Angaben über bestimmte Waren und Konditionen haben möchte, wie z. B. Preis, Lieferzeit, Qualität, Lieferungs- und Zahlungsbedingungen, dann handelt es sich um eine bestimmte Anfrage.

unbestimmte/allgemeine Anfrage: Möchte ein Kunde lediglich einen Katalog oder eine Preisliste zugeschickt bekommen oder bittet er um einen Vertreterbesuch, so spricht man von einer allgemeinen Anfrage.

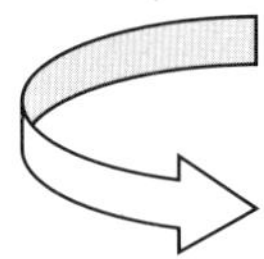

Eine Anfrage ist **formfrei**. Sie kann schriftlich, mündlich oder auch telefonisch erfolgen.

Aufbau und Inhalt einer allgemeinen Anfrage:
- ? Sie geben den Hinweis, wie Sie an die Anschrift gekommen sind.
- ? Sie nennen den Grund für Ihre Anfrage.
- ? Sie bitten um einen Katalog bzw. eine Preisliste.
- ? Sie verweisen auf eine etwaige längere Geschäftsverbindung.
- ? Sie geben Selbstauskunft und stellen Ihr Unternehmen kurz vor.
- ? Sie geben Referenzen (Empfehlungen) an.

Aufbau und Inhalt einer bestimmten Anfrage:
- ? Sie nennen den Grund für Ihre Anfrage.
- ? Sie geben so genau wie möglich den Gegenstand der Anfrage an, z. B. Sorte, Farbe, Menge, Qualität etc.
- ? Sie fragen nach Lieferungs- und Zahlungsbedingungen.
- ? Sie fragen nach Rabatten.
- ? Sie erfragen die Lieferzeit und nennen den gewünschten Liefertermin.

Schnellbausteine für eine Anfrage

Brieferöffnung:
- – Auf der diesjährigen Messe in Berlin sind wir auf Sie aufmerksam geworden.
- – Durch einen Geschäftsfreund haben wir Ihre Anschrift erfahren.
- – In der Fachzeitschrift … haben wir Ihre Anzeige gelesen.
- – Ihre Anzeige in der Fachzeitschrift … machte uns auf Sie aufmerksam.

- – Wir sind ein bekanntes Familienunternehmen für Bürobedarf mit Sitz in Bottrop.
- – Unser Unternehmen aus Bottrop vertreibt seit Jahren Artikel für Bürobedarf.

Briefkern:
- Wir möchten unser Sortiment erweitern und bitten um ein Angebot …
- Wir beabsichtigen ein neues Produkt einzuführen …
- Wir benötigen für unsere Produktion …
- Aufgrund der großen Nachfrage unserer Kunden benötigen wir dringend …
- Bitte unterbreiten Sie uns ein Angebot über …
- Bitte senden Sie uns ein ausführliches Angebot mit Angabe der kürzesten Lieferfrist über …

Briefschluss:
- Bitte senden Sie uns Ihren Katalog und Ihre Preisliste.
- Ich bitte um die Zusendung von Mustern.

- Wann können Sie liefern?
- Wie schnell können wir mit der Lieferung rechnen?
- Wie lauten Ihre Lieferungs- und Zahlungsbedingungen?
- Können wir mit Mengenrabatten rechnen?
- Bitte teilen Sie uns Ihre Verkaufsbedingungen mit.

- Wenn das Angebot unserer Vorstellung entspricht, werden wir Sie um einen Beratungstermin bitten.
- Wenn Ihr Angebot unseren Vorstellungen entspricht, werden wir Sie in die engere Wahl ziehen.
- Sie können sich über unser Unternehmen bei der Firma … erkundigen.
- Für weitere Fragen steht Ihnen unser Mitarbeiter Herr Schmidt gerne zur Verfügung.
- Wir bitten um eine schnelle Antwort.
- Für eine schnelle Antwort sind wir dankbar.
- Bitte senden Sie uns umgehend ein Angebot.

Aufgabe

Handlungssituation:

In das Sortiment der DIAL GmbH sollen demnächst neben Tischleuchten und Halogenleuchten auch Energiesparleuchten aufgenommen werden. Torsten Tollkühn beauftragt die Auszubildenden Moni Tor und Gill Bates bei den Lieferanten

Lampengroßhandel Müller OHG, Industriestr. 72, 46545 Oberhausen
Lampenfabrik Markmann & Söhne, Postfach 45 35 42, 40223 Düsseldorf

entsprechende Angebote einzuholen. Diese Lieferanten sind der DIAL GmbH unbekannt.

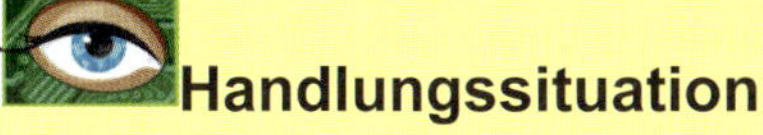

Arbeitsanweisung:
Verfassen Sie für die beiden Auszubildenden ein Angebot nach DIN 5008.

161

21 Mühlmeyer ISBN 978-3-8120-0772-6

10.5 Das Angebot

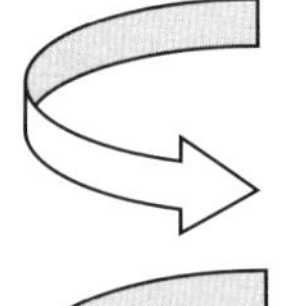 Das Angebot ist eine **Willenserklärung des Verkäufers**. Er erklärt sich bereit, bestimmte Waren oder Dienstleistungen zu bestimmten Bedingungen zu liefern. Das Angebot zielt auf eine Bestellung des Empfängers.

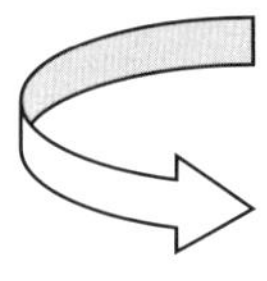 Das Angebot kann z. B. aufgrund einer Anfrage **verlangt** sein oder z. B. als Werbebrief **unverlangt** sein.

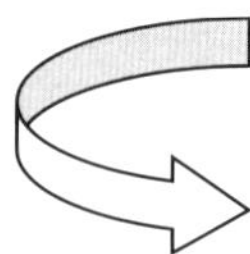 Das Angebot ist **rechtlich verbindlich**, wenn es an eine bestimmte Person gerichtet ist. **Unverbindlich** ist ein Angebot, wenn es an die Allgemeinheit gerichtet ist oder Freizeichnungsklauseln enthält.

Ein Angebot enthält **Informationen** über Art, Güte, Beschaffenheit, Menge, Preis, Lieferungs- und Zahlungsbedingungen, Erfüllungsort, Gerichtsstand und Gewährleistungen.

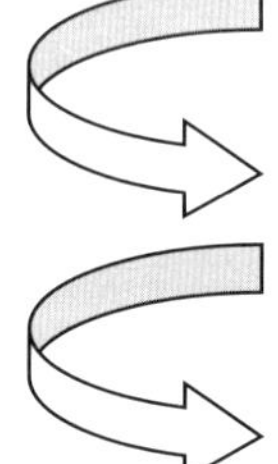 Das Angebot kann **schriftlich** aber auch **mündlich** bzw. fernmündlich erfolgen.

Aufbau und Inhalt eines Angebots:
- ? Sie beziehen sich bei einem verlangten Angebot auf die Anfrage.
- ? Bei einem unverlangten Angebot wecken Sie Interesse und verweisen auf einen günstigen Einkauf.
- ? Sie beschreiben sehr genau die Art der Ware.
- ? Sie nennen und beschreiben die Angebotsbedingungen, wie z. B. Menge, Preis, Versand- und Verpackungskosten, Zahlungsbedingungen, Erfüllungsort und Gerichtsstand etc.
- ? Sie erwähnen die Anlagen.
- ? Sie weisen auf Besonderheiten oder Zusatzangebote hin.
- ? Sie bitten um den Auftrag/die Bestellung und bedanken sich dafür.
- ? Sie sichern die sorgfältige Ausführung der Bestellung zu.

Schnellbausteine für ein Angebot

Brieferöffnung:
- Wir freuen uns, dass Sie mit uns in Geschäftsverbindung treten wollen.
- Gerne unterbreiten wir Ihnen ein Angebot.
- Wir freuen uns über Ihr Interesse an unserem Sortiment.
- Wir bedanken uns für Ihre Anfrage und können Ihnen folgendes Produkt anbieten.
- Vielen Dank für Ihre Anfrage. Sie erhalten von uns das gewünschte Angebot.
- Wunschgemäß senden wir Ihnen ein unverbindliches Angebot über: …
- Wir bieten Ihnen freibleibend an …

Briefkern:
- Als Anlage senden wir Ihnen unseren Katalog mit der Preisliste.
- Wir schicken Ihnen unsere Preisliste, damit Sie sich von der Reichhaltigkeit unseres Angebots überzeugen können.

- Sie erhalten die Ware per Lkw frei Haus.
- Unsere Preise gelten ab Werk.
- Wir liefern innerhalb von 10 Tagen nach Eingang der Bestellung.
- Verpackung und Fracht sind im Preis enthalten.
- Versandkosten werden nicht in Rechnung gestellt.

- Das Angebot ist unverbindlich.
- Auf den obigen Preis gewähren wir Ihnen 10 % Rabatt.
- Unser Angebot ist gültig bis zum …
- Die Zahlung hat innerhalb von 14 Tagen zu erfolgen. Bei vorzeitiger Zahlung innerhalb von 7 Tagen räumen wir Ihnen 3 % Skonto ein.
- Wir gewähren Ihnen ein Zahlungsziel von 21 Tagen oder 2 % Skonto bei Zahlung innerhalb von 10 Tagen.

- Aus einem besonders günstigen Einkauf kann ich Ihnen den folgenden Artikel sehr vorteilhaft anbieten: …
- Sehr empfehlen kann ich Ihnen den folgenden Artikel: …
- Besonders hinweisen dürfen wir Sie auf unser Aktionsangebot: …
- Für unser Aktionsangebot gelten dieselben Lieferungs- und Zahlungsbedingungen wie für unsere anderen Produkte. Das Aktionsangebot ist befristet bis zum …

Briefschluss:
- Wir freuen uns auf Ihren Auftrag.
- Wir versprechen Ihnen, dass wir das Angebot sicher und zügig abwickeln.
- Ihren Auftrag werden wir sorgfältig erledigen.
- Für weitere Fragen steht Ihnen unsere Mitarbeiterin Frau Berninger zur Verfügung.
- Ich freue mich darauf, bald eine Bestellung von Ihnen zu erhalten.
- Bitte erteilen Sie uns den Auftrag.
- Wir freuen uns, bald von Ihnen zu hören.
- Wir hoffen, Ihnen ein attraktives Angebot unterbreitet zu haben, und bitten um Ihren Auftrag.
- Wir empfehlen Ihnen sehr bald zu bestellen, da wir nur noch begrenzte Mengen auf Lager haben.
- Überzeugen Sie sich selbst von unserer Leistungsfähigkeit.

Aufgabe

**Handlungssituation:**

Das Kopiercenter „Copyshop" aus Bottrop möchte von der DIAL GmbH ein Angebot über Fotopapier unterbreitet bekommen. Die Inhaberin des Kopiercenters, Frau Lisa Bonn, ist eine langjährige Kundin bei der DIAL GmbH. Bisher hatte sie in ihrem Kopierladen nur auf Universalkopierpapier bzw. Laserpapier gedruckt und kopiert, möchte aber in Zukunft auch Fotodruck anbieten. Dazu benötigt sie Fotopapier, welches sich durch höchste Ansprüche an hohe Qualität und Dauerhaftigkeit der Fotos und der Ausdrucke auszeichnet.

Der Copyshop befindet sich auf der Hochstraße 56 in 46236 Bottrop.

Da sich Torsten Tollkühn auf einer Fortbildung befindet, reicht er diese Aufgabe an Gill Bates weiter.

**Arbeitsanweisung:**

Verfassen Sie für Gill Bates anhand der Handlungssituation das Angebot nach DIN 5008.

10.6 Die Bestellung

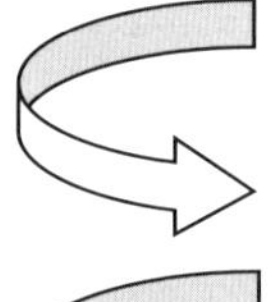

Die Bestellung bezieht sich entweder auf ein Angebot oder eine frühere Bestellung. Es ist eine empfangsbedürftige **Willenserklärung des Käufers**, eine Ware oder Dienstleistung zu angegebenen Bedingungen zu kaufen.

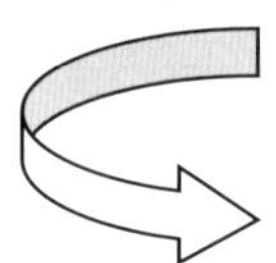

Die Bestellung erfolgt, wenn man ein Angebot erhalten hat und dessen **Bedingungen akzeptiert**.

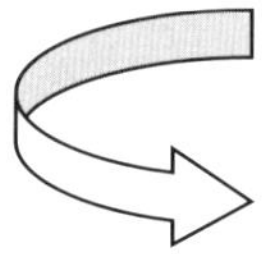

Wird die Bestellung erteilt, haben beide Vertragsparteien einen **Kaufvertrag** abgeschlossen. Dieser Vertrag kann nicht einseitig gelöst werden.

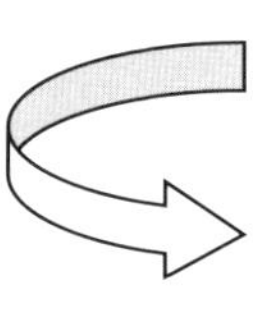

Die Bestellung sollte noch einmal **kurz alle Bedingungen wiederholen**, die der Geschäftspartner in seinem Angebot angegeben hat. Gab es nur ein unverbindliches Angebot, muss detailliert aufgelistet werden, was man bestellt. Dazu gehören Art, Güte und Beschaffenheit der Ware, Menge, Preis, Verpackung, Rabatt, Skonto, Lieferungs- und Zahlungsbedingungen, Lieferzeit, Zahlungsart, Erfüllungsort, Gerichtsstand etc.

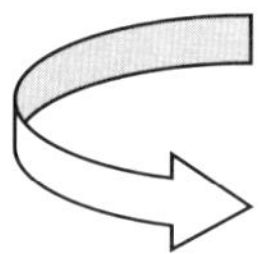

Die Bestellung kann schriftlich, mündlich oder fernmündlich erfolgen. Sie ist aber an **keine gesetzliche Form** und **keinen gesetzlichen Inhalt** gebunden. Um Irrtümer zu vermeiden, sollte eine Bestellung jedoch schriftlich erfolgen.

<u>Aufbau und Inhalt einer Bestellung:</u>
- Sie bedanken sich für das Angebot.
- Sie bedanken sich für den Katalog bzw. die Preisliste.
- Sie bestellen das Produkt.
- Sie beschreiben genau die Art, Güte, Menge und den Preis der Ware, indem Sie Farbe, Bestellnummer, Bezeichnung, Größe, Gewicht, Verpackungseinheit etc. angeben.
- Sie legen die Lieferzeit und die Art des Versands fest.
- Sie geben die vereinbarten Zahlungsbestimmungen an.
- Sie erwähnen Sondervereinbarungen, wie z. B. Umtauschrecht, Verpackung, Rücksendungsrecht etc.
- Sie verlangen ggf. eine Auftragsbestätigung.

Schnellbausteine für eine Bestellung

Brieferöffnung:
- Wir bedanken uns für Ihr Angebot und bestellen …
- Vielen Dank für Ihr Angebot, das uns gut gefällt. Wir sind mit den Preisen einverstanden und bestellen …
- Danke für Ihr ausführliches Angebot. Es entspricht unseren Vorstellungen. Wir nehmen das Angebot an und beauftragen Sie mit …

- Aufgrund Ihrer Preisliste bestellen wir …
- Wir haben Ihre Muster erhalten und bestellen …
- Ihre Anzeige in der Zeitung hat uns überzeugt. Deshalb bestellen wir …

Briefkern:
- 15 Karton Briefpapier A2, beige, zum Preis von …
- 100 Kugelschreiber „Tukan", Best.-Nr. 123, schwarz, zum Preis von 0,49 €/Stück

- Wir sind mit den Konditionen einverstanden.
- Bitte gewähren Sie uns 3 Monate Zahlungsziel.
- Liefern Sie bitte innerhalb von 4 Wochen frei Haus.
- Ihre Lieferung muss spätestens bis zum 15. Juni eintreffen, sonst verweigern wir die Annahme.
- Wir holen die Ware am … mit unserem Lkw ab.
- Sobald wir die Lieferung erhalten haben, werden wir den Rechnungsbetrag abzüglich 2 % Skonto überweisen.

- Sollte uns die Qualität nicht zusagen, senden wir die Ware innerhalb von 14 Tagen zurück.
- Ein Umtausch ist innerhalb von 8 Tagen möglich.
- Bitte sorgen Sie für eine ordnungsgemäße und neutrale Verpackung.

Briefschluss:
- Wir freuen uns auf eine gute Zusammenarbeit.
- Bitte schlcken Sie uns eine schriftliche Auftragsbestätigung.
- Bitte schicken Sie uns eine Auftrags- und Lieferzeitbestätigung.

Aufgabe

Handlungssituation:

Moni Tor hat auf ihre Anfrage nach Energiesparleuchten zwei Angebote bekommen und diese zusammen mit Gill Bates miteinander verglichen. Beide kommen zu dem Schluss, dass der Lampengroßhandel Müller OHG aus Oberhausen beim quantitativen Preisvergleich die günstigsten Konditionen bietet. Auch beim qualitativen Preisvergleich schneidet die Müller OHG am besten ab. Deshalb entschließen sich beide Auszubildende die Energiesparleuchten bei der Müller OHG zu bestellen.

Arbeitsanweisung:

Formulieren Sie für die beiden Auszubildenden eine Bestellung nach DIN 5008.

10.7 Die Bestellungsannahme (Auftragsbestätigung)

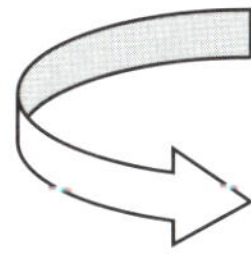

Die Bestellungsannahme ist **rechtlich nicht erforderlich**, wenn die Bestellung sofort ausgeführt wird und nicht vom Angebot abweicht.

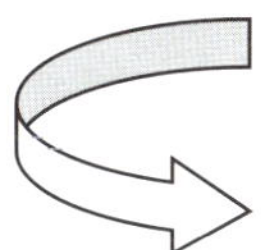

Eine Bestellungsannahme ist **rechtlich erforderlich**, wenn kein festes Angebot vorliegt oder wenn das Angebot unverbindlich gewesen ist. Dann muss die Bestellung angenommen werden, damit ein gültiger Kaufvertrag entsteht.

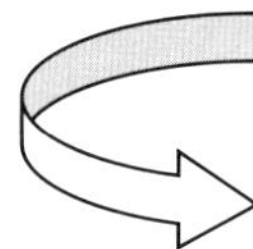 Üblich ist eine Bestellungsannahme bei **mündlichen oder fernmündlichen Gesprächen**, bei neuen Kunden, bei größeren Bestellungen oder auf ausdrücklichen Wunsch des Kunden.

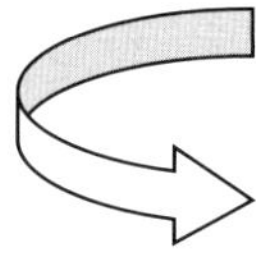 Bestellungsannahmen werden geschrieben, um getroffene **Vereinbarungen zu bestätigen** und Missverständnisse auszuschließen.
In der Auftragsbestätigung wird **endgültig und verbindlich** festgelegt, was und zu welchen Konditionen ver- oder gekauft wird.

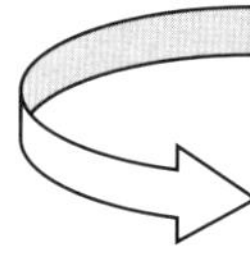 Die Bestellungsannahme kann **schriftlich** durch einen Brief, ein Telefax oder eine E-Mail erfolgen.

<u>Aufbau und Inhalt einer Bestellungsannahme:</u>
- ❓ Bedanken Sie sich für die Bestellung.
- ❓ Bei neuen Kunden freuen Sie sich über die neue Geschäftsverbindung.
- ❓ Sie wiederholen die Bestellung und die Bedingungen.
- ❓ Sie bezeichnen die bestellte Ware so genau wie möglich. Sie nennen Name, Artikelnummer, Preis, Menge, Größe etc.
- ❓ Irrtümer bzw. Abweichungen vom Angebot werden berichtigt.
- ❓ Sie nennen den Versandtermin und das Transportmittel.
- ❓ Sie sagen eine gewissenhafte und pünktliche Lieferung zu.
- ❓ Sie erhoffen sich eine lange Zusammenarbeit und weitere Bestellungen.

Schnellbausteine für eine Bestellungsannahme

Brieferöffnung:
- – Wir danken Ihnen für Ihre Bestellung.
- – Ich danke Ihnen für Ihren Auftrag.
- – Über Ihre Bestellung haben wir uns sehr gefreut und bedanken uns für Ihren Auftrag. In den nächsten Tagen liefern wir …
- – Wir freuen uns, dass Ihnen unser Angebot gefallen hat und bestätigen Ihre Bestellung.
- – Wie gewünscht bestätigen wir Ihre Bestellung vom …

- – Seit Jahren sind wir ein führendes Unternehmen für Büroartikel.
- – Unsere Stammkunden loben unsere günstigen Preise und unsere Zuverlässigkeit.
- – Wir freuen uns, Sie zu unseren neuen Kunden zu zählen.

Briefkern:
- – Art. Nr. 8846, Bezeichnung Schreibtischstuhl „Impulse", 10 Stück, Farbe Schwarz, Preis 99,95 €/Stück.

- – Diese Preise verstehen sich zzgl. der gesetzlichen Mehrwertsteuer.
- – Die Preise gelten ab Fabrik.
- – Bei Bezahlung innerhalb von 14 Tagen nach Rechnungserteilung erhalten Sie 3 % Skonto.
- – Die Lieferung erfolgt am 15. Juni 20xx frei Haus.
- – Wir liefern Mitte Mai.
- – Wir bemühen uns Ihre Bestellung möglichst bald auszuführen.

- – Wir müssen Sie leider berichtigen: …
- – Beachten Sie bitte, dass wir keine Mengenrabatte gewähren können.
- – Leider haben wir zurzeit nur 10 Stück auf Lager. Teilen Sie uns bitte mit …

> **Briefschluss:**
> - Vielen Dank für Ihr Vertrauen.
> - Wir versichern Ihnen, dass wir Ihren Auftrag sorgfältig und gewissenhaft ausführen.
> - Wir erhoffen uns auch in Zukunft eine gute Zusammenarbeit.
> - Schon heute freuen wir uns auf Ihren nächsten Auftrag.
> - Wir hoffen auf eine lange Zusammenarbeit und weitere Bestellungen.

Aufgabe

**Handlungssituation:**

Kaum haben Moni Tor und Gill Bates die Bestellung an die Müller OHG verfasst, kommt schon das nächste Problem auf die beiden Auszubildenden zu. Frau Lisa Bonn vom Kopiercenter Copyshop hat das Angebot über das Fotopapier angenommen und verlangt nun eine Auftragsbestätigung.
„Was ist denn eine Auftragsbestätigung?" fragt Moni.
„Das ist die Annahme der Bestellung." antwortet Gill, „Das kriegen wir schon hin. Mal keine Panik."

**Arbeitsanweisung:**

Verfassen Sie für die beiden Auszubildenden eine Auftragsbestätigung nach DIN 5008.

10.8 Die Rechnung

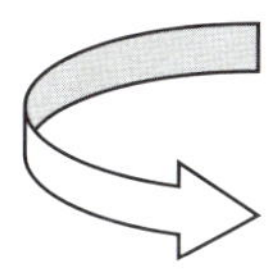

Eine Rechnung ist die **übersichtlich gegliederte Mitteilung** vom Verkäufer an den Käufer über eine Forderung. Sie bestätigt den ordnungsgemäßen Ablauf eines Kaufvertrages.

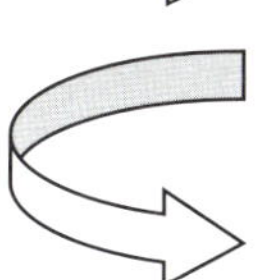

Alle Angaben auf der Rechnung **wiederholen** die Vertragsbedingungen.

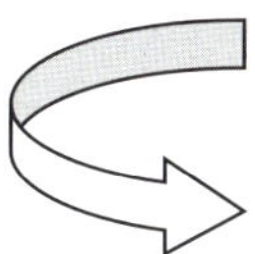

Ist die Ware dem Kunden ordnungsgemäß geliefert worden und hat der Käufer sie ohne Beanstandung angenommen, ist der **Auftrag ordnungsgemäß ausgeführt worden**. Erst dann kann dem Kunden die Rechnung zugesandt werden. Bis zur vollständigen Bezahlung bleibt die Ware Eigentum des Verkäufers.

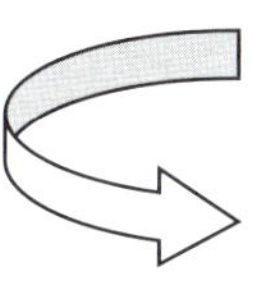

In der Rechnung werden Menge, Art der Ware, genaue Bezeichnung der Ware, Verpackungsart, Versandart, Bruttopreis, Nettopreis sowie die gesetzliche Mehrwertsteuer aufgeführt. Die **Rechnung enthält** die Zahlungsbedingungen, Fristen für Beanstandungen, Verpackungs- und Beförderungskosten, Eigentumsvorbehalt, Erfüllungsort und Gerichtsstand.

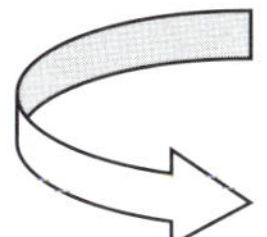

Häufig werden Rechnungen auf einem **Vordruck** ausgefüllt. Dieser Vordruck ist nach DIN 4991 genormt.

Aufbau und Inhalt einer Rechnung:
- **?** Sie nennen den Tag der Bestellung.
- **?** Sie nennen die Nummer der Bestellung.
- **?** Sie nennen den Liefertag und den Zeitpunkt des Versands.
- **?** Sie nennen den Versandweg bzw. die Versendungsart.
- **?** Sie geben eine genaue Bezeichnung der Ware und der Warenmenge an.
- **?** Sie geben Hinweise auf die Zahlung.
- **?** Sie verweisen auf besondere Angaben, wie z. B. Teillieferung, Bestellungsabweichungen etc.
- **?** Sie empfehlen weitere Geschäftsabschlüsse bei Ihrem Unternehmen.

Schnellbausteine für eine Rechnung

Brieferöffnung:
- Wir haben Ihre Bestellung vom … ausgeführt.
- Wir fügen unserem Schreiben die Rechnung über … bei.
- Ihre Bestellung vom …

Briefkern:
- Rechnungsnummer/Lieferscheinnummer
- Tag und Nummer der Bestellung
- Zeitpunkt des Versands und Versandart
- Produkt, Artikelnummer, Menge
- Stückpreis und Gesamtpreis
- Nettorechnungsbetrag sowie die Umsatzsteuer
- Rechnungsbetrag/Gesamtbetrag
- Zahlungsziel

Briefschluss:
- Bitte überweisen Sie den Rechnungsbetrag auf unser Konto …
- Wir freuen uns auf weitere Aufträge.

Aufgabe

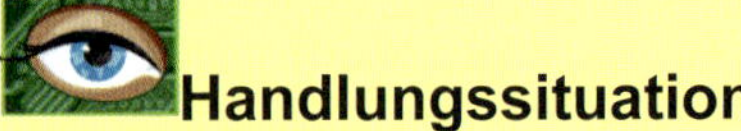**Handlungssituation:**

Am 3. April soll die Lieferung für den Copyshop erfolgen. Torsten Tollkühn soll nun die Rechnung erstellen. Da Herr Tollkühn mal wieder keine Zeit hat und auch weiß, dass er sich auf seine beiden Auszubildenden verlassen kann, sollen Moni und Gill die Rechnung für Frau Lisa Bonn schreiben.

**Arbeitsanweisung:**

Schreiben Sie die Rechnung über das Fotopapier nach DIN 5008.

Kapitel 11   Schnellbausteine

Ein Schnellbaustein (in früheren Versionen „AutoText" oder „Textbaustein" genannt) eignet sich für häufig wiederkehrende Formulierungen im Schriftverkehr. Vor allem, wenn Sie öfter dieselben Textpassagen (z. B. Anschriften, Briefabschlüsse, Standardklauseln bei Verträgen, ein bestimmtes Layout, ein Firmenlogo usw.) verwenden möchten, ist die Schnellbaustein-Funktion vorteilhaft und zeitsparend. Sie vermeiden dadurch, dass Sie den Text immer wieder neu schreiben müssen.

Standard-Schnellbaustein-Eintrag einfügen

MS Word stellt mehrere bereits definierte Schnellbaustein-Einträge zur Verfügung, die Sie bei Bedarf mithilfe von Tastenkombinationen oder aus dem **Organizer für Bausteine** schnell an die aktuelle Cursorposition in Ihr Dokument einfügen können.

Aktivieren Sie die Registerkarte

Arbeitsablauf

- **Einfügen/Gruppe Text/Schnellbausteine/Organizer für Bausteine**

Hier steht ein Katalog mit Schnellbausteinen für Deckblätter, Formeln, Fuß- und Kopfzellen, Wasserzeichen usw. zur Verfügung.
Suchen Sie den Eintrag durch Anklicken mit der Maus

aus und bestätigen Sie mit Einfügen .
Der gewählte Schnellbaustein erscheint im Dokument an der Cursorposition.

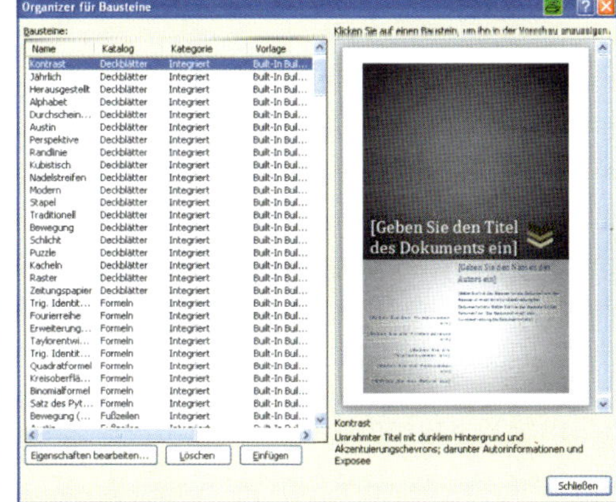

Sie können aber auch einige bzw. alle Built-In Building Blocks löschen, damit Sie für Ihr eigenes Handbuch einen besseren Überblick erhalten.

Alternativ können Sie die Schnellbausteine auch über die Tastatur einfügen. Setzen Sie dafür den Cursor an die Stelle im Text, an der der Schnellbaustein eingefügt werden soll. Geben Sie den Bausteinnamen ein und drücken Sie die Taste F3. Der Baustein erscheint in Ihrem Dokument.

Schnellbaustein-Eintrag erstellen und speichern

Wenn Sie eigene Schnellbaustein-Einträge erstellen möchten, müssen diese zunächst erfasst und nach Sachgebieten geordnet gespeichert werden, damit Sie sie später beliebig oft abrufen können.

Arbeitsablauf

Markieren Sie den Text, der als Schnellbaustein erzeugt werden soll.

Wählen Sie in der Registerkarte **Einfügen**

- **Gruppe Text/Schnellbausteine/Auswahl im Schnellbaustein-Katalog speichern**

Schneller definieren Sie markierten Text als Schnellbaustein, indem Sie den Text markieren und die Tastenkombination Alt + F3 drücken.

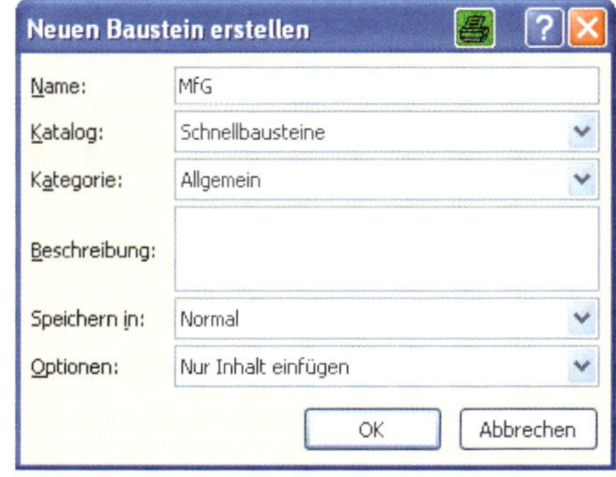

Es öffnet sich das Fenster **„Neuen Baustein erstellen"**.
Im Feld **Name** schlägt MS Word einen Namen vor, den Sie jedoch mit einem eigenen einprägsamen Kürzel überschreiben sollten.
Gleichfalls können Sie einen eigenen **Katalog** und eine **Kategorie** anlegen. Sie können auch eine **Beschreibung** des Bausteins hinzufügen. So behalten Sie bei einer größeren Anzahl von Schnellbausteinen den Überblick.

22 Mühlmeyer ISBN 978-3-8120-0772-6

Dann legen Sie den Speicherort des Eintrags fest, z. B. Normal oder eine andere Vorlage. Mit [OK] beenden Sie die Definition.

Nun ist der Schnellbaustein-Eintrag erstellt und kann jederzeit bei Bedarf, wie oben beschrieben, aus dem **Organizer** abgerufen werden. Wird keine spezielle Vorlage bestimmt, speichert MS Word die Einträge in der Vorlage „Building Blocks". Um die eigenen Bausteine schneller wiederzufinden, empfiehlt es sich, bei Speichern in: „Normal" auszuwählen, damit man beim Einfügen der Bausteine den Überblick behält.

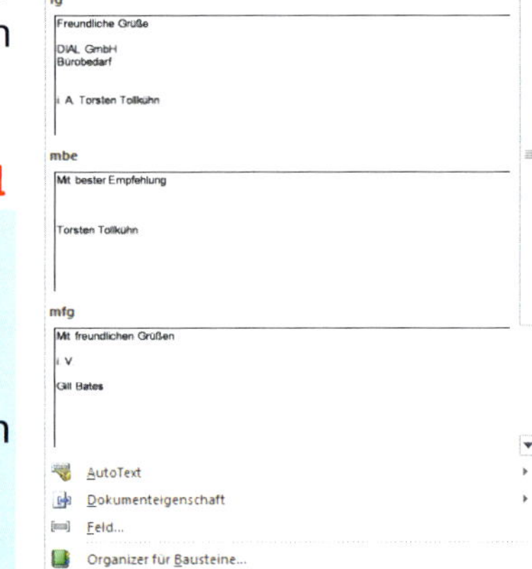

Übung 1

Arbeitsanweisungen:
1. Schreiben Sie den ersten Briefabschluss normgerecht und erstellen einen Schnellbaustein-Eintrag.
2. Verfahren Sie ebenso mit den anderen drei Briefabschlüssen.

Briefabschluss	Name	Kategorie	Speichern in:
Freundliche Grüße DIAL GmbH Bürobedarf i. A. Torsten Tollkühn	fg	Briefabschlüsse	Normal
Mit bester Empfehlung Torsten Tollkühn	mbe	Briefabschlüsse	Normal
Mit freundlichen Grüßen i. V. Gill Bates	mfg	Briefabschlüsse	Normal
Mit freundlichen Grüßen DIAL GmbH Bürobedarf i. A. Tollkühn Anlage 1 Preisliste	mfg1	Briefabschlüsse	Normal

Schnellbaustein-Eintrag ändern

Sie können einen Schnellbaustein-Eintrag auch umbenennen oder seinen Inhalt ändern. Öffnen Sie die Registerkarte **Einfügen**

• **Gruppe Text/Schnellbausteine/Organizer für Bausteine**

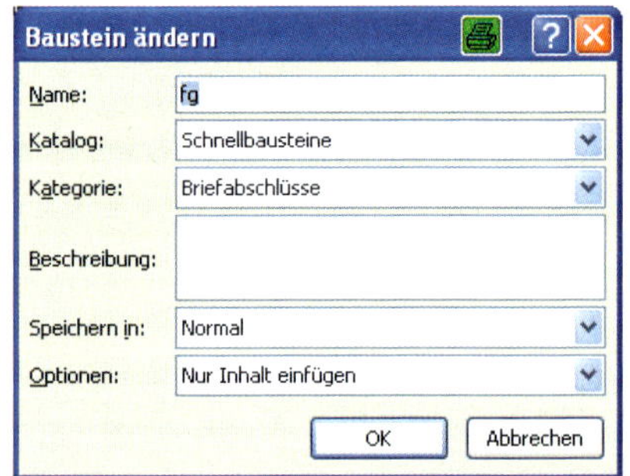

und markieren den zu ändernden Baustein. [Eigenschaften bearbeiten...]
Wählen Sie **"Eigenschaften bearbeiten"**. Es öffnet sich das Fenster **„Baustein ändern"**. Nehmen Sie die Änderung vor. Bestätigen Sie mit [OK], um den alten Text zu überschreiben.
Es erscheint ein Dialogfenster, das Sie fragt, ob Sie den Eintrag neu definieren möchten. Bestätigen Sie mit „Ja".

Wählen Sie anschließend die Schaltfläche [Schließen].

Schnellbaustein-Eintrag löschen

Schnellbausteine, die Sie nicht mehr benötigen, können Sie auch löschen. Aktivieren Sie die Registerkarte **Einfügen**

• **Gruppe Text/Schnellbausteine/Organizer für Bausteine**

Markieren Sie den Namen des Schnellbausteins, den Sie löschen möchten. Entfernen Sie den Baustein mit der Schaltfläche [Löschen]. Es erscheint ein Fenster mit der Frage: **„Möchten Sie den ausgewählten Baustein wirklich löschen?"** Bei **„Ja"** wird der Baustein aus dem Verzeichnis gelöscht. Wählen Sie anschließend die Schaltfläche [Schließen].

Arbeitsanweisungen:

1. Ändern Sie den 2. Briefschluss aus Übung 1. Fügen Sie die Firmenwiederholung und die Branche hinzu.
2. Löschen Sie den 3. Briefschluss, da Gill Bates keine Briefe mehr unterzeichnet.

In der Regel wird für die Verwendung der Schnellbausteine ein Briefvordruck benutzt, der als Dokumentvorlage angelegt wird. Verwenden Sie für die folgende Übung die Dokumentvorlage Geschäftsbrief mit Informationsblock der DIAL GmbH.

Arbeitsanweisungen:

1. Erfassen Sie die folgenden Schnellbaustein-Einträge.
2. Speichern Sie diese unter
   Name: siehe folgende Tabelle
   Kategorie: Anfrage
   Beschreibung: siehe folgende Tabelle
   Speichern in: Normal

Schnellbausteine	Name	Beschreibung
Anfrage	anfr10	Betreff
Anfrage nach Büro-Drehstühlen	anfr11	
Bitte um ein Angebot über { }	anfr12	
Sehr geehrte Damen und Herren,	anfr13	Anrede
Sehr geehrte { },	anfr14	variable Anrede
durch eine Anzeige in der Zeitschrift „Das moderne Büro" sind wir auf Ihr Unternehmen aufmerksam geworden.	anfr15	Anschrift aus Zeitschrift
Ein Kollege hat mir Ihr Unternehmen empfohlen.	anfr16	Empfehlung Kollege
Unser bisheriger Lieferant hat die Produktion eingestellt.	anfr17	
Daher bitten wir um ein Angebot.	anfr18	Bitte um ein Angebot
Wir bitten Sie um ein Angebot folgender Erzeugnisse: { }	anfr19	
Wir möchten unser Sortiment ergänzen, darum bitten wir um ein günstiges Angebot von { }.	anfr20	
Bitte übersenden Sie uns Ihre neueste Preisliste. Fügen Sie auch einige Prospekte bei.	anfr21	Bitte um Preisliste
Senden Sie uns bitte Ihren Katalog sowie eine aktuelle Preisliste.	anfr22	
Wir bitten um ein Angebot mit Angabe der Preise sowie der Lieferungs- und Zahlungsbedingungen.	anfr23	Lieferungs- und Zahlungsbedingungen
Senden Sie uns bitte ein ausführliches Angebot über Büro-Drehstühle mit Katalog und Preisliste zu.	anfr24	
Ihr Angebot sollte außerdem ausführliche Informationen über Lieferungs- und Zahlungsbedingungen enthalten.	anfr25	
Wir benötigen die Drehstühle dringend, da unser bisheriger Lieferant die Produktion eingestellt hat.	anfr26	dringend
Gewünschter Liefertermin ist der 16. Juni 20xx.	anfr27	Liefertermin
Können Sie innerhalb 6 Wochen liefern?	anfr28	
Teilen Sie uns auch mit, ob Sie bis zum { } liefern können.	anfr29	
Wie viel Rabatt gewähren Sie, wenn wir sofort bezahlen?	anfr30	Rabatt gewähren
Wir freuen uns auf Ihr Angebot und bitten Sie auch um einige Information zu Ihrem Unternehmen.	anfr31	Auskunft über Unternehmen

Wenn Ihr Angebot wunschgemäß ausfällt, können Sie mit einer größeren Bestellung rechnen.	anfr32	größere Bestellung
Gern sind wir bereit, Ihren Vertreter bei uns zu empfangen.	anfr33	Vertreterbesuch
Sollten Sie noch Fragen haben, stehe ich Ihnen unter der Tel.-Nr. 02041 12345-67 gern zur Verfügung.	anfr34	Fragen zum Angebot
Für Ihre Mühe danken wir Ihnen bereits heute.	anfr35	Dank für Mühe
Mit freundlichen Grüßen DIAL GmbH Bürobedarf i. V. Torsten Tollkühn	anfr36	Gruß
Freundliche Grüße DIAL GmbH Bürobedarf Torsten Tollkühn	anfr37	

Arbeitsanweisungen:

1. Fertigen Sie mit der Dokumentvorlage und den gespeicherten Schnellbausteinen einen Geschäftsbrief für die Anfrage an.
2. Führen den folgenden Schreibauftrag aus, indem Sie die gespeicherten Schnellbausteine aus dem Organizer einfügen.
3. Ersetzen Sie die Haltepunkte.

DIAL GmbH **Bürobedarf**		**Schreibauftrag** **Schnellbaustein-Einträge** **Anfrage**
Anschrift: Büromöbelfabrik Seifert & Korn Postfach 23 57 44148 Dortmund		**Informationsblock:** Ihr Zeichen: Ihre Nachricht vom: Unser Zeichen: tol-bat Unsere Nachricht vom: Name: Torsten Tollkühn Telefon: 02041 12345-67 Telefax: 02041 12345-68 E-Mail: dialgmbh@info.de Datum: (heute)
Dateiname: anfr12 anfr13 anfr15, anfr17 anfr24, anfr25 anfr29 anfr34, anfr35 anfr37		**Angabe der Variablen:** Büro-Drehstühle 30. August 20xx

Aufgabe 1

**Handlungssituation:**

Der Abteilungsleiter der DIAL GmbH Torsten Tollkühn beauftragt seine Auszubildende Moni Tor eine Anfrage an die Firma TOP-Bürodesign Helmut Hartmann, Hanauer Landstraße 334, 60314 Frankfurt zu schreiben. Sie soll die aus Übung 3 gespeicherten Schnellbausteine verwenden und außerdem einen Katalog und eine Preisliste anfordern.

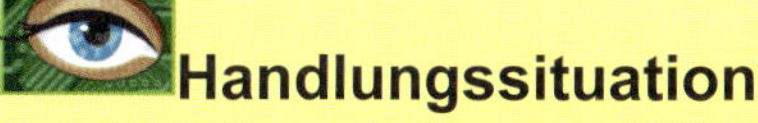**Arbeitsanweisung:**

Fertigen Sie für Moni Tor eine Anfrage an.

Übung 4

**Arbeitsanweisungen:**

1. Erfassen Sie die folgenden Schnellbaustein-Einträge.
2. Speichern Sie diese unter
   Name: siehe folgende Tabelle
   Kategorie: Angebot
   Beschreibung: siehe folgende Tabelle
   Speichern in: Normal
3. Fertigen Sie mit den gespeicherten Schnellbausteinen einen Geschäftsbrief für das Angebot an.

Schnellbausteine	Name	Beschreibung
Angebot über Büro-Drehstühle	ang40	Betreff
Angebot **Ihre Anfrage vom { }**	ang41	
Sehr geehrte Damen und Herren,	ang42	Anrede
Sehr geehrter Herr { },	ang43	variable Anrede
vielen Dank für Ihre Anfrage nach Büro-Drehstühlen.	ang44	Dank für Anfrage
Vielen Dank für Ihre Anfrage. Ihr Interesse gilt unseren Büro-Drehstühlen.	ang45	
Wir freuen uns, dass Sie sich für unsere Produkte entschieden haben.	ang46	
Der beiliegende Katalog mit Preisliste zeigt Ihnen, wie vielseitig unser Angebot ist.	ang47	Katalog und Preisliste
Den gewünschten Katalog und unsere aktuelle Preisliste fügen wir diesem Angebot bei.	ang48	
Wir bieten ausschließlich Luxusmodelle zu günstigen Preisen an.	ang49	
Wir bieten Ihnen als Sonderangebot unser Modell „Werner", schwarz zum Sensationspreis von 220,00 € an.	ang50	Modelle und Preise
Wir bieten Ihnen zu unseren Verkaufs- und Lieferbedingungen an: Modell „Rita", anthrazit zum Preise von 399,00 € Modell „Gisela", hellbraun zum Preise von 290,00 €	ang51	
Weitere geeignete Büro-Drehstühle finden Sie in unserem Katalog ab Seite 36.	ang52	
Schauen Sie sich unseren umfangreichen Katalog genau an. Hierin finden Sie weitere verschiedene Preisklassen und eine genaue Übersicht der Ausstattung.	ang53	

Unsere Preise verstehen sich ab Werk einschließlich Verpackung und Mehrwertsteuer.	ang54	Preise und Zahlung
Bei Zahlung innerhalb 14 Tagen nach Rechnungserstellung gewähren wir Ihnen 3 % Skonto.	ang55	
Wenn Ihre Bestellung bis zum { } bei uns eingeht, können wir bis zu Ihrem gewünschten Termin ausliefern.	ang56	Lieferungsbedingungen
Beachten Sie, dass Sie unbedingt schnell bestellen, da das Angebot nur gilt, solange der Vorrat reicht.	ang57	Schnelle Bestellung
Wir freuen uns auf Ihren Auftrag.	ang58	erwarten Auftrag
Sie werden in uns einen zuverlässigen Partner finden.	ang59	zuverlässiger Partner
Bei Abnahme von größeren Stückzahlen räumen wir Ihnen zusätzlich einen Mengenrabatt von 15 % ein.	ang60	Mengenrabatt
Wir hoffen, dass Ihnen unser Angebot zusagt und erwarten Ihren Auftrag.	ang61	hoffen, dass Angebot zusagt
Mit bester Empfehlung TOP-Bürodesign Helmut Hartmann i. A. { }	ang62	Gruß
Anlagen 1 Katalog 1 Preisliste	ang63	Anlagen
2 Anlagen	ang64	

Aufgabe 2

 **Handlungssituation:**

Sie sind Sachbetarbeiter(in) der Büromöbelfabrik Seifert & Korn und beantworten die Anfrage der DIAL GmbH, indem Sie ihr das Sonderangebot „Werner" unterbreiten.

 **Arbeitsanweisung:**

Erstellen Sie ein Angebot mit den gespeicherten Schnellbausteinen.

Kapitel 12 Seriendruck

In MS Word gibt es die Möglichkeit einen gleichen Text an verschiedene Adressaten zu verschicken. Ein **Serienbrief** ist also ein Dokument, in dem bestimmte Textteile immer identisch sind, andere Elemente sich jedoch stets ändern.

Um den Serienbrief zu erstellen, benötigt man ein sogenanntes **Hauptdokument**. Dieses erhält den Text für den Serienbrief. Zudem benötigt man eine Steuerdatei, die man auch **Datenquelle** nennt. Die Datenquelle enthält die Daten (z. B. Adressenliste), die in die Serienbriefe eingefügt werden sollen. Sie kann als Word-Dokument oder auch als Excel-Tabelle erstellt werden. An den Stellen im Hauptdokument, an denen beim Ausdruck unterschiedliche Daten erscheinen sollen, werden Seriendruckfelder als Platzhalter eingefügt. Durch die Seriendruckfunktion wird Word angewiesen, die Platzhalter durch die individuellen Informationen der Datenquelle zu ersetzen.

Das Prinzip des Seriendrucks ist, dass Sie diese zwei Dokumente (Hauptdokument und Datenquelle) mit unterschiedlichem Inhalt zu einem Dokument (Serienbrief) verbinden.

Hauptdokument:

DIAL GmbH – Franz-Beckenbauer-Allee 33 a – 46236 Bottrop

Ihr Zeichen:
Ihre Nachricht vom:
Unser Zeichen: tol-bat
Unsere Nachricht vom:

Name: Gill Bates
Telefon: 02041 12345-67
Telefax: 02041 12345-68
E-Mail: www.dialgmbh@info.de

Datum: 20xx-05-02

Ihr Messebesuch

Sehr geehrt,

vielen Dank für Ihren Besuch an unserem Messestand in Düsseldorf. Sie haben Interesse an unserer Hängeregistratur gezeigt und um nähere Informationen gebeten.

Ihr Terminvorschlag sagt uns zu. Wir erwarten Sie in unserem Hause am

Montag, 15. Mai 200x um 09:30 Uhr,

damit wir Ihnen unsere Produkte und deren Anwendungsmöglichkeiten demonstrieren können.

Unser Mitarbeiter, Herr Tollkühn, steht Ihnen für weitere Fragen jederzeit zur Verfügung.

Wir freuen uns auf Ihren Besuch.

Mit bester Empfehlung

Datenquelle:

Anrede Anschrift	Vorname	Nachname	Straße	PLZ	Ort	Anrede Text
Herrn	Erich	Meister	Hochstraße 11	46236	Bottrop	er Herr Meister
Frau	Eva	Kornfeld	Richterstraße 83	45239	Essen	e Frau Kornfeld
Fotostudio	Yvonne	Löns	Marderweg 1	46282	Dorsten	e Damen und Herren

Hauptdokument mit Platzhaltern:　　　　## Serienbrief:

<table>
<tr><td>

DIAL GmbH – Franz-Beckenbauer-Allee 33 a – 46236 Bottrop

<<Anrede Anschrift>>
<<Vorname>> <<Nachname>>
<<Straße>>
<<PLZ>> <<Ort>>

Ihr Zeichen:
Ihre Nachricht vom:
Unser Zeichen: tol-bat
Unsere Nachricht vom:

Name: Gill Bates
Telefon:02041 12345-67
Telefax: 02041 12345-68
E-Mail: dialgmbh@info.de

Datum: 20xx-05-02

Ihr Messebesuch

Sehr geehrt<<Anrede Text>>,

vielen Dank für Ihren Besuch an unserem Messestand in Düsseldorf. Sie haben Interesse an unserer Hängeregistratur gezeigt und um nähere Informationen gebeten.

Ihr Terminvorschlag sagt uns zu. Wir erwarten Sie in unserem Hause am

Montag, 15. Mai 200x um 09:30 Uhr,

damit wir Ihnen unsere Produkte und deren Anwendungsmöglichkeiten demonstrieren können.

Unser Mitarbeiter, Herr Tollkühn, steht Ihnen für weitere Fragen jederzeit zur Verfügung.

Wir freuen uns auf Ihren Besuch.

Mit bester Empfehlung

</td><td>

DIAL GmbH – Franz-Beckenbauer-Allee 33 a – 46236 Bottrop

Herrn
Erich Meister
Hochstr. 11
46236 Bottrop

Ihr Zeichen:
Ihre Nachricht vom:
Unser Zeichen: tol-bat
Unsere Nachricht vom:

Name: Gill Bates
Telefon: 02041 12345-67
Telefax: 02041 12345-68
E-Mail: dialgmbh@info.de

Datum: 20xx-05-02

Ihr Messebesuch

Sehr geehrter Herr Meister,

vielen Dank für Ihren Besuch an unserem Messestand in Düsseldorf. Sie haben Interesse an unserer Hängeregistratur gezeigt und um eine nähere Erklärung in unserem Unternehmen gebeten.

Ihr Terminvorschlag sagt uns zu. Wir erwarten Sie in unserem Hause am

Montag, 15. Mai 20xx um 09:30 Uhr,

damit wir Ihnen unsere Produkte und deren Anwendungsmöglichkeiten demonstrieren können.

Unser Mitarbeiter, Herr Tollkühn, steht Ihnen für weitere Fragen jederzeit zur Verfügung.

Wir freuen uns auf Ihren Besuch.

Mit bester Empfehlung

</td></tr>
</table>

Übung

Arbeitsanweisungen:

1. Gestalten Sie das oben abgebildete Hauptdokument.
2. Nutzen Sie den Briefvordruck, um die folgenden Schritte zur Erstellung des Serienbriefes durchzuführen.

12.1 Serienbrief erstellen

Mithilfe des Aufgabenbereichs **Seriendruck** lassen sich nicht nur Serienbriefe, sondern auch Adressetiketten, Briefumschläge, Verzeichnisse etc. leicht erstellen.
Sie werden im Aufgabenbereich durch **sechs Schritte** des Seriendruck-Assistenten mit detaillierten Erklärungen geführt.

Klicken Sie auf der Registerkarte

- **Sendungen/Seriendruck starten/**
  Seriendruck-Assistent mit Schritt-für-Schritt-Anweisungen

Im Aufgabenbereich wird im Bildschirm rechts der Seriendruck-Assistent eingeblendet.

Schritt 1 von 6: Wählen Sie einen Dokumenttyp

Wenn Sie an eine Gruppe von Personen Briefe senden wollen, entscheiden Sie sich für den Dokumenttyp **Briefe**.

Klicken Sie bei **Welche Art von Dokument möchten Sie erstellen?** auf Briefe. Gehen Sie dann unten im Seriendruck-Assistenten auf **Weiter: Dokument wird gestartet**.

Sie haben auch die Möglichkeit, E-Mails, Briefumschläge, Adressetiketten oder Verzeichnisse als Seriendruck zu wählen. Aktivieren Sie hier die entsprechende Option.

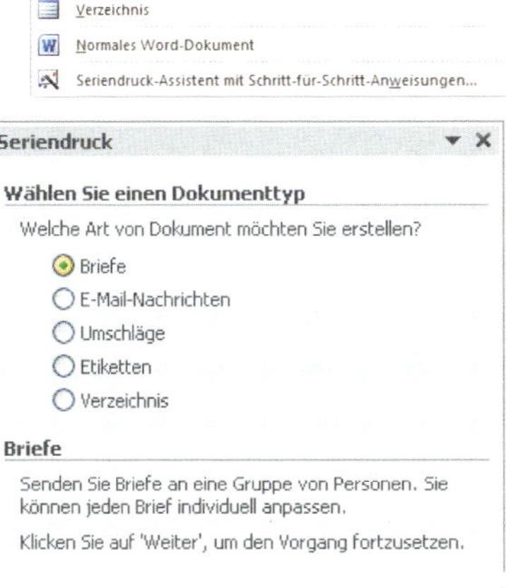

Schritt 2 von 6: Startdokument wählen

Öffnen Sie eine bereits bestehende Vorlage oder öffnen Sie ein leeres Dokument für einen Brief und erstellen Sie das entsprechende Dokument.

Wenn das Hauptdokument bereits geöffnet ist, erscheint die Option **Aktuelles Dokument verwenden**.

Klicken Sie unten im Seriendruck-Assistenten auf **Weiter: Empfänger wählen**.

Sie können jederzeit auf **Zurück** klicken, um zum vorherigen Schritt zurückzukehren und die Auswahl ändern.

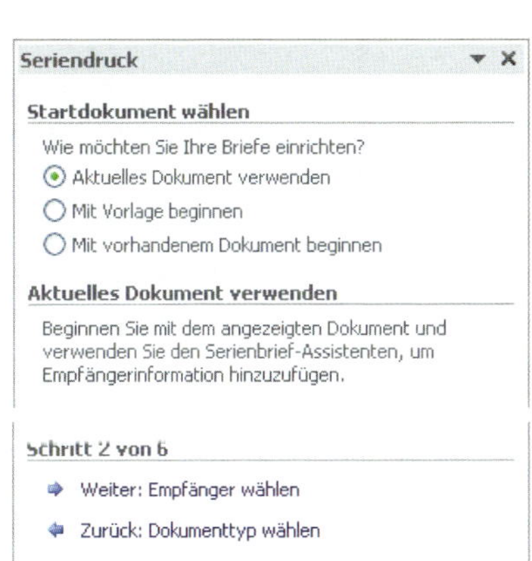

Schritt 3 von 6: Empfänger wählen

Bei diesem Schritt geht es um die Datenquelle, aus der Informationen eingefügt werden sollen. Im Seriendruck-Assistenten **Empfänger wählen** können Sie entweder eine neue Liste eingeben oder eine bereits vorhandene Liste verwenden.

Haben Sie bereits eine Adressliste angelegt und gespeichert, wählen Sie den Befehl **Vorhandene Liste verwenden**. Klicken Sie dann auf **Durchsuchen**. Es öffnet sich das Fenster **Datenquelle** auswählen. Hier wählen Sie aus Ihrem Verzeichnis die entsprechende Datei aus.

23 Mühlmeyer ISBN 978-3-8120-0772-6

Die Anschriften können aus einer bereits bestehenden Word-Tabelle, einer Excel-Tabelle, einer Access-Datenbank oder dem Adressbuch von Outlook entnommen werden.

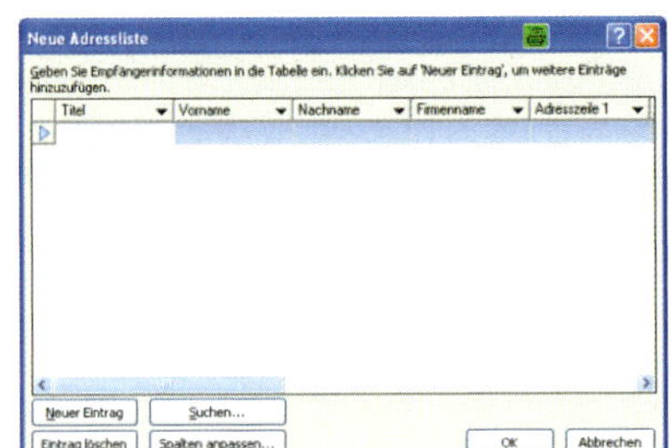
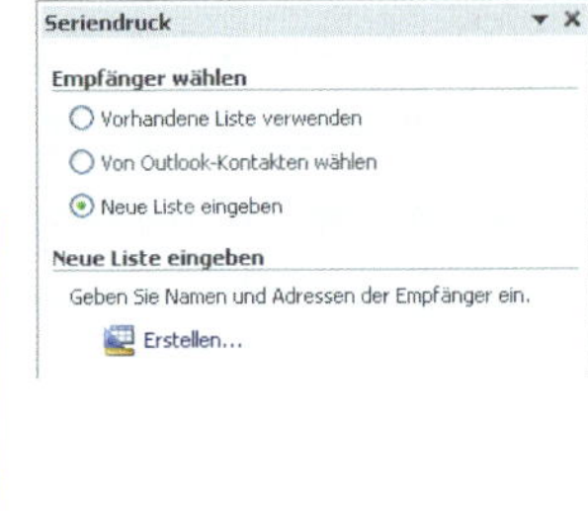

Verfügen Sie noch über keine Liste, rufen Sie im Seriendruck-Assistenten **Neue Liste eingeben** auf. Danach klicken Sie auf **Erstellen**. Es erscheint das Dialogfeld **Neue Adressliste**.

Zur Erstellung der oben abgebildeten Datenquelle sind folgende Schritte notwendig:

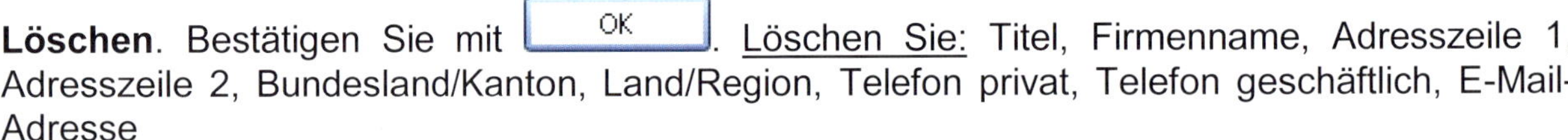

1. Klicken Sie zuerst auf **Spalten anpassen**, um überflüssige Feldnamen zu löschen, fehlende hinzuzufügen, andere umzubenennen oder zu verschieben, also die Adressliste anzupassen.

   MS Word schlägt mehrere Feldnamen vor. Ihre benötigten Informationen sind die Spaltenüberschriften der Tabelle für die Datenquelle.

2. Entfernen Sie diejenigen Namen, die Sie nicht benötigen. Markieren Sie diese und klicken Sie auf die Schaltfläche **Löschen**. Bestätigen Sie mit OK. Löschen Sie: Titel, Firmenname, Adresszeile 1, Adresszeile 2, Bundesland/Kanton, Land/Region, Telefon privat, Telefon geschäftlich, E-Mail-Adresse

3. Fügen Sie fehlende Feldnamen hinzu. Klicken Sie im Fenster **Adressliste anpassen** auf **Hinzufügen** und prüfen Sie, welche Feldnamen fehlen. Geben Sie einen Namen für Ihr Feld ein und bestätigen Sie mit OK. Fügen Sie hinzu: Anrede, Straße, Anrede1

4. Wenn Sie **Umbenennen** wählen, ändern Sie den Feldnamen. Bestätigen Sie mit OK. Feld umbenennen: von: Postleitzahl zu: PLZ

5. Es ist zur besseren Orientierung zweckmäßig, die Reihenfolge mit den Schaltflächen **Nach oben** und **Nach unten** zu sortieren. Markieren Sie dazu den Feldnamen in der Liste und klicken Sie auf die Schaltfläche **Nach oben** oder **Nach unten** bis zur gewünschten Position. Wiederholen Sie diesen Vorgang für alle Feldnamen, bis sie in der richtigen Reihenfolge stehen.

6. Um Informationen für weitere Personen einzugeben, klicken Sie auf **Neuer Eintrag**.

7. Um die Liste zu **sortieren**, klicken Sie auf die Spaltenüberschrift, nach der Sie die Liste sortieren wollen. Das Häkchen neben einem Namen gibt an, dass MS Word einen Brief für diese Person erstellt. Schließen Sie mit OK.

8. Nachdem Sie Ihre Änderungen mit OK bestätigt haben, beenden Sie über die Schaltfläche **Schließen**. Sie werden automatisch zum **Speichern** der Datenquelle aufgerufen. Vergeben Sie einen aussagekräftigen Dateinamen für Ihre Adressliste und bestätigen Sie mit **Speichern**. Die Adressliste wird standardmäßig im Programm Access in dem Ordner **Eigene Datenquellen** mit der Endung .mdb abgelegt und steht für weitere Serienbriefe zur Verfügung.

Nach dem Speichern erscheint das Fenster **Seriendruckempfänger**. Prüfen Sie nochmals alle Angaben. Klicken Sie auf OK , wenn die Liste fertig gestellt ist.

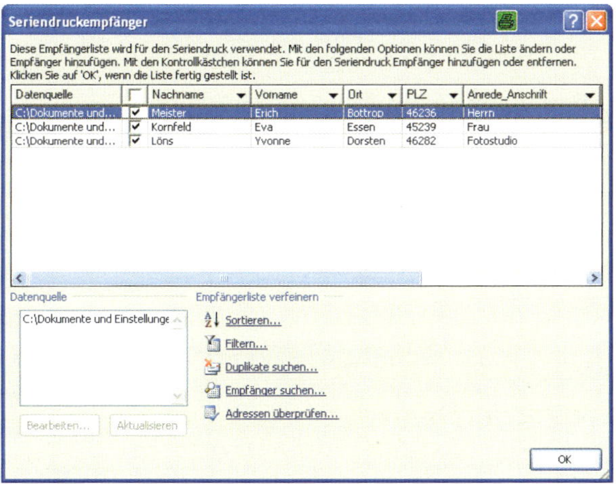

Klicken Sie dann im Seriendruck-Assistenten unten auf die Schaltfläche **Weiter: Schreiben Sie Ihren Brief**.

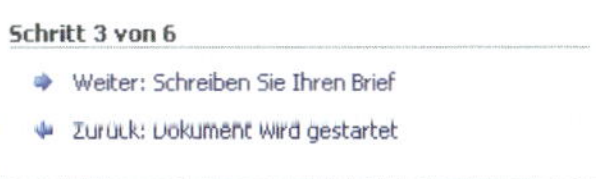

Schritt 4 von 6: Schreiben Sie Ihren Brief

Wenn Sie es nicht bereits erledigt haben, erstellen Sie jetzt Ihren Brief. Das aktive Dokument wird zum Hauptdokument.

1. Um Ihrem Brief **Empfängerinformationen** hinzuzufügen, setzen Sie den Cursor an die entsprechende Einfügestelle in Ihrem Brief.
2. Wählen Sie dann im Seriendruck-Assistenten **Weitere Elemente**.
3. Es öffnet sich das Fenster **Seriendruckfeld einfügen**. Hier sind alle Feldnamen aus der Datenquelle aufgeführt.

Es müssen **nicht** alle Seriendruckfelder in das Hauptdokument übernommen werden. Ein Seriendruckfeld kann mehrfach genutzt werden. Die Reihenfolge spielt keine Rolle.

Wenn Sie die Feldfunktion in Ihrem Hauptdokument anzeigen möchten, drücken Sie Alt + F9. Bei erneutem Drücken dieser Tastenkombination werden die Feldergebnisse wieder angezeigt.

4. Setzen Sie den Cursor an die Stelle im Brief, an der das Seriendruckfeld erscheinen soll.
5. Wählen Sie das benötigte **Seriendruckfeld** aus.
6. Klicken Sie auf **Einfügen** und dann auf **Schließen**. Die Seriendruckfelder werden in spitze Klammern gesetzt.
7. Wiederholen Sie diesen Vorgang bis sämtliche Feldnamen an der richtigen Stelle eingefügt sind.

 Sind Leerschritte zwischen den Feldern nötig, z. B. zwischen Vorname und Nachname oder zwischen PLZ und Ort, müssen diese auch zwischen den Seriendruckfeldern eingegeben werden.

«Anrede Anschrift»
«Vorname» «Nachname»
«Straße»
«PLZ» «Ort»

Messebesuch

Sehr geehrt«Anrede Text»,

vielen Dank für Ihren Besuch an unserem Messestand in Düsseldorf. Sie haben Interesse an unserer Hängeregistratur gezeigt und um eine nähere Erklärung in unserem Unternehmen gebeten.

8. Nachdem Sie alle Seriendruckfelder eingefügt und das Hauptdokument vervollständigt haben, klicken Sie auf **Speichern unter**. Geben Sie dem Dokument einen Namen.
9. Um das Resultat zu begutachten, klicken Sie auf **Weiter: Vorschau auf Ihre Briefe**.

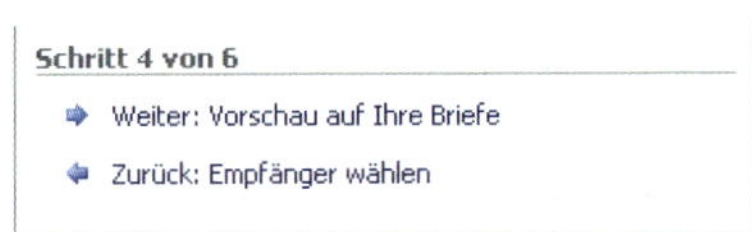

Schritt 5 von 6: Vorschau auf Ihre Briefe

MS Word zeigt eine Vorschau des Serienbriefs und ersetzt dabei die Seriendruckfelder durch die Angaben aus der Datenquelle. Es ist empfehlenswert, diese Vorschau vor dem Druck zu überprüfen, ob die Datensätze richtig eingefügt werden.

Mithilfe der Pfeilschaltflächen im Seriendruck-Assistenten können Sie problemlos durch alle Serienbriefe blättern und diese kontrollieren.

Um einen bestimmten Brief in der Vorschau anzuzeigen, klicken Sie im Seriendruck-Assistenten auf **Empfänger suchen**. Geben Sie dann die Suchkriterien im Dialogfeld **Eintrag suchen** an.

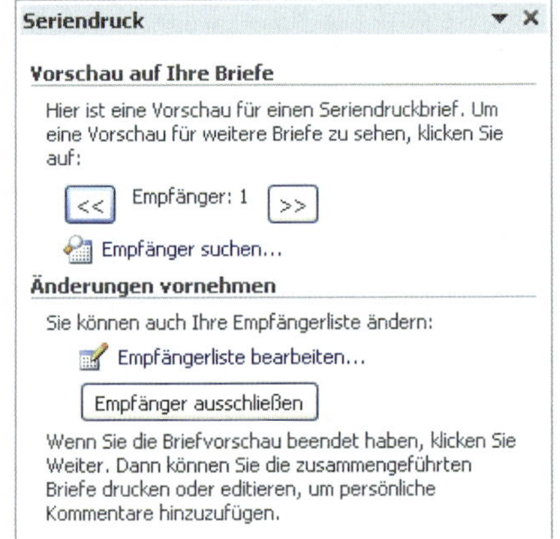

Klicken Sie auf die Schaltfläche **Empfänger ausschließen**, wenn bestimmte Empfänger keinen Brief erhalten sollen. Vorsicht, der Empfänger wird dann gelöscht!

Zum Ändern der Empfängerliste klicken Sie auf **Empfängerliste bearbeiten**. Nehmen Sie im Dialogfeld Seriendruckempfänger die erforderlichen Änderungen vor.

Klicken Sie danach im Seriendruck-Assistenten auf **Weiter: Seriendruck beenden**.

Schritt 6 von 6: Seriendruck beenden

Sobald Sie den Seriendruck beenden, sind Briefe und Adressen miteinander verknüpft.

Für die Ausgabe des Seriendrucks gibt es zwei Möglichkeiten: **Drucken** oder **Individuelle Briefe bearbeiten**.

Wenn Sie beim Seriendruck-Assistenten auf **Drucken** klicken, erscheint das Fenster: **Seriendruck an Drucker**.

Um alle Dokumente einzubeziehen, klicken Sie auf **Alle** und auf OK. Ein Brief nach dem anderen wird an den Drucker geschickt.

Wenn Sie nur den Brief ausdrucken wollen, der gerade aufgerufen ist, klicken Sie auf **Aktueller Datensatz** und auf [OK].

Um einen Bereich von Datensätzen auszudrucken, geben Sie in den Feldern **Von: … Bis: …** die Briefe ein, die Sie drucken möchten. Klicken Sie auf [OK].

Bitte denken Sie daran, Ihre Serienbriefe abzuspeichern!!!

Übung

Arbeitsanweisungen:

3. Gestalten Sie eine Bescheinigung als Seriendruck nach folgenden Angaben.
4. Nutzen Sie die Dokumentvorlage DIAL GmbH.
5. Erstellen Sie dazu die folgende Datenquelle.

Anrede	Vorname	Nachname	Straße	PLZ	Ort	Tage
Frau	Elke	Sommer	Neustraße 4 a	46236	Bottrop	20
Herr	Jens	Weiser	Josefstraße 33	46236	Bottrop	18
Frau	Nina	Kluge	Rathausplatz 17	46117	Oberhausen	21
Frau	Dana	Reimann	Heistraße 9	45891	Gelsenkirchen	12
Frau	Melanie	Maaßen	Scheidtstraße 50	45149	Essen	21
Herr	Jan	Ammer	Schulweg 6 // W 2	46244	Bottrop	15

Bescheinigung

Sehr geehrte Damen und Herren,

wir bescheinigen Ihnen, dass «Anrede» «Vorname» «Nachname», «Straße», «PLZ» «Ort» in der Zeit vom <u>4. Februar bis 27. Februar 20xx</u>*) in unserem Unternehmen ein Schulpraktikum absolviert hat. Von 21 Tagen war «Anrede» «Nachname» «Tage» Tage anwesend.

Mit freundlichen Grüßen

DIAL GmbH
Bürobedarf

*) Der unterstrichene Textteil ist einzurücken.

Die Arbeitsschritte im Überblick

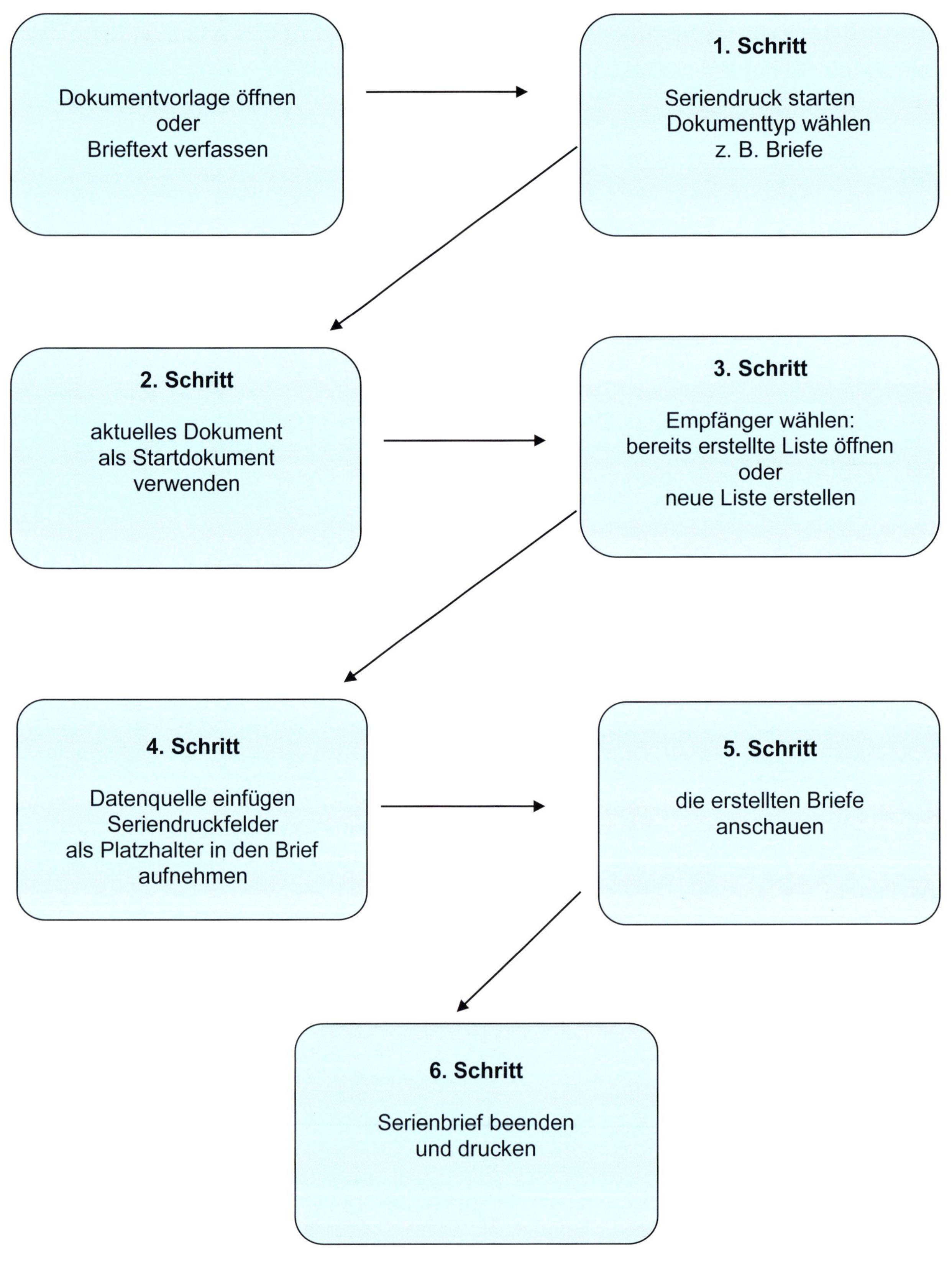

12.2 Seriendruck-Symbolleiste

Wenn Sie mit dem Ablauf des **Seriendrucks** bereits vertraut sind oder bei Ihrer Arbeit auf den Seriendruck-Assistenten verzichten möchten, können Sie die einzelnen Schaltflächen für den Seriendruck in der Symbolleiste verwenden. Sie stehen Ihnen auch zur Verfügung, wenn Sie den Serienbrief bereits fertiggestellt haben. Klicken Sie dazu auf die Registerkarte **Sendungen**.

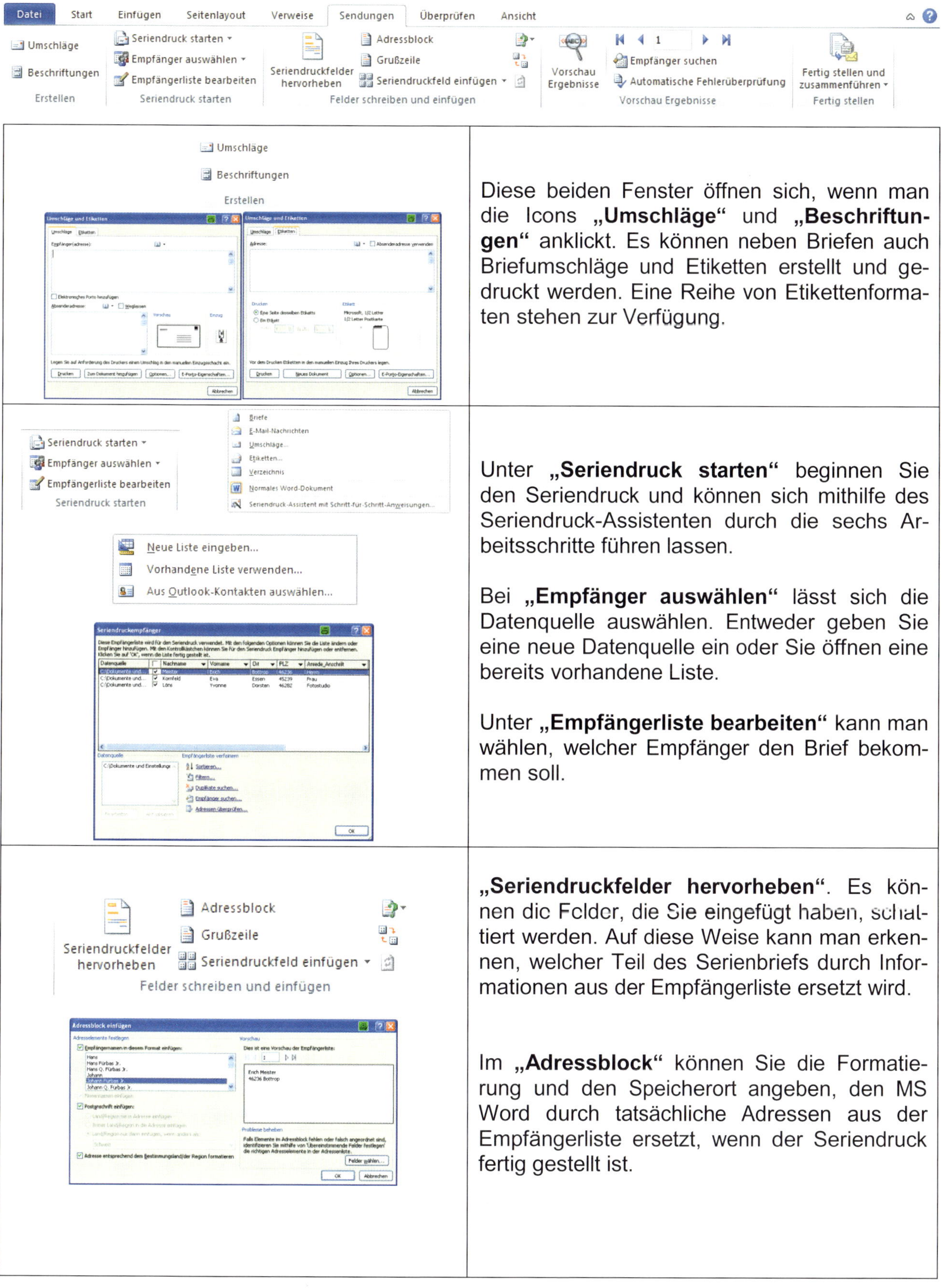

Diese beiden Fenster öffnen sich, wenn man die Icons **„Umschläge"** und **„Beschriftungen"** anklickt. Es können neben Briefen auch Briefumschläge und Etiketten erstellt und gedruckt werden. Eine Reihe von Etikettenformaten stehen zur Verfügung.

Unter **„Seriendruck starten"** beginnen Sie den Seriendruck und können sich mithilfe des Seriendruck-Assistenten durch die sechs Arbeitsschritte führen lassen.

Bei **„Empfänger auswählen"** lässt sich die Datenquelle auswählen. Entweder geben Sie eine neue Datenquelle ein oder Sie öffnen eine bereits vorhandene Liste.

Unter **„Empfängerliste bearbeiten"** kann man wählen, welcher Empfänger den Brief bekommen soll.

„Seriendruckfelder hervorheben". Es können die Felder, die Sie eingefügt haben, schattiert werden. Auf diese Weise kann man erkennen, welcher Teil des Serienbriefs durch Informationen aus der Empfängerliste ersetzt wird.

Im **„Adressblock"** können Sie die Formatierung und den Speicherort angeben, den MS Word durch tatsächliche Adressen aus der Empfängerliste ersetzt, wenn der Seriendruck fertig gestellt ist.

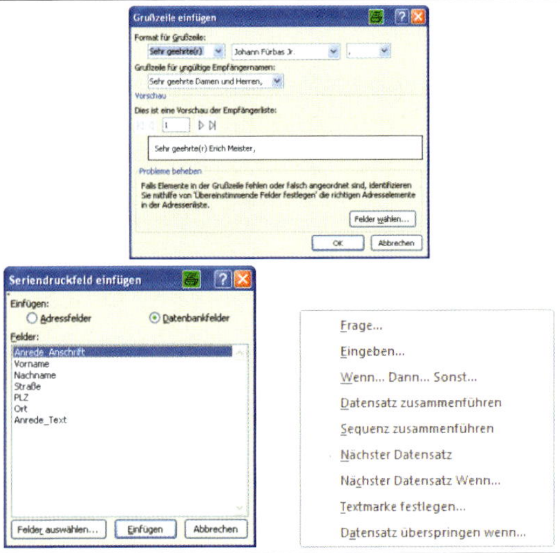

	Sie können Ihrem Brief unterschiedlich formatierte **Grußzeilen** zuweisen.
	Unter den **„Regeln"** finden Sie Entscheidungshilfen für den Serienbrief. Sie können den unterschiedlichen Empfängern verschiedene Brieftexte zukommen lassen.
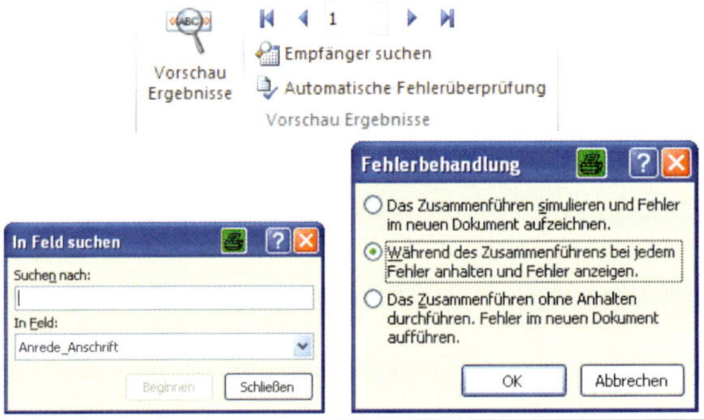	Unter **„Vorschau Ergebnisse"** ist es möglich, sich bereits vor dem Drucken die Serienbriefe anzuschauen und ggf. noch Änderungen vorzunehmen. Mit den Pfeiltasten können Sie die einzelnen Briefe durchgehen. Sie haben ebenfalls die Möglichkeit, nach bestimmten Empfängern zu suchen.
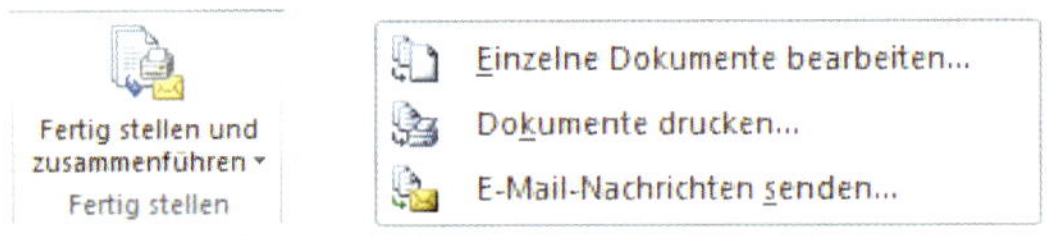	Das Icon **„Fertig stellen und zusammenführen"** beendet Ihren Serienbrief. Sie können die Briefe drucken oder per E-Mail verschicken.

12.3 Regeln einfügen

Regeln oder Bedingungen sind Codes, die MS Word anweisen, **unterschiedliche** Informationen in ein Seriendruckfeld einzufügen.

Arbeitsablauf

1. Setzen Sie im Hauptdokument den Cursor an die Stelle, an der Sie die Regel bzw. Bedingung einfügen möchten.
2. Klicken Sie in der Serienbrief-Symbolleiste auf die **Gruppe Felder schreiben und einfügen/Regeln**.
3. Wählen Sie das Feld aus der Dropdownliste, das Sie einfügen wollen.

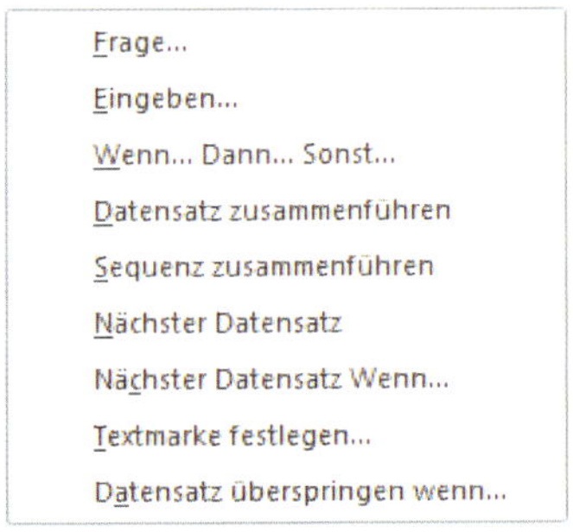

Soll in Ihrem Brief die persönliche Anrede **Sehr geehrte** (sowohl für Damen als auch für Herren) über die Regel festgelegt werden, so gehen Sie wie folgt vor:

1. Entscheiden Sie sich für die Option **Wenn… Dann… Sonst…,** damit die Werte miteinander verglichen werden.
2. Geben Sie einen Feldnamen ein.
3. Geben Sie einen Vergleichsoperator an.
4. Geben Sie den Vergleichswert an.
5. Geben Sie den Text ein, der gedruckt werden soll, wenn die Bedingung erfüllt ist
   oder
   geben Sie den Text ein, der gedruckt werden soll, wenn die Bedingung **nicht** erfüllt ist.

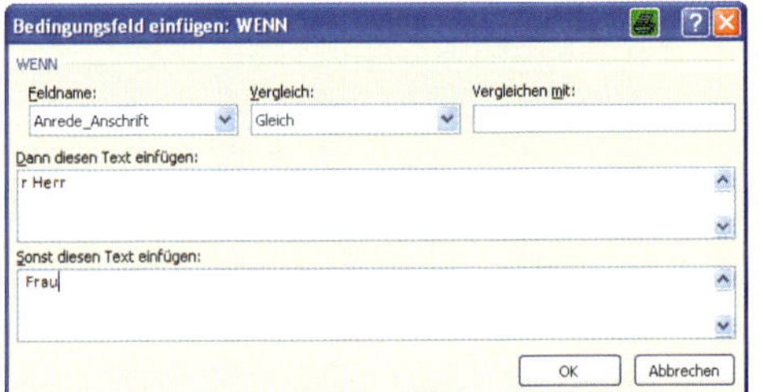

Beispiel:
(**Wenn** Anrede **Gleich** Herrn **Dann** r Herr **Sonst** •Frau)

⚠ vor Frau einen Leerschritt lassen!

6. Füllen Sie das Fenster wie beschrieben aus.
7. Schließen Sie Ihre Eintragungen mit [OK] ab.
8. In der **Vorschau Ergebnisse** können Sie Ihre Eingaben überprüfen. Das Feld wird nur dann richtig ausgedruckt, wenn die Bedingungen erfüllt sind.

Alle Feldnamen der Datenquelle können miteinander verglichen werden. So können Sie z. B. auch Zahlen bzw. Mengen mit Regeln für den Brief versehen, wenn in Ihrer Datenquelle die Spaltenüberschrift „Menge" eingegeben wurde.

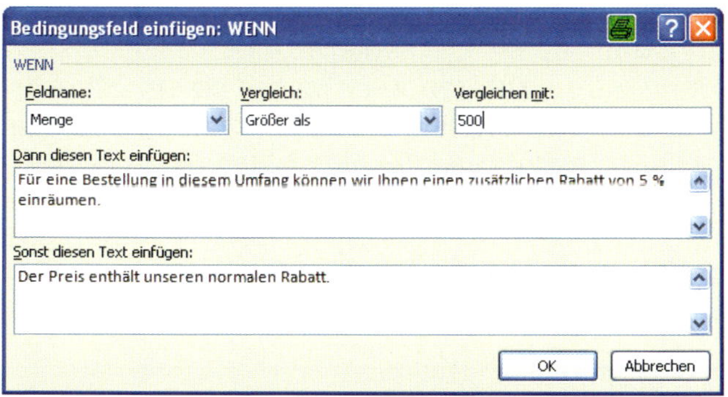

Dieser Text wird gedruckt, wenn das Datenfeld „**Menge**" eine Zahl enthält, die **größer als** 500 ist.

Dieser Text wird gedruckt, wenn das Datenfeld „**Menge**" die Zahl 500 oder eine kleinere Zahl enthält.

Lassen Sie das Feld **leer,** wenn Sie keinen Alternativtext drucken möchten.

Erklärung der einzelnen Bedingungsfelder

Frage	MS Word fügt Informationen ein, die nicht aus der Datenquelle stammen, sondern vom Benutzer bei jedem Aufruf des Seriendrucks eingegeben werden können.
Eingeben	Fordert Benutzer auf, Text einzugeben, der an der Position des Feldes eingefügt wird.
Wenn… Dann… Sonst…	Zwei Werte werden verglichen und je nach Ergebnis wird der entsprechende Text eingefügt.
Datensatz zusammenführen	Zeigt die Nummer des aktuellen Datensatzes an.
Sequenz zusammenführen	Nummeriert aufeinanderfolgende Seriendruckdokumente.
Nächster Datensatz	Verbindet den nächsten Datensatz mit dem gleichen Seriendruckdokument, nicht mit einem neuen.
Nächster Datensatz Wenn…	Entscheidet anhand des Vergleichs zweier Ausdrücke, ob der nächste Datensatz mit dem aktiven oder einem neuen Seriendruckdokument verbunden wird.
Textmarke festlegen…	Legt den Text für die angegebene Textmarke fest.
Datensatz überspringen, wenn…	Überspringt einen Datensatz anhand des Vergleichs zweier Werte.

24 Mühlmeyer ISBN 978-3-8120-0772-6

Arbeitsanweisungen:

1. Gestalten Sie folgenden Brief auf der Basis der Dokumentvorlage DIAL GmbH.
2. Verwenden Sie die unten stehende Empfängerliste als Datenquelle.
3. Erstellen Sie eine entsprechende **Bedingung** für die persönliche Anrede im Brief.
4. Drucken Sie die Briefe an Herrn Bäumer und Frau Stadtmann aus.

Premiere für zwei neue Büromöbelsysteme

Sehr geehrte,

heute feiern wir gleich mit zwei neuen Büromöbelsystemen Premiere: „**Rom**" ist das neue, besonders preisgünstige Schreibtisch-Programm für das Büro von heute. Dieses vorzüglich durchdachte Konzept ermöglicht es Ihnen, formschöne und stabile Büromöbel ganz nach Ihren Wünschen zusammenzustellen. „Rom" können Sie im Handumdrehen durch Elemente in Ihrem Lieblingsholz ergänzen. Beachten Sie auch den einfachen Zugang zum Kabelkanal. Er ist mit einem Steckdosenelement ausgestattet. „**Athen**" ist ein modernes Schrank-Büromöbelsystem, das Ihrem Unternehmen ein professionelles Erscheinungsbild gibt. Aber auch in der Funktion und Ergonomie ist „Athen" richtungsweisend. Es erfüllt alle EU-Richtlinien. Im Büromöbelsystem „Athen" wurden nur langlebige Materialien verwendet. Mehr sagen Ihnen die beiden Prospekte, die diesem Brief beiliegen. Noch besser informiert Sie unsere Abteilung. Wir freuen uns auf Ihren Besuch. Mit freundlichen Grüßen DIAL GmbH Bürobedarf Torsten Tollkühn **Anlagen** 2 Prospekte

Nachname ▼	Vorname ▼	Anrede ▼	Ort ▼	PLZ ▼	Branche ▼	Straße ▼
Sommer	Wolfgang	Herrn	Hannover	30163	Heiztechnik	Karlstraße 7
Bäumer	Manfred	Herrn	Mannheim	68239	Elektrogroßhandel	Rosenweg 82
Schöber	Reinhard	Herrn	Düsseldorf	40221	Druck und Schrift KG	Königsallee 99
Stadtmann	Erika	Frau	Friedrichshafen	88046	Friseurfachgeschäft	Max-Planck-Straße 33 b

12.4 Empfänger sortieren und filtern

Sie haben die Möglichkeit, unter dem Icon **Empfängerliste bearbeiten**  im Fenster **Seriendruckempfänger** die Datenquelle zu sortieren und zu filtern.

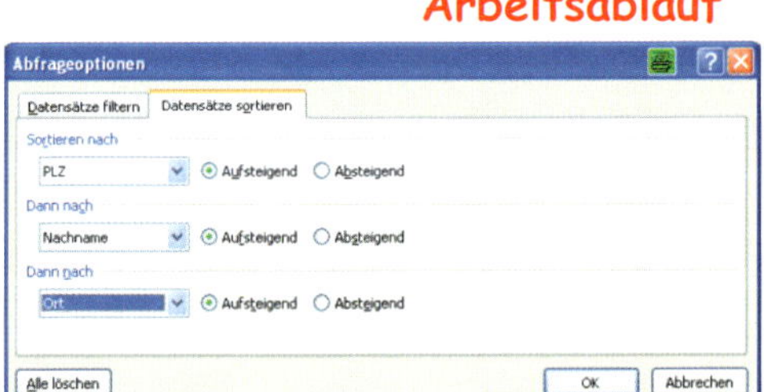

Sortieren

Klicken Sie auf die Spaltenüberschrift des Elements, nach dem Sie die Sortierung vornehmen möchten, wird die Liste in aufsteigender alphabetischer Reihenfolge (A bis Z) sortiert. Klicken Sie erneut auf die Spaltenüberschrift, wird in absteigender alphabetischer Reihenfolge sortiert.

Für eine komplexere Sortierung verwenden Sie

1. Wählen Sie einen **Sortierschlüssel** Ihrer Datenquelle aus.
2. Entscheiden Sie sich für **Aufsteigend** oder **Absteigend**.
3. Unter **Dann nach** können Sie noch zwei weitere Sortierschlüssel eingeben.
4. Bestätigen Sie das Sortieren mit OK.

Mit diesem Sortierungstyp können Sie z. B. Empfängeradressen innerhalb der einzelnen Postleitzahlenbereiche alphabetisch nach Nachnamen sortieren, die Postleitzahlen in numerischer Reihenfolge auflisten und die Orte in alphabetischer Reihenfolge sortieren.

Filtern

Durch das Filtern erreichen Sie, dass nur diejenigen Datensätze der Datenquelle in den Serien-druckvorgang einbezogen werden, welche die eingegebenen Bedingungen erfüllen. Die gefilterten Datensätze sind dann im Seriendruck nicht vorhanden.
Ein Häkchen vor dem Datensatz in der Empfängerliste bedeutet, dass dieser Datensatz verwendet wird. Soll ein Empfänger den Serienbrief <u>nicht</u> erhalten, deaktivieren Sie das Kontrollfeld, indem Sie das Häkchen löschen. Diese Methode ist nur bei kurzen Adresslisten sinnvoll.

Eine weitere Möglichkeit, Datensätze zu filtern, finden Sie unter  .

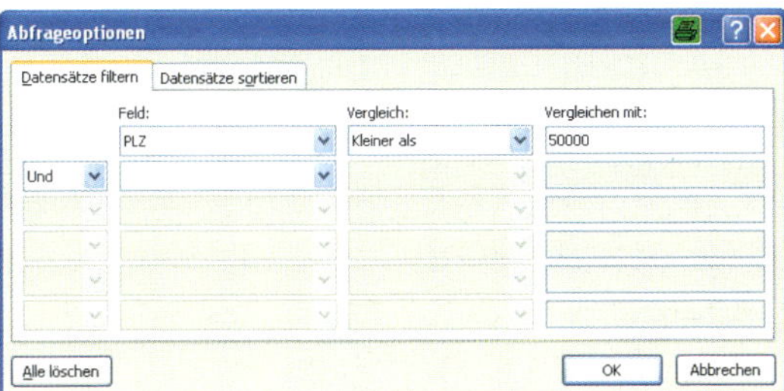

1. Unter **Feld:** wählen Sie das Seriendruckfeld aus, das Sie zur Selektion heranziehen möchten.
2. Unter **Vergleich:** tragen Sie den Wert ein, der Ihre Bedingung erfüllt. Verschiedene Möglichkeiten stehen zur Verfügung.
3. Dann geben Sie ein, womit Sie vergleichen möchten. Bei dem abgebildeten Beispiel werden nur die Kunden angeschrieben, deren PLZ kleiner als 50000 ist.
4. Unter **Und** können Sie noch weitere Filterkriterien eingeben.
5. Wenn Sie mit ⟨ OK ⟩ bestätigen, werden nur diese Datensätze im Fenster Seriendruck-empfänger angezeigt (gefiltert).
6. Unter ⟨ Alle löschen ⟩ können die Filterkriterien wieder rückgängig gemacht werden.

Arbeitsanweisungen:
1. Geben Sie das Filterkriterium an, wenn in der Übung der Seite 186 nur die Herren Sommer und Schöber angeschrieben werden sollen.
2. Welche Angaben machen Sie, wenn nur Kunden aus Friedrichshafen ausgewählt werden sollen?
3. Es sollen alle Kunden angeschrieben werden, außer die, die Schöber heißen.
4. Es sollen nur Kunden angeschrieben werden, deren Nachname im Alphabet vor M stehen.

<u>Erstellen Sie eine entsprechende Regel:</u>
5. Kunden, die einen Umsatz von 100.000 € und mehr erzielt haben, sollen bei der nächsten Be-stellung einen Sonderrabatt von 5 % erhalten. Kunden mit weniger Umsatz erhalten 3 %.
6. Ein Einladungsschreiben soll an alle Teilnehmer verschickt werden. Teilnehmer aus den Post-leitzahlgebieten < 40000 sollen nach Düsseldorf, die übrigen nach Frankfurt eingeladen werden.

**Handlungssituation:**
Sie sind Sachbearbeiter(in) der DIAL GmbH. Ihr Unternehmen blickt auf 25-jährige Tätigkeit zurück. Die DIAL GmbH dankt allen Außendienstmitarbeitern für die erfolgreiche Zusammenarbeit.

**Arbeitsanweisungen:**
1. Nutzen Sie die Vorlage DIAL GmbH.
2. Erstellen Sie die nachfolgende Datenquelle.
3. Für Außendienstmitarbeiter, deren Umsatz **über** 800.000 € liegt, verwenden Sie **Text 1**.
   Liegt der Umsatz unter 800.000 € fügen Sie **Text 2** ein.
4. Filtern Sie Brief 1 + 2 und drucken Sie beide aus.
5. Füllen Sie den Infoblock und das Datum selbstständig aus.

Brieftext:
Sehr geehrter Herr , am 1. Juni 20xx blicken wir auf 25 Jahre erfolgreiche Tätigkeit zurück. Sie haben zu einem großen Teil unseres Erfolgs beigetragen. Daher danken wir Ihnen als unserem Außendienstmitarbeiter für die angenehme Zusammenarbeit.
(Bedingungsfeld einfügen für Text 1 oder Text 2)
Mit freundlichen Grüßen DIAL GmbH Bürobedarf i. A. eigener Name

Text 1:
Sie haben Ihr Budget von 800.000 € weit übertroffen. Zu diesem Erfolg, auf den Sie stolz sein können, gratulieren wir Ihnen. In Anerkennung dieser besonderen Leistung erhalten Sie einen Scheck über 5.000 €. Diesen Betrag vergüten wir mit Ihren Provisionen.

Text 2:
Leider haben Sie trotz großer Anstrengungen den Budget-Umsatz von 800.000 € in diesem Jahr nicht erreicht. Gemeinsam mit Ihnen wollen wir im kommenden Jahr alles unternehmen, den Umsatz in Ihrem Bezirk zu erhöhen. Unsere neu ausgearbeiteten Marketing-Strategien helfen uns dabei.

Wir schlagen Ihnen vor, dass Sie sich Anfang Juli dieses Jahres mit uns in Verbindung setzen, um einen Termin mit Herrn Tollkühn zu vereinbaren. Er wird Ihnen die Vorteile unseres Marketing-Konzepts individuell auf Ihren Bezirk bezogen aufzeigen.

Datenquelle:

Anrede	Vorname	Nachname	Straße	PLZ	Ort	Umsatz
Herrn	Ewald	Volk	Winkelstraße 6	48607	Ochtrup	920.000 €
Herrn	Paul	Thiele	Amtstraße 9	45276	Essen	700.000 €
Herrn	Michael	Völler	Marktstraße 17 // 2. Stock	89073	Ulm	680.000 €
Herrn	Manfred	Lechte	Domplatz 10	20095	Hamburg	950.000 €